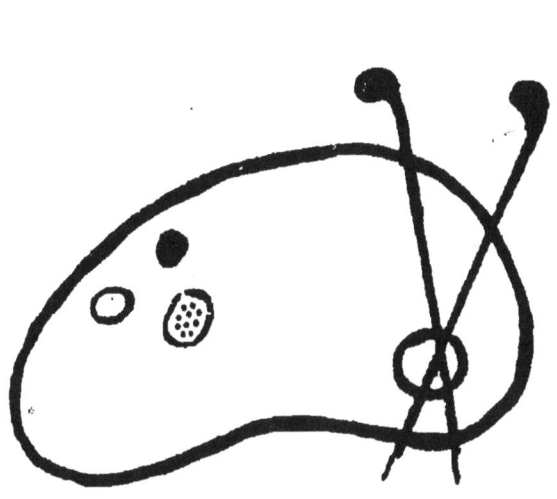

Couvertures supérieure et inférieure en couleur

8° L. Supp. 843.

NAPOLÉON & CARNOT

ÉPISODE DE L'HISTOIRE MILITAIRE D'ANVERS

(1803-1815).

(Extrait de la *Revue militaire belge*, 1888).

Gand, imp. C. Annoot-Braeckman, Ad. Hoste, succr.

NAPOLÉON & CARNOT

ÉPISODE DE L'HISTOIRE MILITAIRE

D'ANVERS

(1803-1815)

par le général WAUWERMANS.

AVEC 2 PLANCHES.

BRUXELLES et LEIPZIG
LIBRAIRIE MILITAIRE C. MUQUARDT
TH. FALK, ÉDITEUR
Libraire de la Cour et de S. A. R. le Cte de Flandre.

1888

TOUS DROITS RÉSERVÉS

NAPOLÉON & CARNOT.

ÉPISODE DE L'HISTOIRE MILITAIRE D'ANVERS
(1803-1815).

En 1814, après avoir subi un bombardement de six jours et un blocus de quatre mois, la ville d'Anvers donnait, en témoignage de reconnaissance, le nom de Carnot à l'une de ses rues, et y élevait un modeste monument pour rappeler la sagesse et la bienveillance avec lesquelles le général français avait exercé le gouvernement militaire de la place dans des circonstances graves et difficiles. Solennel et bien rare hommage rendu à un homme appelé à exercer la dictature de l'état de siége !

Vinrent les jours de réaction. Le gouvernement des Pays-Bas, trop fidèle à la politique de l'époque du traité de Münster qui ferma le débouché de l'Escaut à notre commerce, et ne considérant la Belgique que comme un *accroissement de son territoire*, voulut faire disparaître le souvenir de nos anciennes relations avec la France, chères à une grande partie de nos populations, et interdire jusqu'au langage qu'elles parlaient depuis des siècles. Le modeste monument à Carnot disparut, et sans la main pieuse qui recouvrit de plâtre, la pierre portant l'indication *rue Carnot*, celle-ci eut sans doute été brisée.

Quinze ans plus tard la Belgique rompait les chaines dans lesquelles on cherchait à l'asservir, comme un pays conquis, à une nation qu'elle aurait voulu aimer comme une sœur, dont toute l'histoire se mêlait à la sienne, mais qui lui refusait une place fraternelle au foyer de la patrie commune. Le 24 juin 1834, avec la fidélité du souvenir qui a toujours été un des traits caractéristiques du peuple belge, Anvers rétablissait le modeste hommage rendu à Carnot en 1814.

On enlevait le plâtras qui portait les mots *Chaussée de Borgerhout*, sous lequel réapparut la désignation de *rue Carnot*. On rétablissait à l'entrée du faubourg de Borgerhout la table de pierre, sur laquelle fut inscrit en style moins ampoulé que jadis, le témoignage de reconnaissance de la population, en présence des personnes mêmes qui avaient élevé le premier monument :

AU GÉNÉRAL CARNOT
LA VILLE D'ANVERS RECONNAISSANTE

———

En 1814 ce faubourg ainsi que l'église St Willebrord ont été préservés d'une destruction totale par le Lieutenant-général

COMTE CARNOT

Gouverneur d'Anvers (1).

Chose digne de remarque et qui prouve combien l'histoire,

———

(1) Cette inscription est placée contre le pignon de la première maison, à droite de la chaussée, à l'entrée du faubourg de Borgerhout. Par suite de l'extension qu'ont prise les constructions voisines, c'est à l'entrée d'une impasse qui conduit à la laiterie du jardin zoologique en face du débouché de la rue Dambrugge sur la chaussée ou *rue Carnot*, qu'elle se voit encore actuellement.

et même l'histoire contemporaine, arrive aisément à se fausser, c'est à peine si aujourd'hui on se souvient des gigantesques projets que Napoléon rêva pour Anvers et dont la réalisation en eût fait la seconde ville de l'Europe, et des efforts tentés par Carnot pour la conserver à la France.

On raconte vaguement que Carnot sauva le faubourg de Borgerhout de la destruction, mais sans se faire une idée exacte des circonstances dans lesquelles le fait se produisit. Les historiens d'Anvers, fort peu initiés aux idées militaires et peu soucieux de la gloire réelle de l'homme qu'ils veulent honorer, nous représentent Carnot comme cédant à l'impression sentimentale d'un cœur honnête et bienfaisant, ce qui, dans les circonstances où il se trouvait, eût été une coupable faiblesse, sans chercher à expliquer *l'acte raisonné* d'un esprit sage et dévoué, remplissant la mission toute patriotique qu'il avait acceptée, avec tous les ménagements que comportaient les devoirs de l'humanité.

De l'œuvre colossale de Napoléon il ne reste que le nom de *Bassins Napoléon* conservé aux petits bassins dont l'importance a été depuis dépassée au centuple par des établissements nouveaux.

L'erreur est devenue si générale qu'en 1865 un parti politique s'inspira du nom de Carnot pour protester contre la démolition, ordonnée par le gouvernement belge, de quelques maisons situées à l'extrémité de Borgerhout, pour achever la nouvelle enceinte dont la construction répondait au vœu général des habitants. La médiocre statue qu'on y voit fut édifiée place Carnot avec l'inscription :

1814
Aan Generaal
Carnot
1865

Singulier hommage rendu à un homme qui sut constamment faire le sacrifice de ses opinions personnelles au respect de la légalité, aux principes sur lesquels repose la défense de la patrie ! Le nom de Carnot proteste contre les idées que l'on voudrait mettre sous son égide...

Pour comprendre l'histoire du siége d'Anvers de 1814, il ne suffit pas de se borner aux événements qui s'accomplirent durant le séjour de Carnot dans cette ville, du 3 février au 3 mai 1814, car en réalité ce siège ne fut, de même que le débarquement des Anglais à Walcheren en 1809, qu'un épisode de la lutte formidable engagée par la Grande Bretagne contre l'Empire pour détruire le splendide établissement naval créé à Anvers par Napoléon, dans le but de disputer la domination des mers à ses redoutables rivaux. J'ai cherché à reconstituer l'histoire de cette lutte, qui commence avec l'Empire et ne se termine qu'à sa chute.

Plein de confiance dans le jugement de l'histoire, Napoléon disait fréquemment aux compagnons qui le pressaient d'écrire l'histoire de sa vie, pour occuper les loisirs de sa captivité : « A quoi bon ces *Mémoires à consulter*, présentés à notre juge à tous, la postérité ? Nous sommes des plaideurs qui ennuient leur juge. La postérité est un appréciateur plus fin que nous. Elle saura bien découvrir la vérité, si elle le veut, sans que nous nous donnions tant de peine pour la lui faire parvenir. Les documents sur mon règne, déposés dans les archives, abondent... » Il se dépitait néanmoins, lorsque cédant à leurs supplications, il dictait les récits de Sainte-Hélène, d'être privé de ses ordres, de ses lettres qui jettent un si grand jour sur ses projets, leurs motifs, leur succession et permettent de retrouver toute sa pensée, disait-il ! C'est en me servant uniquement des nombreux et remarquables fragments écrits par Napoléon lui-même, que j'ai cherché, en les coordonnant, à faire connaitre l'ensemble de ses projets pour sa création d'Anvers, qui fut l'une de ses œuvres de prédilection.

Je n'ai pas la prétention d'introduire dans mon récit des documents essentiellement nouveaux. Je me suis borné à rédiger les notes rassemblées en 1872 pour le *Cours de Fortification* que j'ai professé à l'école de Guerre de Bruxelles, en vue de préparer mes élèves à la visite des ouvrages de la position d'Anvers. J'ai largement puisé dans la riche mine de documents, que m'a fourni la *Correspondance de Napoléon*, publiée par les ordres de Napoléon III et aussi dans les *Mémoires de Carnot* publiés par son fils, en m'attachant à rapprocher les faits de la connaissance approfondie du terrain, que j'ai pu acquérir pendant un long séjour à Anvers.

J'espère que le lecteur y trouvera quelque intérêt. Ceux qui demeurent étrangers aux choses de la guerre apprendront l'histoire des travaux trop oubliés, exécutés par ordre de Napoléon à Anvers. Quant aux militaires, ils y puiseront d'utiles leçons pour la défense de notre Anvers moderne.

J'aurais fort mal réussi, si tous n'y trouvaient un sentiment de profond respect pour les deux grands noms qui dominent toute cette histoire. Ils ne furent sans aucun doute pas à l'abri de reproches, les faiblesses sont inhérentes à la nature humaine, mais ils firent preuve d'un incontestable génie. Ces deux noms illustres ont acquis des titres impérissables à la reconnaissance de la ville d'Anvers :

NAPOLÉON ET CARNOT.

PREMIÈRE PARTIE.

L'Arsenal de construction maritime d'Anvers.
1803-1809.

I.

Le port d'Anvers doit une grande part de son importance aux améliorations que Napoléon Ier y fit exécuter. On ne peut cependant méconnaître que ces travaux furent bien plus provoqués par la guerre, par les fortes passions et les grandes résolutions qu'elle engendre, que par l'intérêt des populations. Mais quel qu'ait été leur but, il est incontestable que le conquérant osa y entreprendre ce qui n'avait pu être tenté pendant de longues années de paix et de prospérité. Ces travaux sont d'autant plus utiles à rappeler que quinze ans plus tard, ils furent en partie effacés et dénaturés par ceux mêmes contre qui ils avaient été dirigés : « J'ai beaucoup étudié l'histoire, » a dit Napoléon, « et souvent, faute de guide, j'ai été induit à perdre un temps considérable dans des lectures inutiles(1). »

Déjà après la paix de Campo-Formio (17 octobre 1797), le Directoire, puis plus tard encore à la paix de Lunéville (9 février 1801), le Premier Consul, avaient étudié un vaste plan d'attaque destiné à réduire la puissance de l'An-

---

(1) *Correspondance de Napoléon Ier*, t. XV, p. 109.

gleterre, qui se croyait invulnérable à l'abri de sa ceinture de mers. Après la paix d'Amiens (27 mars 1802) le Premier Consul ayant obtenu les résultats militaires les plus extraordinaires, semblait rêver de conquérir la gloire civile comme complément à sa gloire militaire; il ne perdait pas cependant ces études de vue, sinon pour vaincre sa rivale, du moins pour protéger les frontières de la puissance continentale de la France. La situation géographique privilégiée de l'estuaire de l'Escaut qui offrait un abri sûr aux navires dans les gros temps, autrefois centre d'un commerce important et longtemps disputé, avait attiré son attention à cause de sa position directement opposée à l'entrée de la Tamise. C'était la voie naturellement indiquée au trafic commercial du Continent vers l'Angleterre; mais c'était aussi le lieu le plus propre à établir les moyens de combattre les tentatives des Anglais, si leur politique jalouse, cherchait à en entraver le libre essor. Dans une lettre adressée au ministre de la marine le 10 février 1802, Bonaparte appelait son attention sur Flessingue qui défendait l'entrée de l'Escaut et sur la nécessité de mettre cette place en bon état(1). Flessingue n'était que l'avant-poste de l'importante cité où, depuis Charles-le-Bon, toute la puissance active des Pays-Bas s'était concentrée. La question d'Anvers se présentait naturellement.

Si le chef de l'État républicain français, n'avait pu, comme magistrat civil, méconnaître les avantages du port d'Anvers, il est bien certain aussi que le jeune et brillant stratégiste, porté par ses goûts personnels vers les choses de la guerre, avait entrevu les avantages d'un port intérieur où, à l'abri des forces de terre, l'on pût braver une puissance navale supérieure, et même préparer des coups puissants contre un adversaire redoutable.

---

(1) *Corr.*, t VII, p. 382.

Lorsque le 18 février 1803, le Premier Consul invita Lord Withworth, ambassadeur de la Grande-Bretagne à Paris, à venir s'entretenir avec lui aux Tuileries, au sujet des retards que l'Angleterre apportait dans l'accomplissement des conditions de la paix d'Amiens, l'évacuation d'Alexandrie et de Malte, il lui développa avec une rude et singulière franchise, un vaste plan de résistance qui, sans doute, avait été déjà l'objet de ses longues méditations : « Bien jeune encore, Milord, » disait-il à son interlocuteur, « je suis arrivé à une puissance, à une renommée, auxquelles il serait difficile d'ajouter. Ce pouvoir, cette renommée, croyez-vous que je veuille les risquer dans une lutte désespérée?... Si j'ai la guerre avec vous, je vous ôterai tout allié sur le Continent.... Vous nous bloquerez, mais je vous bloquerai à mon tour; vous ferez du Continent une prison pour nous, mais j'en ferai une pour vous de l'étendue des mers. Cependant, pour en finir, il faudra des moyens plus directs; il faudra réunir 150,000 hommes, une immense flotille, essayer de franchir le détroit et peut-être ensevelir au fond des mers, ma fortune, ma gloire, ma vie. C'est une étrange témérité, Milord, qu'une descente en Angleterre! » Et en disant ces mots, le général Bonaparte, au grand étonnement de l'ambassadeur, se mit à énumérer lui-même les difficultés d'une telle entreprise; la quantité des matières, d'hommes, de bâtiments, qu'il faudrait jeter dans le détroit, qu'il ne manquerait pas d'y jeter pour essayer de détruire l'Angleterre, et toujours insistant davantage, toujours montrant la chance de périr, supérieure à la chance de réussir, il ajouta avec un accent d'une énergie extraordinaire : « Cette témérité, Milord, cette témérité si grande, si vous m'y obligez, je suis résolu à la tenter. J'y exposerai mon armée et ma personne. Avec moi cette grande entreprise acquerra des chances qu'elle ne peut avoir avec aucun autre. J'ai passé les Alpes en hiver; je sais comment on rend possible ce qui paraît impossible au commun des hommes, et si je réussis, vos derniers neveux pleureront en larmes de sang la résolution que vous m'aurez forcé de prendre... » Puis, se calmant, le Premier Consul ajouta : « Il vaut mieux pour vous, pour moi, me satisfaire dans la limite des traités. Il faut évacuer Malte, ne pas souffrir mes assassins en Angleterre, me laisser injurier par les journaux anglais... Agissez cordialement avec moi, et je vous promets de mon côté une cordialité entière ; je vous promets de continuels efforts pour concilier nos intérêts dans ce qu'ils ont de conciliable. Voyez quelle puissance nous exercerions sur le monde, si nous parvenions à rapprocher nos deux nations ! Vous avez une marine qu'en dix ans d'efforts consécutifs, en y employant toutes mes ressources, je ne pourrais égaler ; mais j'ai 500,000 hommes, prêts à marcher sous mes ordres partout où je voudrais les conduire. Si vous êtes maîtres des mers, je suis maître de la terre. Songeons donc à nous unir plutôt qu'à nous combattre, et nous règlerons à volonté les destinées du monde. Tout est possible dans l'intérêt de l'humanité et de notre double puissance, à la France et à l'Angleterre réunies. »

« Ce langage si extraordinaire par sa franchise, » dit Thiers, auquel nous empruntons ce récit, « avait surpris, troublé l'ambassadeur d'Angleterre, qui malheureusement, quoiqu'il fût un fort honnête homme, n'était pas capable d'apprécier la grandeur et la sincérité des paroles du Premier Consul. Il aurait fallu les deux nations assemblées pour entendre un pareil entretien et pour y répondre(1). »

Le 20 février, à l'ouverture du Corps législatif, le Premier Consul, dans le remarquable compte-rendu de la situation de la République, s'exprimait avec non moins de

---

(1) THIERS, *Histoire du Consulat et de l'Empire*, t. IV, p. 185.

netteté et de précision : « Le gouvernement garantit à la nation la paix du continent et il lui est permis d'espérer la continuation de la paix maritime. Mais en Angleterre deux partis se disputent le pouvoir. L'un a conclu la paix et paraît décidé à la maintenir ; l'autre a juré à la France une haine implacable... Tant que durera cette lutte des partis, il est des mesures que la prudence commande au gouvernement de la république. 500,000 hommes doivent être prêts à la défendre et à la venger... Le gouvernement le dit avec un juste orgueil, *seule l'Angleterre ne saurait aujourd'hui lutter contre la France.* Mais ayons de meilleures espérances et croyons plutôt qu'on n'écoutera dans le cabinet britannique que les conseils de la sagesse et la voix de l'humanité... La France et l'Angleterre en fesant leur bonheur réciproque, mériteront la reconnaissance du monde entier (1). »

Ces nobles et fières paroles eurent un immense retentissement en Angleterre, mais l'ambition britannique feignit de n'y voir qu'une menace, et dans son orgueil blessé, le gouvernement affecta de n'y trouver qu'un défi de la France.

Le message adressé par Georges III, le 8 mars, au Parlement disait : « Sa Majesté croit nécessaire d'informer la Chambre des communes que des préparatifs considérables se fesant dans les ports de France et de Hollande, Elle a jugé convenable d'adopter de nouvelles mesures de précaution pour la sûreté de ses Etats. Quoique les préparatifs dont il s'agit aient pour but apparent des expéditions coloniales, comme il existe actuellement entre Sa Majeté et le gouvernement français des dissensions d'une grande importance, dont le résultat est incertain, Sa Majesté s'est déterminée à faire cette communication à ses fidèles communes, bien persuadée que, quoiqu'elles partagent sa pressante et infatigable sollicitude pour la continuation de la paix, Elle peut néanmoins

---

(1) THIERS, t. IV, p. 187.

se reposer avec une parfaite confiance sur leur esprit public et sur leur libéralité, et compter qu'elles la mettront en état d'employer toutes les mesures que les circonstances pourront exiger pour l'honneur de sa couronne et les intérêts essentiels de son peuple(1). »

Le cabinet de St-James, en affectant l'apparence de craintes, n'ignorait pas que les préparatifs auxquels le message fesait allusion, se bornaient à quelques travaux ayant pour but de reconstituer la flotte française désarmée et fort abandonnée pendant les dernières guerres; que les seules expéditions préparées, se réduisaient à chercher à reconquérir d'anciennes colonies, telles que la Louisiane et St-Domingue; mais il voulait déguiser sa politique déloyale au sujet de Malte, que, malgré les stipulations du traité d'Amiens, il était bien résolu à ne pas restituer à la République française. Il était décidé à lutter *même seul*, confiant dans l'inaccessibilité de son territoire national, contre le jeune général dont la fortune extraordinaire et le prestige grandissaient sans cesse.

Personne ne s'y trompa; la guerre allait être déclarée. Le 18 mai, Lord Withworth et le général Andréossy reçurent simultanément leurs passeports à Paris et à Londres, et l'échange des ambassadeurs eut lieu à Douvres.

II.

Aussitôt la déclaration de Georges III au Parlement anglais, le Premier Consul prit les mesures les plus sérieuses pour mettre à l'abri d'une descente des Anglais, l'immense étendue des côtes de la France, vulnérables depuis le Texel jusqu'à Bayonne. Elles furent armées de

---

(1) THIERS, t. IV, p. 189.

puissantes batteries et en arrière six camps, destinés à repousser les tentatives de débarquement, furent formés. Le premier en Hollande, composé de 30,000 hommes sous les ordres du général Victor ; le second à Gand ; le troisième à St-Omer ; le quatrième à Compiègne ; le cinquième à St-Malo et le sixième à Bayonne(1). Le premier, tout en ayant pour mission spéciale de garder la Hollande, les bouches de la Meuse et du Rhin, devait observer le Hanovre et s'en emparer au besoin, pour empêcher les Anglais de l'occuper. Le dernier devait observer l'Espagne.

Si la France disposait d'une excellente armée, capable de disputer son territoire à l'invasion, en rassemblant toutes ses ressources navales, elle ne pouvait réunir plus de 50 vaisseaux, en partie désarmés, et de 60,000 matelots ; tandis que l'Angleterre, sa rivale, pouvait porter les dégâts sur une immense étendue de côtes, avec plus de 75 vaisseaux prêts à prendre la mer, montés par 100,000 matelots. En vue des éventualités, les armements de la flotte française furent pressés avec une extrême activité. Le 30 mars, le colonel Lacuée recevait l'ordre de visiter les ports de la Hollande, afin d'y surveiller les constructions navales et de s'enquérir de l'état des esprits et des moyens d'envahir le Hanovre(2).

Accompagné de M. Forfait, conseiller d'état chargé du département de la marine, de M. Sganzin, ingénieur de la marine, des amiraux Bruix et Decrès, Bonaparte visitait lui-même tous ces préparatifs, déployant la merveilleuse activité dont sa *Correspondance* nous fournit la preuve. Partout il ordonnait des travaux pour perfectionner les fortifications, l'artillerie de côte, mettre de nouveaux

---

(1) *Corr.*, t. VIII, p. 341 et 352.
(2) *Corr.*, t. VIII, p. 260.

navires sur chantier, créer des ports pour les abriter. Aucun détail ne lui échappait : il fesait exécuter des coupes de bois pour se procurer les matériaux de construction navale et prévenait les Anglais en Italie, de crainte qu'ils se procurassent des ressources semblables(1). Il dirigeait lui-même les expériences d'artillerie pour obtenir des mortiers à plus longue portée contre les flottes, fesait des essais de batteries submergées et flottantes ; il ordonnait la construction de nombreuses chaloupes-canonnières sur le modèle de celles qui avaient été construites à Boulogne dans la campagne précédente, pour repousser les attaques des Anglais(2). Enfin il interrogeait les marins sur les moyens de faire le plus de mal possible au commerce de ces derniers(3), et distribuait des lettres de marque aux corsaires.

« Les amiraux lui conseillaient une lente recomposition de la marine, consistant à former de petites divisions navales parcourant les mers jusqu'à ce qu'elles fussent assez habiles à manœuvrer en escadres(4). » Mais un tel système convenait peu au génie du jeune général qui avait fait sa brillante fortune en éblouissant le monde par sa hardiesse. Il conçut le projet audacieux de jeter sur l'Angleterre une armée de 150,000 hommes, 400 bouches à feu et 10,000 chevaux(5).

« Un vaisseau de ligne peut contenir en moyenne, » dit Thiers, « 6 à 700 hommes, à condition d'une traversée de quelques jours ; une grosse frégate en peut contenir la moitié. Il faudrait donc 200 vaisseaux de ligne pour embarquer une

---

(1) *Corr.*, t. VIII, p. 231, 263, 331, 398, 400.
(2) Id., t. VIII, p. 228, 241, 360, 455.
(3) Id., t. VIII, p. 248.
(4) Thiers, t. IV, p. 226.
(5) Id, t. IV, p. 215 — *Corr.*, t. IX, p. 290.

telle armée, c'est-à-dire une force navale chimérique, que l'alliance de la France et de l'Angleterre pour un même but, eût pu tout au plus rendre possible... Mais il ne fallait que passer le détroit de Calais, c'est-à-dire parcourir 8 à 10 lieues marines. Pour une telle traversée, il n'était pas besoin d'employer de gros vaisseaux. On n'aurait même pas pu s'en servir, si on les avait possédés, car il n'y a pas d'Ostende au Hàvre un seul port capable de les recevoir; et il n'y aurait pas eu sur la côte opposée, à moins de se détourner beaucoup, un seul port où ils pussent aborder. L'idée de petits bâtiments, vu le trajet ou la nature des ports, s'était toujours offerte à tous les esprits..... Des bâtiments à fonds plats, pouvant s'échouer, aller à la voile et à la rame, parurent aux ingénieurs de la marine le moyen le mieux adapté au trajet, avec l'avantage de pouvoir être construits partout, même dans le bassin supérieur des rivières. Mais il restait à les réunir, à les abriter dans des ports convenablement placés, à les armer, à les mouvoir avec ordre devant l'ennemi. Il fallait pour cela se livrer à une suite d'expériences longues et difficiles(1). » Dans les campagnes précédentes, on les avait employés à la défense passive des ports et des rades sous la protection des batteries de côte ; il fallait les perfectionner pour les transformer en bateaux de transports, en calculant le tonnage d'après le nombre d'hommes, de chevaux, le poids du matériel, de bouches à feu à emporter(2).

Les observations recueillies sur la côte permettaient d'espérer des moments favorables pour l'expédition d'un pareil convoi : « En été, par exemple, il y a dans la Manche des calmes presqu'absolus et assez longs pour qu'on puisse

---

(1) THIERS, t. IV, p. 250 et 230.
(2) MATHIEU DUMAS, *Précis des évènements militaires. Campagnes de 1803 et 1804*, t. IV, p. 40. (T. X de la série).

compter sur 48 heures du même temps. Il fallait à peu près ce nombre d'heures, non pour passer, mais pour faire sortir du port l'immense flottille dont il s'agissait. Pendant ce calme la croisière étant condamnée à l'immobilité, des bâtiments construits pour marcher à la rame comme à la voile pouvaient passer impunément, même devant une escadre ennemie. — L'hiver aussi avait des moments favorables. Les fortes brumes de la saison froide, se rencontrant avec les vents, ou nuls, ou faibles, offraient encore un moyen de faire le trajet en présence d'une force ennemie, immobile ou trompée par le brouillard.— Restait encore une troisième occasion favorable, c'était celle qu'offraient les équinoxes : le vent tombe tout à coup et laisse le temps nécessaire pour franchir le détroit, avant le retour de l'escadre ennemie, obligée par la tempête à prendre le large — Il y avait encore un cas où, en toute saison, quelque temps qu'il fit, à moins d'une tempête, on pouvait franchir le détroit : c'était celui où, par d'habiles manœuvres, on aurait amené pour quelques heures une grande escadre de ligne dans la Manche. Alors la flottille protégée par cette escadre, pouvait mettre à la voile sans s'inquiéter d'une croisière ennemie(1). »

Tous les ports français étant des *ports d'échouage*, c'est-à-dire restant à sec à marée basse et ne présentant qu'un fond de 8 à 9 pieds à mer haute, il fallait recourir à de petits bâtiments que l'on pût jeter avec sécurité sur la côte d'Angleterre dans une série de petits ports situés entre la Tamise, Douvres, Folkestone et Brighton. Durant trois années on s'appliqua à en construire en grand nombre et à exercer les troupes de terre, rassemblées au camp de Boulogne, aux embarquements et aux débarquements, de manière à les amener à suppléer même aux marins. On profitait de la moindre occasion pour les faire sortir, à

---

(1) THIERS, t. IV, p 250.

l'approche d'un vaisseau ennemi, sans les compromettre, afin de les *aguerrir*.

Après de nombreux essais, trois types de bâteaux furent adoptés :

— « Les *chaloupes-canonnières* étaient construites de manière à porter quatre pièces de gros calibre, depuis 24 jusqu'à 36, deux sur l'avant, deux sur l'arrière et en mesure par conséquent, de répondre au feu des vaisseaux et des frégates. Elles étaient gréées comme des bricks, c'est-à-dire à deux mâts, manœuvrées par 24 matelots et capables de contenir une compagnie d'infanterie de 100 hommes avec son état-major, ses armes, ses munitions. Cinq cents *chaloupes-canonnières*, armées de 4 pièces pouvaient ainsi égaler le feu de 20 vaisseaux de 100 canons. » C'était à proprement parler, la flotte de combat destinée à combattre en ligne avec la flotte d'avant-garde des escadres.

— « Les *bâteaux-canonniers*, moins fortement armés et moins maniables, étaient destinés à porter, indépendamment de l'infanterie, l'artillerie de campagne. Ces bâteaux étaient pourvus sur l'avant d'une pièce de 24 et sur l'arrière d'une pièce de campagne laissée sur son affût, avec les apparaux nécessaires pour l'embarquer et la débarquer en quelques minutes. Ils portaient de plus un caisson d'artillerie rempli de munitions et disposé sur le pont de manière à ne pas gêner la manœuvre et à pouvoir être mis à terre en un clin d'œil. Ils contenaient enfin, au centre même de leur cale, une petite écurie dans laquelle devaient être logés deux chevaux d'artillerie avec des vivres pour plusieurs jours. Ils portaient, comme les *chaloupes-canonnières*, une compagnie d'infanterie avec ses officiers, deux charretiers d'artillerie (train) et quelques artilleurs, ainsi que l'artillerie de l'armée avec les chevaux nécessaires pour la traîner en ligne dans les premiers moments de la descente à terre. Moins propres que les chaloupes aux manœuvres de combat, les bateaux-canonniers étaient gréés comme les grosses barques longeant les côtes, et n'avaient que trois grosses voiles attachées à trois mâts sans hune de perroquet. Ils n'étaient montés que par six matelots. »

— « Les *péniches* étaient de grands canots, étroits et longs de 60 pieds, ayant un pont mobile qu'on posait ou retirait à volonté, tirant 2 à 3 pieds d'eau seulement, et faits pour aborder partout. Elles pouvaient recevoir 60 à 70 soldats, outre deux ou trois marins pour les diriger. Elles avaient à bord un petit obusier plus une pièce de 4. Ces gros canots étaient pourvus d'une soixantaine d'avirons, portaient au besoin une légère voilure et marchaient avec une extrême vitesse. Lorsque 60 soldats, dressés à manier la rame, aussi bien que des matelots, les mettaient en mouvement, ils glissaient sur la mer comme les légères embarcations détachées des flancs des grands vaisseaux et surprenaient par la rapidité de leur sillage. »

« En ligne de bataille, les *chaloupes-canonnières* fortement armées occupaient la première ligne ; les *bateaux-canonniers*, moins facile à manœuvrer, étaient rangés en seconde ligne, fesant face aux intervalles qui séparaient les chaloupes, de manière qu'il n'y eût aucun espace privé de feu. Les *péniches*, qui ne portaient que de petits obusiers et qui étaient surtout redoutables par la mousquetterie, disposées tantôt en avant de la ligne de bataille, tantôt en arrière, ou sur les ailes, pouvaient rapidement courir à l'abordage, si on avait à faire à une flotte, ou jeter des hommes à terre, si on voulait opérer un débarquement, ou se dérober, s'il fallait supporter un feu de grosse artillerie. »

— « Mais il fallait de plus transporter le reste des attelages, au moins 7 à 8000 chevaux de cavalerie, des munitions, des vivres, un parc de siège. Pour ce dernier objet, on acheta sur toutes les côtes, un matériel tout prêt, des bateaux jaugeant 20 à 60 tonneaux, fesant le cabotage, la pêche de la morue et du hareng, parfaitement solides, excellents à la mer et très-capables de recevoir tout ce dont on voulait les charger, moyennant des aménagements convenables. Ils coûtaient 12000 à 15000 francs chacun » et les meilleurs furent armés d'artillerie pour servir de réserve(1).

Dans une lettre adressée à l'amiral Bruix le 22 août 1803, le Premier Consul indiquait avec précision la composition de cette nouvelle *Armada*.

« Douze divisions de *chaloupes-canonnières*.

« Chaque division composée de trois sections ou bataillons, chaque bataillon de trois escouades ou 9 chaloupes ou compagnies ce qui ferait . . . . . . 324 chaloupes.

« Chaque chaloupe aurait une grande et une petite péniche, ce qui ferait . . 324 grandes pén.

et . . . . 324 petites pén.

« Seize divisions de *bâteaux-canonniers*. Chaque division serait composée de la même manière que celle des chaloupes canonnières. Ce qui ferait . . 432 bâteaux.

« Chaque bâteau aurait une péniche ce qui ferait. . . . . 432 péniches.

« Quatre divisions de bâteaux de pêche armés en guerre d'une pièce de 24 ce qui ferait. . . . . 112 bât. de pêche.

« 60 bâteaux de grand échantillon . 60

Total général de la flotille de guerre : 2008 bâtiments.

Il y aurait 5 à 600 bâteaux pour porter les vivres des combattants, les bagages et approvisionnement extraordinaire(2). »

---

(1) THIERS, t. IV, p. 252.
(2) *Corr.*, t. VIII, p. 483.

Le port de Boulogne, perfectionné et agrandi, fut indiqué comme le point de départ de cette grande expédition que le Premier Consul comparait volontiers aux invasions des îles Britanniques par Jules-César ou Guillaume le Conquérant. La forme extraordinaire des bâtiments qui la composaient permettait de les construire à l'intérieur des terres, dans toutes les rivières à l'abri des attaques de l'ennemi, pour les amener au moment utile à Boulogne. On y travaillait avec une extrême activité, en même temps que dans tous les ports on pressait la construction de vaisseaux ordinaires, afin de compléter la flotte de ligne, sur la diversion de laquelle on devait pouvoir compter pour échapper à la surveillance de croisières trop vigilantes.

Tous ces travaux s'exécutaient dans le plus grand mystère. « Le Premier Consul, écrivait Napoléon le 3 juin 1803 au ministre de la justice Regnier, désire que vous enjoigniez aux propriétaires des journaux de ne laisser rien mettre dans leurs feuilles qui soit relatif aux travaux, aux constructions, aux mouvements des ports, à l'armement des corsaires, au départ et à l'arrivée des vaisseaux de l'État, des navires de commerce et des bâtiments employés à la course. Le Premier Consul juge convenable que vous ajoutiez à cette injonction la recommandation de porter la plus grande réserve dans la publication des nouvelles politiques et de guerre que les rédacteurs peuvent tirer soit des gazettes étrangères, soit de leurs correspondances particulières. Il demeure libre aux journalistes de répéter les nouvelles de toute nature qui pourront être publiées par le *Journal officiel*(1). » Le silence, et un silence tout patriotique, s'imposait pour la réussite d'entreprises aussi aventureuses.

---

(1) *Corr.*, t. VIII, p. 335.

III.

Un rôle considérable était assigné à l'Escaut Occidental dans l'ensemble de ce système de défense. Placé sur le flanc de la position offensive de Boulogne, en face de la Tamise, son estuaire était accessible aux plus grands navires jusqu'au coude de Bath avec plus de 6^m00 d'eau à mer basse et une mer marnant de 4^m00; ces navires pouvaient même remonter au delà de Lillo avec un tirant d'eau de 5^m00 à mer basse. C'était un abri naturel offert à l'intérieur des terres, aux bâtiments de moyenne grandeur et par conséquent aux flottilles de canonnières qui seraient amenées de l'intérieur du pays, au bord de la mer.

L'embouchure de l'Escaut était défendue à droite par l'île de Walcheren et l'ancienne place forte de Flessingue. De ce côté l'Escaut ou Hondt ne pouvait être abordé que par le canal *het Sloe*, entre les îles de Walcheren et de Zuid-Beveland, dont la profondeur à mer basse n'était que de 2^m75 et en quelques endroits très-étroit, ou encore par le *Canal de Berg-op-Zoom*, guéable à mer basse pendant une heure à chaque marée, où se trouvait même un ancien gué dont le fond dur et empierré suffisait pour livrer passage à 12 ou 14 hommes de front(1).

---

(1) En 1572, ce gué, qui avait alors 3 1/2 lieues d'étendue, reconnu par le capitaine flamand Blommaert, avait été suivi, depuis l'île de Hoogerweert (où fut bâti depuis le *fort St-Martin* entre Santvliet et Wonsdrecht) jusqu'au village de Yerseke, par un corps de 3,000 fantassins wallons, dirigés par le colonel Mondragon, pour aller surprendre Goes. Bien que le gué fut coupé par trois chenaux assez profonds, l'expédition n'y perdit que neuf hommes dans une marche qui dura 5 heures (*Commentaires de* Bernardino de Mendoça, t. II, p. 15). — Depuis, l'île de Billandt s'était soudée au Zuyd-Beveland, et le gué, qui suivait à peu près le tracé actuel du chemin de fer de Zélande, s'était considérablement raccourci.

A gauche, l'embouchure du Hondt était protégée par l'*île* ou plutôt le *pays de Cadzand*, contrée appartenant à l'ancien archipel où Guicchardin au XVIe siècle, comptait encore seize îles, et qui, déjà au temps de Smallegangen, n'en avait plus que dix, par suite de leur tendance à se souder entr'elles par les envasements des chenaux qui les séparaient. Le *pays de Cadzand* formé de la réunion des deux anciennes *îles de Cadzand* et de *Breskens* (1), séparées par le canal dit *Nieuwentliet* oblitéré de temps immémorial, ne pouvait plus être, à proprement parler, considéré comme une île, quoiqu'au point de vue militaire il en eût encore toutes les propriétés, à cause de la facilité, en rompant les digues et ouvrant les écluses, de rétablir ses anciennes limites par l'inondation des polders endigués. Il était séparé, à l'est de l'*île d'Oostburg*, par le *Canal d'Oostburg* et de *Nieuwen-Haven* endigué en 1742. La contrée formée par le *pays de Cadzand et d'Oostburg*, avait pour limite au sud, l'ancien bras de l'Escaut nommé *Sincfal*, dont la partie comprise entre le *Braeckman* et la mer en passant par l'*Ecluse*, avait été réouverte par la tempête de 1550; mais l'envasement en avait été si rapide, que déjà la section entre le Braekman et l'Ecluse, nommée *Passe-Geule*, avait été barrée en 1788 par la construction du *Capitalen Dam* et du *Bakkersdam*. Il n'en restait plus à l'époque de l'Empire que l'estuaire du *Zwyn*, de l'Ecluse à la mer, qui s'envasait au point qu'en 1806 l'empereur Napoléon constitua en dotation, en faveur du général Van Damme, la propriété des polders qui s'y formaient à l'endiguement (2).

---

(1) A la pointe la plus septentrionale de l'île de Breskens elle-même s'était soudée la petite île de *Wulpen*, où se trouve encore le *signal* de Breskens.

(2) ANDRIES, *Recherches historiques sur les Eaux de Flandre*, p. 45.

Le 31 mars le général de division Monet fut appelé au commandement de Flessingue. On lui adjoignit un chef de bataillon du génie et un chef de bataillon d'artillerie pour mettre l'île en état de défense(1). La flotte hollandaise avait reçu l'ordre de prendre position à l'embouchure de l'Escaut(2), afin de protéger le rassemblement des bâteaux de pêche que l'on commençait à acquérir en Belgique, cutters, dogres, heus (hulks), spricks, balandres, pour les transformer en canonnières(3). Ces armements, exécutés sous la direction du général Bertrand, comme tous ceux de la côte voisine, devaient être terminés, sans bruit et sans attirer l'attention, la guerre n'étant pas encore déclarée (4).

Une batterie fut également établie et armée à Breskens dans l'île de Cadzand, afin de croiser ses feux en avant des bouches de l'Escaut, avec les batteries de Flessingue(5).

Le rôle assigné tout d'abord à l'Escaut, était celui de lieu de rassemblement des canonnières destinées à la descente en Angleterre; mais bientôt on reconnut les avantages que cette rivière pouvait offrir pour la construction de grands navires et pour la création d'une escadre destinée à surveiller la Tamise. Le 23 avril, le Premier Consul ordonna à l'amiral Decrès « d'y rechercher l'endroit le plus convenable pour établir des formes de construction, soit à Flessingue, soit à Terneuzen, » et de faire dresser les plans nécessaires pour la création de ces chantiers. « Dans le premier cas, » disait-il, « on devrait établir des bassins et dans le second des bassins et un arsenal(6). »

---

(1) *Corr.*, t. VIII, p. 262.
(2) Id., t. VIII, p. 264, 265.
(3) Id., t. VIII, p. 264.
(4) Id , t VIII, p. 271, 284, 285, 286.
(5) Id , t. VIII, p. 262.
(6) Id., t. VIII, p. 291.

L'examen des projets qui lui furent présentés conduisit Bonaparte, qui n'avait jamais visité l'Escaut, à reconnaître qu'Anvers offrait une position plus avantageuse encore que Flessingue et Terneuzen, qu'il avait indiqués d'abord. Le danger d'un arsenal à Flessingue, au bord de la mer, exposé aux entreprises de la flotte ennemie, l'avait amené à ne demander la création d'un pareil établissement que si l'on se décidait pour Terneuzen, situé plus à l'intérieur des terres. Anvers offrait, sous ce rapport, encore plus de sécurité, et y joignait les avantages d'une grande ville, riche en ressources de tous genres, et disposant de nombreuses voies de communication par terre et par eau pour y amener les matériaux nécessaires à un chantier naval. Dans une nouvelle note, en date du 3 juin, il appelait l'attention de l'amiral Decrès sur l'utilité de créer « une escadre de vaisseaux de 74 ou de 64, modèle hollandais, » et de mettre sans retard, le plus possible de vaisseaux de ce modèle en construction, « sur les bords de l'Escaut le plus près possible d'Anvers, ou de Flessingue. » Il prescrivait de rechercher à cet effet les lieux les plus convenables(1).

Trois emplacements se trouvèrent ainsi désignés pour établir un grand chantier naval : Flessingue, Terneuzen et en dernier lieu Anvers lui-même. L'amiral Decrès se montrait favorable au choix de Flessingue, où déjà existaient des établissements maritimes, à cause de l'économie qui pouvait en résulter ; mais le Premier Consul au contraire penchait pour Anvers qui pouvait recevoir une protection plus efficace des forces de terre, et où arriveraient sans difficulté, les bois de construction des Vosges, des Alpes, de la forêt Noire, des Ardennes, le chanvre, le goudron, toutes les matières nécessaires à la construction navale ; où l'on trouverait sans difficulté des ouvriers du Brabant et de la Flandre ; où enfin

---

(1) *Corr.*, t. VIII, p. 335.

le climat, beaucoup plus salubre, n'exposait pas les ouvriers aux dangers des fièvres paludéennes, si pernicieuses dans l'île de Walcheren. De nombreux rapports avaient déjà signalé ce danger pour les troupes établies à Flessingue(1). L'amiral Decrès objectait l'impossibilité d'amener un navire armé de 74 à Anvers à cause des hauts fonds du fleuve vers Lillo, et proposait comme moyen terme, la position de Terneuzen, plus retirée dans les terres que Flessingue, et accessible à toute marée. Il avait fait dresser le plan d'une ville neuve à construire à Terneuzen.

Le Premier Consul hésitait à adopter cette solution radicale, convaincu qu'une ville destinée à prospérer ne se place pas à fantaisie, mais qu'elle naît d'un ensemble de faits géographiques qui ne s'étaient jamais manifestés pour Terneuzen ; il continuait à préférer Anvers. Un dévasement du fleuve, pour faire disparaître les hauts fonds, ne lui paraissait pas impossible, d'après un projet présenté par l'ingénieur Ferregeau, qu'il avait vivement engagé à poursuivre cette étude (2).

Il résolut de se rendre lui-même sur les lieux pour élucider cette importante question. Il décida de faire un voyage d'inspection des côtes, prolongé jusqu'en Belgique, qu'il visitait pour la première fois. Le Premier Consul voulait en même temps tâcher de gagner l'esprit de la population de ce pays, qui se montrait peu favorable aux autorités françaises et conservait encore le souvenir de la déplorable tyrannie des agents révolutionnaires. Pour atteindre ce but politique, il se fit accompagner par Madame Bonaparte, dont la grâce et l'amabilité ne pouvaient manquer de gagner les cœurs dans les fêtes qui

---

(1) *Corr* , t. IX, p. 7, 401.
(2) Id., t. X, 265.

lui seraient offertes(1). De plus, connaissant le profond sentiment religieux qui régnait en Belgique, il avait invité le cardinal-légat Caprera à être du voyage. — « Ecrivez au cardinal-légat, » avait-il dit au ministre des relations extérieures Talleyrand, « que je le verrai avec plaisir à Bruxelles ; sa présence ne pourra qu'être fort utile à la religion et à l'Église. J'ai donné des ordres pour que dans tout son voyage, il fût servi par les postes aux frais du gouvernement 2). »

Après avoir visité Amiens, Abbeville, Calais, Dunkerque, le Premier Consul pénétra en Belgique par Lille

---

(1) Napoléon fit de sérieux efforts pour gagner l'affection des belges. Lors de son passage à Bruxelles, il apprit que le *château de Laeken*, l'ancienne résidence de l'archiduchesse Marie-Christine, mis en vente par lots aux enchères publiques, était menacé de destruction, au grand regret des Bruxellois. Il en ordonna l'acquisition par les domaines, pour en faire une résidence consulaire, puis impériale (*Corr.*, t. VIII, p. 86). Le château fut meublé avec magnificence et Joséphine se plut à en embellir les jardins. A diverses reprises, elle y vint séjourner, notamment en 1807, avec la reine Hortense, à l'époque de la mort du jeune Charles Napoléon, fils de Louis Bonaparte et prince royal de Hollande, tandis que Napoléon fesait la guerre en Allemagne. Le 1r février 1808, dit le comte de Las Cases, " il maria Mademoiselle Josephine Tascher de la Pagerie, cousine germaine de l'impératrice Joséphine, qu'il avait promis d'adopter, avec le duc Prosper-Louis d'Aremberg, dans l'intention de la faire gouvernante des Pays-Bas, voulant dédommager Bruxelles de la perte de son ancienne Cour." (*Mémorial de Ste-Hélène*, t. I, p. 345). Le duc d'Aremberg commandait alors les chevaux-légers belges, levés à ses frais, avec lesquels il fit campagne en Prusse et en Espagne. Son mariage avec la princesse Joséphine fut dissout pour incompatibilité d'humeur, par jugement du tribunal de la Seine du 29 août 1816 et par une bulle du pape du 21 août 1818, sous prétexte qu'il avait été conclu sans le consentement de la mère de la mariée. (DE FRANCQUEN, *Recueil nobiliaire*). Le duc épousa en 1819, la princesse de Lobkowitz et Mademoiselle Tascher, renonçant au nom et au titre d'un seigneur quasi souverain, qu'elle n'avait jamais aimé, épousa M. de Guitry.

(2) *Corr*, t. VIII, p. 378.

et Ostende, suivi de Madame Bonaparte, du ministre de l'intérieur Chaptal, du conseiller d'état Forfait chargé du service de la marine, de l'amiral Bruix, de généraux et d'une cour brillante. « On aurait dit, » remarque Thiers, « un empereur d'Allemagne venant visiter le patrimoine de Charles-Quint(1). »

Le 11 juillet 1803, le Premier Consul était à Bruges se rendant à Cadzand et à Flessingue, où l'attendaient l'amiral Decrès et l'ingénieur Sganzin, qui l'avaient devancé. Il prescrivit l'exécution de quelques travaux défensifs pour la place de Flessingue et, après avoir visité la position, il rentra à Bruges pendant la nuit(2).

Il poursuivit ensuite son voyage par Gand et arriva à Anvers en traversant l'Escaut, le 18 juillet 1803(3).

On raconte que le lendemain même de son arrivée, tandis que la population d'Anvers se reposait encore des fêtes qu'elle avait organisées en l'honneur du chef de l'État, Bonaparte montait à cheval à trois heures du matin, suivi de son état-major, pour visiter la forteresse et le port. Il traversa l'Escaut et s'enquit auprès des marins rassemblés autour de lui de l'état du fleuve et de sa profondeur. On lui affirma que celle-ci atteignait constamment 22 pieds. L'amiral Decrès constata que cette profondeur était suffisante pour un vaisseau de 74 désarmé de son artillerie, mais non pour un navire armé! Ce fut pour le Premier Consul, un trait de lumière. Il était possible d'établir le chantier à Anvers, tout en se réservant d'armer les navires à Flessingue, ce qui pouvait être exécuté en très peu de temps.

A cette époque la ville d'Anvers était encore clôturée

---

(1) THIERS, t. IV, p. 269.
(2) *Corr.*, t. VIII, p. 366, 398, 399, 419.
(3) Id., t. VIII, p. 407.

du côté du fleuve par une muraille d'enceinte au dehors de laquelle se trouvaient des quais avec talus en terre baignant dans le fleuve, dont l'accès était très difficile pour le commerce, tant à cause des difficultés d'abordage des bateaux, que du petit nombre des issues vers la ville, ouvertes dans ses murailles. Ses bassins se bornaient à de misérables canaux intérieurs où les bâteaux venaient s'échouer à marée basse. Une transformation complète fut résolue, et dès le 19 juillet, en recevant à trois heures de l'après-midi, le conseil communal, le Premier Consul lui annonça la résolution du gouvernement : « J'ai parcouru votre ville, » disait-il, « elle ne présente que décombres et ruines. Elle ressemble à peine à une cité d'Europe, j'ai cru me trouver ce matin dans une ville de l'Afrique. Tout est à faire, port, quais, bassins ; tout se fera, car il faut qu'Anvers mette à profit les avantages immenses de sa position centrale entre le Nord et le Midi, de son fleuve magnifique et profond. On estime à 20 millions les fonds nécessaires pour exécuter ces travaux. La guerre ne nous permet pas de les donner ; mais dès ce moment, nous ferons ce que nous pourrons. La ville, le commerce doivent nous aider, au moins par des avances[1]. »

« Citoyen Consul, » écrivait-il le 20 juillet à Cambacérès, « je suis content du peuple d'Anvers. On aperçoit ici des traces d'anciens établissements, mais tout est couvert de ruines...[2] »

Aussi prompt à l'exécution qu'à la résolution, il prescrit à ses ministres de conclure sans désemparer un marché avec le sieur Simon, qui avait acquis l'Abbaye de St-Michel, situé sur les bords du fleuve, vendu comme bien national ; il importait de rentrer en possession de ce riche domaine, avant que la divulgation des projets du gouvernement en fît

---

(1) GÉNARD, *Anvers à travers les âges*, p. 356.
(2) *Corr.*, t. VIII, p. 407.

hausser le prix. Le marché fut conclu au prix de 400,000 fr. Le 21, le Premier Consul signait à Anvers même, un décret ordonnant la création de chantiers de construction pour la marine militaire sur les bords de l'Escaut, depuis le *quai au fumier* jusqu'à la citadelle du sud, comprenant les bâtiments de l'Abbaye de St-Michel, l'Eeckhof (magasin de la commune), et prescrivant la démolition des murailles de rempart qui séparaient sur ce point la ville du fleuve. Les glacis de la citadelle seraient transformés en dépôt pour le bois des constructions navales, et enclos de palissades. Des cales couvertes pour la construction de vaisseaux de ligne et de frégates seraient creusées le long du fleuve ; le décret portait que trois de ces cales seraient terminées avant le 24 septembre 1803 et six autres, avant le 23 décembre de la même année. Enfin l'abbaye devait être transformée en magasins et casernes [1].

Afin de prévenir le mauvais effet que ces préoccupations trop exclusivement militaires devaient causer à une population, tout entière adonnée au commerce, il voulut encore laisser trace de son passage en ordonnant des travaux dans l'intérêt de la ville elle-même. Par décret du 21 juillet, il prescrivit le déblai de l'ancien cimetière, conservé au centre de la ville, et la démolition de quatre maisons appartenant au domaine (qui se trouvaient à l'emplacement de la poste actuelle) pour la régularisation de la place, qui prit le nom de *Place Bonaparte* (aujourd'hui *Place verte*) et qui fut achevée et plantée d'arbres en 1804 [2].

Les négociants d'Anvers lui firent quelques représentations au sujet des dangers que présentait la création d'un port militaire dans une ville de commerce, mais le Premier

---

[1] LE POITTEVIN DE LA CROIX, *Histoire de la ville d'Anvers*, p. 361.
[2] THYS, *Historique des rues d'Anvers*, p. 265.

Consul se hâta de les rassurer en leur prometttant la construction d'un nouveau port de commerce absolument indépendant de l'établissement militaire(1), suivant un projet dressé en 1797 lors de la visite du ministre de l'intérieur Benezech et dont la réalisation avait été ajournée. En effet, un décret daté de Bruxelles le 26 juillet, ordonnait le creusement d'un port d'échouage et d'un bassin de flot au Nord de la ville dans le quartier nommé *Boerenkwartier*, qui n'était habité que par une population pauvre. Ces bassins devaient être uniquement employés par le commerce. Le même décret portait que les quais seraient reconstruits et les murs d'enceinte qui les séparaient de la ville, démolis(2).

Dans le décret du 28 juillet, également daté de Bruxelles, la transformation d'Anvers prit encore des proportions plus grandioses(3). Au XVIe siècle les États de Brabant et de Liège, afin de se soustraire à l'obligation de passer sur le territoire hollandais pour transporter les matériaux de construction de Liège à Anvers, avaient proposé de construire à travers la Campine, un canal de jonction de la Meuse à l'Escaut, et d'éviter ainsi le paiement des droits de passage que prélevait la Hollande. En 1626, sous le gouvernement de l'Infante Eugénie, la construction de ce canal, que l'on nomma la *fosse Eugénienne* fut même commencée; afin de ne pas éveiller les susceptibilités des Hollandais, on donna aux travaux le prétexte de créer un retranchement défensif. Les Hollandais ne s'y laissèrent pas tromper et prévoyant la concurrence commerciale que le canal allait favoriser à leur détriment, ils s'opposèrent par la force à la continuation des travaux. Ceux-ci furent abandonnés

---

(1) BEETEME, *Anvers métropole du commerce et des arts*, p. 292.
(2) LE POITTEVIN DE LA CROIX, p. 363. — THYS, p. 143.
(3) LE POITTEVIN DE LA CROIX, p. 365.

après des luttes opiniâtres par les armes. Le Premier Consul reprit cet ancien projet en l'amplifiant ; il décréta, sous le nom de *Canal du Nord*, la jonction du Rhin et de la Meuse et de l'Escaut, destinée à approvisionner le chantier maritime d'Anvers des bois de construction et du goudron provenant de la forêt Noire(1).

IV.

Les travaux de construction et d'installation de l'arsenal maritime, décrétés en juillet 1803, furent aussitôt entamés avec la plus grande célérité sous l'inspection de M. Sganzin(2). Les constructions étaient dirigées par l'ingénieur en chef Mangin, assisté de l'ingénieur Wiotte, les installations de machines par l'ingénieur en chef des constructions navales Notaire-Grandville(3).

Telle était l'impulsion imprimée par le Premier Consul, que déjà, en avril 1804, on se préoccupait de l'inauguration de ces travaux. Il semble même, à ce sujet, que les ingénieurs furent plus préoccupés de faire preuve de zèle, que de pratiquer les règles de sage économie ; c'est ce qui résulte

---

(1) VIFQUAIN, *Les voies navigables de la Belgique*, p. 89.
Un plan intitulé : « *Plan de la place d'Anvers dressé pour servir à l'intelligence des projets préparés pour la défense de l'Escaut relativement au décret impérial du 25 septembre 1809, levé et dressé par le capitaine du génie Fournier, vu par le sous-directeur Bernard,* » qui appartient aux Archives de la ville, nous donne le tracé assez singulier de ce canal, aux abords de la place. Il part du Dam, contourne par un grand coude, le faubourg de Borgerhout, se prolonge à droite jusqu'au château de Berchem, puis par un nouveau coude à gauche, reprend la direction de l'ancien canal de Herenthals ou des Brasseurs.
(2) SGANZIN, *Cours de Construction*, t. II, p. 339.
(3) GENARD, p. 360.

d'une lettre du Premier Consul adressée à l'amiral Decrès le 21 avril 1804, d'autant plus intéressante à rappeler qu'elle nous montre la part que l'Empereur eut personnellement dans la direction des travaux et les efforts qu'il fit pour les achever. « Il me paraît tout-à-fait convenable qu'une cérémonie imposante soit faite pour mettre la première pierre de l'arsenal d'Anvers ; mais il me paraît aussi convenable de ne point démolir de bâtiments sous le prétexte de la régularité. Il suffit de ne rien bâtir contre le plan général de régularité ; insensiblement le reste s'établit... Mais je dois encore le répéter, je ne suis pas satisfait des travaux d'Anvers, parce qu'il n'y a qu'un seul vaisseau sur le chantier et 500 ouvriers. Je désirerais qu'avant le 1er messidor (19 juin), il y eût au moins 3 vaisseaux de 74 sur le chantier et qu'avant le 1er vendémiaire an XIII (21 septembre 1804) il y en eût 6, et qu'avant le 1er nivôse an XIII (21 décembre 1804) il y en eût 9, et tout cela ne peut se faire avec la petite quantité d'ouvriers que vous y avez. Il y a beaucoup d'ouvriers en Provence qui ne sont pas occupés ; il va y en avoir du côté de Bayonne et de Bordeaux ; ainsi donc réunissez 3000 ouvriers à Anvers. Marchandises du Nord, bois, fer, tout arrive là facilement. La guerre n'est pas un obstacle pour construire à Anvers. Si nous étions trois ans en guerre, il faudrait là, construire 25 vaisseaux. Partout ailleurs cela est impossible. Il nous faut une marine et nous ne pourrons être censés en avoir une, que lorsque nous aurons 100 vaisseaux. Il faut les avoir en cinq ans.... Je voudrais construire partout des vaisseaux de 80 à trois ponts, hormis à Anvers où il me paraît prudent de commencer d'abord par des vaisseaux de 74 (1). »

---

(1) *Corr.*, t. IX, p. 336. — Le modèle type de ces vaisseaux, construits à échelle réduite pour l'instruction des *aspirants* de

Déjà l'on commençait à s'apercevoir que l'espace réservé à l'arsenal était insuffisant pour les développements que voulait y donner le Premier Consul, depuis peu devenu Empereur; on empiétait sur la ville et la population, resserrée dans ses remparts, s'en plaignait. Le général Marescot, inspecteur général du génie, fut envoyé à Anvers pour chercher remède à cette situation et rassurer les habitants : « L'Empereur désire, » écrivait Napoléon le 13 août 1802, « que le premier inspecteur général du génie se rende à Anvers, afin de s'y concerter avec le maire pour le local(?) qu'il convient de désigner comme devant servir à l'accroissement de la ville. Pour établir l'arsenal maritime, on a abattu beaucoup de maisons; les logements sont rares et chers; les magasins sont insuffisants, les négociants ont besoin d'en construire; et si les fortifications resserraient trop la ville, elle en souffrirait beaucoup de dommages; il lui serait impossible de devenir le centre de *l'immense commerce auquel elle est appelée par sa position.*

« Le premier inspecteur général rassurera en même temps les habitants sur la crainte qu'ils ont de devenir place de guerre : jamais Anvers ne sera place de première ligne; on n'a pas même le projet d'en faire un port d'armement. Mais il importe, et c'est là le seul but qu'on se propose, de la mettre à l'abri d'un coup de main et d'éviter que lorsqu'elle sera parvenue à une grande richesse, si des circonstances, qui ne sont pas probables mais qui sont possibles se présentaient, l'ennemi ne vînt à hasarder quelques partis de hussards pour la mettre à contribution. Les dispositions qu'on va prendre sont donc dans l'intérêt du commerce et ne sauraient être contre lui(1). »

---

marine, existe encore à l'*Institut de commerce d'Anvers,* où il sert à l'enseignement du cours de navigation.

(1) *Corr.*, t. IX, p. 466.

On décida d'étendre l'arsenal en dehors de la ville sur le terrain du Kiel, en avant de la citadelle où devaient être construites la corderie et de nouvelles cales.

Le 16 août, le Commissaire général de la marine Malouet posait en grande cérémonie, la première pierre de l'arsenal maritime, où déjà un vaisseau de premier rang, le *Commerce de Lyon*, se trouvait en construction, sous la direction de l'ingénieur Jaunez(1).

« C'est à Anvers que doit être notre grand chantier, » avait dit Napoléon, « c'est là seulement que devient possible, en peu d'années la restauration de la marine française.... Désormais tous les vaisseaux de 74 doivent être faits à Anvers(2). Lorient, le Hâvre, Anvers, voilà les ports de construction de France ; Rochefort n'est qu'un port de réparation(3). » Aucun effort n'était négligé pour activer les travaux et sans cesse il gourmandait les ingénieurs : « Au 1er vendémiaire (21 septembre 1804) il y avait 5 vaisseaux en construction, il n'y en a encore que 5. Vous devez, dans le courant de l'année, en avoir 8 ; mon intention est que le 6e soit mis sur le chantier dans le courant de germinal (mars 1805), le 7e en floréal (avril) et le 8e en thermidor (juillet)(4). » Il ne cessait de les presser à compléter les approvisionnements de bois afin que ces travaux ne fussent pas entravés. — « On m'a rendu compte qu'il y a dans le Haut et le Bas-Rhin, » écrit-il de Mayence le 27 septembre 1804, « plus de soixante milliers de pieds cubes de bois coupés l'an X et XI (1801 et 1802) et laissés sur place ; ce bois a été acheté par des fournisseurs de la marine, coupé et laissé là..., qu'il y a 12 ou 15000 avirons

---

(1) GÉNARD, p. 360.
(2) *Corr.*, t. IX, p. 356.
(3) Id., t. X, p. 166.
(4) Id., t. XVII, p. 562.

déjà coupés et qu'on laisse pourrir.... On m'assure cependant que les magasins d'Anvers sont peu approvisionnés. »
— « Il n'y a à Anvers, » écrit-il de St-Cloud le 28 mars 1805, « que 500,000 pieds cubes de bois; il aurait dû y en avoir un plus grand nombre, si l'on avait suivi ce que j'avais prescrit. On m'assure qu'on laisse pourrir dans les canaux les coupes qui ont été faites. S'il existait à Anvers les deux millions de coupes que j'avais ordonnées, il y aurait plus de courbes.... Ne perdez pas de vue qu'avant la fin de l'année il faut qu'il y ait 8 vaisseaux en construction(1). » — Le 20 août 1804, arrivait à Anvers un premier détachement de forçats pour les travaux de l'arsenal. Le bagne fut établi dans l'abbaye de St-Michel; la population s'apitoyait sur le sort de ces malheureux et les nommait les *esclaves* (*de slaven*)(2). En 1805, on put déjà lancer les corvettes *le Phaëton, le Voltigeur, le Favori* et la frégate de 44 canons *la Caroline,* tous construits sur le chantier d'Anvers(3).

Tout d'abord on avait espéré pouvoir construire et armer les navires à Anvers, sans recourir à Flessingue, où un arsenal d'artillerie était fort exposé. On chercha le moyen de créer des bassins à Anvers, ou à défaut, à Terneuzen. « Suivant le compte que m'a rendu le premier inspecteur général du génie (Marescot), » écrit Napoléon au ministre de la marine le 7 mars 1805, « il y aurait vis-à-vis de la citadelle d'Anvers, sur la rive gauche du fleuve, une espèce de bassin tout creusé, dans lequel il reste 10 pieds d'eau à mer basse (probablement le *Borgerweel,* ancien affouillement provenant de la rupture des digues). On croit qu'avec peu de dépenses, on pourrait rendre ce bassin

---

(1) *Corr.*, t. IX, p. 545; t. X, p. 272.
(2) GENARD, p. 360.
(3) LE POITTEVIN, p. 359.

propre à contenir plusieurs vaisseaux de guerre à l'abri des glaces et en position de recevoir la partie de leur armement qui peut leur être donnée à Anvers…. On avait présenté Terneuzen comme un lieu convenable pour l'établissement d'un bassin…. L'Empereur demanda si avec un million ou 1200 mille francs, et sans construire de magasins, on ne peut pas avoir à Terneuzen un bassin où les vaisseaux descendant d'Anvers, auraient la faculté d'entrer pour être à l'abri des glaces ou de tout autre événement. Cet objet est très-important. Un grand nombre de vaisseaux de guerre est en construction. Il serait avantageux d'avoir un endroit où l'on pût les déposer, même pendant que la guerre durerait, afin d'en débarrasser les chantiers et les cales(1). » — On cherchait sérieusement à réaliser la promesse faite au commerce d'Anvers, de ne pas employer les nouveaux bassins pour la marine de guerre, mais ces efforts demeurèrent impuissants. — En 1806, Flessingue devint définitivement le port d'armement des navires, en quelque sorte l'annexe et le complément des chantiers d'Anvers, et fut incorporée à la France.

« Flessingue, m'est indispensable pour mon port d'Anvers, » écrit Napoléon à son frère le roi Louis, « vous pouvez supprimer l'administration de la marine hollandaise ; mais laisser subsister l'administration civile(2). » Déjà la place de Flessingue était occupée par une garnison française dont le roi Louis cherchait à se débarrasser en multipliant les accusations contre le général Monet. Les habitants de Flessingue lui reprochaient d'exercer un monopole sur l'exportation de l'eau-de-vie de grain et l'avaient dénoncé au gouvernement de la Hollande(3).

---

(1) *Corr.*, t. X, p. 198.
(2) Id., t. XIII, p. 74.
(3) *Victoires et conquêtes*, t. XIX, p. 260.

— « Flessingue n'appartient pas à la Hollande, » écrivait Napoléon à son frère, « c'est une possession indivise, comme il résulte du traité de La Haye.... Le général Monet a rendu des services; il connait bien l'île de Walcheren (1). »

Dans l'intérieur de la ville d'Anvers l'ardeur n'était pas moindre; on procédait aux expropriations nécessaires à l'exécution des quais et des bassins et à la démolition d'environ 1300 maisons d'ouvriers et masures qui formaient le *Boerenkwartier*, traversé par le canal au bois de charpente (*Timmervliet*) et le canal aux grains (*Graenvliet*). L'inspecteur-général Tarbé, assisté de l'ingénieur en chef Boistard et des ingénieurs Minard et Teichman, dirigeait ces travaux qui comprenaient la construction du *quai Jordaens* (entre le Werf et le canal aux charbons) du *quai Van Dyck* (jusqu'au canal St-Jean), et de deux *bassins*, l'un dit d'*échouage* s'étendant jusqu'à la hauteur de la Maison Hanséatique, l'autre *de flot*, au-delà (2). Le 7 janvier, ces travaux étaient adjugés au prix de 7,300,000 francs, non comprises les fournitures de matériaux. Aussitôt 200 ouvriers et 3000 charrettes étaient mises en œuvre pour creuser les bassins dits *bassins Napoléon*.

En 1808, on modifia les projets; les deux bassins furent construits sous forme de *bassins de flot* avec écluse à l'Escaut, dont le comte de Montalivet, directeur général de la marine, vint poser la première pierre, le 22 juin 1809 (3).

Ces travaux avaient imprimé un grand élan au commerce d'Anvers. « En 1803 la ville n'avait plus un seul vaisseau qui lui appartint, un seul capitaine capable de conduire un bâtiment en mer, et déjà en 1806, 627 bâtiments gréés en bricks, sloops, smacks, fesaient le cabotage avec les diverses villes

---

(1) Id., t. XII, 534, 570.
(2) *Anvers port de mer*, p. 84.
(3) Thys, p. 144.

du département et celles de la Dyle et de l'Escaut... Le nombre de bâtiments entrés dans Anvers en l'an X (1802), sous onze pavillons différents, s'éleva à 969. En l'an XI première année de la guerre maritime, ce nombre descendit à 671, sous 12 pavillons différents. En l'an XII il s'éleva à plus de 2000 et l'année suivante (1805) à 2718, du tonnage ensemble de 153,353. L'industrie de la Belgique avait alors une grande concurrence de moins qu'aujourd'hui, celle de l'Angleterre, et d'immenses débouchés de plus[1]. » Ce commerce fut à peu près complétement interrompu par la déclaration du *Blocus continental*, le 21 novembre 1806.

Dans la ville même, le travail ne chômait pas et l'attention de l'empereur se portait sur les moindres détails. Le 27 janvier 1805 il écrivait au ministre de l'intérieur : « M. Champagny, la malpropreté des égouts et des canaux d'Anvers y accroît les maladies. Il est nécessaire que vous preniez des mesures pour remédier à cette cause d'insalubrité, *d'autant plus* digne d'attention que cette place est devenue un arsenal important[2]. » La garnison, en partie logée chez les habitants, pesait lourdement sur la population[3]; d'une part, les grands travaux qui s'exécutaient avaient attiré quantité d'ouvriers, de l'autre, la démolition de nombreuses maisons rendait les logements rares et chers. On chercha à améliorer cette situation en transformant la plupart des anciens couvents en casernes.

« Le canal qui doit joindre l'Escaut, la Meuse et le Rhin » disait le Premier Consul dans son message au Sénat conservateur, le 16 janvier 1804, « n'est déjà plus dans la seule pensée du gouvernement ; des reconnaissances sont faites sur le terrain ; des fonds sont déjà prévus pour l'entreprise qui

---

(1) Ferrier, *Description d'Anvers*, p. 31.
(2) *Corr.*, t. X, p. 126.
(3) Id., t. VIII, p. 418.

nous ouvrira l'Allemagne et rendra à notre commerce et à notre industrie des parties de notre propre territoire que leur situation livrait au commerce et à l'industrie des étrangers (1). En 1808 on dépensa 600,000 francs à la première section du canal vers Maestricht (2), mais la réunion de la Hollande à l'Empire amena la suspension de ces travaux en 1810; la partie de Maestricht à Bocholt fut seule achevée (3).

En 1807, dans l'exposé de la situation de l'Empire, l'Empereur pouvait à bon droit se féliciter de l'œuvre qu'il avait accomplie : « Anvers, » disait il, « s'enorgueillit de ses chantiers bâtis comme par enchantement, sur un sol devenu étranger à toute construction maritime; Anvers qui dans les jours de sa gloire, n'était qu'un port de commerce, fermé ensuite par une politique bien aveugle ou bien timide, Anvers qui n'était plus rien, devient un centre de marine militaire. Pour la première fois, cette partie de l'Escaut voit flotter des vaisseaux de 74 et de 80; quatorze sont sur chantier (*Le commerce de Lyon*, le *Charlemagne*, le *Du Guesclin*, l'*Audacieux*, le *César*, l'*Illustre*, le *Thésée*, l'*Anversois* le *Dalmate*, l'*Abbanais*, l'*Eylau*, la *Ville de Berlin*, la *ville de Varsovie*); plusieurs ont été lancés et sont arrivés à Flessingue après une navigation difficile, heureuse et sans exemple. Ceux qu'on a lancés ont été remplacés au même instant sur les chantiers qu'ils avaient quittés. De toutes les parties de la Belgique, de la Hollande, des bords du Rhin, de la Meuse, de l'Escaut, on est venu comtempler ce beau spectacle, jouir de cette conquête au profit de l'Océan. Combien Anvers a dû s'énorgueillir de sa nouvelle destinée! D'autres vaisseaux seront lancés dans peu de mois, remplacés par un pareil nombre, et des escadres entières sortiront de ce port, qui avait oublié qu'il appartenait à l'Océan. »

---

(1) *Corr.*, t. VIII, p. 419; t. IX, p. 203.
(2) Id., t. XVII, p. 350 et 394.
(3) Vifquain, p. 91. — *Corr.*, t. XX, p. 370, 473.

« Flessingue, qui jadis n'offrait un asile qu'aux vaisseaux de petite dimension, et qui a vu élargir son écluse, creuser ses bassins, se trouve en état de recevoir une escadre(1) ». Un grand résultat avait été obtenu, grâce aux dragages opérés dans l'Escaut ; le fleuve que jusqu'en 1803 on croyait ne pouvoir porter que des navires de 74 désarmés, venait de démontrer, par l'expérience du *Charlemagne*, pouvoir sans difficulté conduire des navires de 80. C'était pour Napoléon comme un triomphe personnel, dont il se réjouit dans sa correspondance. Flessingue, indiqué d'abord comme la seule ressource pour *armer* les navires construits à Anvers, (« j'appelle armer, » disait Napoléon « voir le vaisseau mâté et avoir à bord ou dans ses magasins, tout ce qui est nécessaire pour achever cet armement, qui n'est plus alors qu'une affaire de mois »), Flessingue était reconnu désormais insuffisant. « L'entrée de Flessingue ne doit jamais être une objection, » écrivait-il à l'amiral Decrès ; « on les fera porter en ligne droite à Brest(2) »

Déjà on avait mis sur chantier le *Pultusk*, le *Dantzig*, le *d'Hautpoul* et les frégates la *Saale*, l'*Elbe*, l'*Oder*, la *Vistule*, le *Dahlman*, le *Corbineau*.

V.

Tout l'intérêt se concentrait vers l'achèvement des travaux maritimes. Quant aux fortifications, à une époque où la guerre extérieure semblait attirer exclusivement l'attention des militaires, malgré les défectuosités que le Premier Consul y avait constatées dès sa visite au mois de juillet 1803, il n'y fut guère apporté d'amélioration. Peut-être

---

(1) *Corr.*, t. XV, p. 522.
(2) Id., t. XV, 35, 135, 361, 363, 382, 397, 427 ; t. VI, p. 114.

attendait-on l'achèvement des installations maritimes qui pouvait exiger une extension de l'enceinte. « Le point de la Belgique où l'on doit tenir le plus de troupes, » écrivait Bonaparte, « est Anvers, parce que de là, on est à portée de prévenir les invasions par la Hollande.... Mais il est absurde que la ville d'Anvers soit exposée à être enlevée d'un coup de main et que les 5 à 6000 hommes de la marine qui s'y trouvent aujourd'hui, et les dépôts des corps qui sont dans le cas d'y être, ne puissent pas se défendre[1]. » — « Les officiers du génie de la place, » écrit-il le 27 juillet 1803, « m'ont paru ne pas la connaître parfaitement. Je pense qu'elle peut être défendue par les inondations. Si l'on n'a pas le nivellement au comité des fortifications, il faudra le faire faire, pour bien déterminer la partie qu'on peut défendre par les eaux. Du côté de l'Escaut, un quai va être établi tout le long de la ville. On pourra élever en temps de guerre sur ce quai, un épaulement en terre, et bien armer la partie saillante de ce quai (Batterie St-Laurent). A ce moyen de défense il faudrait joindre celui de mettre la Tête de Flandre dans le meilleur état, et rétablir un fort que Joseph II a fait raser sur la rive gauche (fort Isabelle) et vis-à-vis de l'autre extrémité de la rive (fort Burght). Je désire connaître également si le fort de la Tête de Flandre pourrait être protégé par une grande inondation. Faites connaître au premier inspecteur général du génie (Marescot) que je désire qu'il me présente des projets pour mettre Anvers dans le meilleur état de défense[2]. »

L'*ignorance des propriétés de la place*, dont Napoléon accuse les *officiers du génie*, n'implique nullement leur incapacité et se justifie parfaitement par les conditions où l'on se trouvait à cette époque.

---

[1] *Corr.*, t. VIII, p. 504; t. XIII, p. 84.
[2] Id., t. VIII, p. 419.

Le site d'Anvers, examiné sur la carte, présente l'apparence d'une plaine d'une parfaite uniformité et presque absolument horizontale. Dans un rayon de 15 à 20 kilom. on n'y constate aucune élévation ou dépression de terrain qui atteigne 15 à 20 mètres. Mais sous cette uniformité se cache une foule d'accidents de terrain d'une importance considérable, dont la connaissance ne peut être acquise par des reconnaissances sommaires, comme dans un site de montagnes. A l'Est et au Nord de la place principalement, existe un grand nombre de bas-fonds, de la profondeur de 2 à 3 mètres, qui, couverts par des digues et cultivés en prairies, peuvent être aisément inondés par le jeu des marées et la rupture des digues qui les protègent. La connaissance de ces terrains inondables ne peut s'acquérir que par des nivellements très soignés et souvent difficiles à exécuter. En étudiant l'histoire des événements militaires qui s'accomplirent autour d'Anvers, on arrive à se convaincre de l'importance considérable que ces inondations acquièrent en des temps divers, aussi bien comme moyen d'attaque que comme moyen de défense. Nul terrain mieux que celui d'Anvers ne se prête à l'application de la *fortification par écluses*, dont Simon Stévin a posé les principes(1), qui étend l'action défensive à très grande distance du rempart proprement dit de la place. — « Si loing, » disait Stévin, « qu'on pourrait mettre un camp entre deux (entre la ville et la rivière). »

Les terrains inondables d'Anvers, anciennes lagunes désignées sous le nom de *polders*, se dessinent sur la carte sous forme d'une véritable mosaïque, délimitée par des digues de mer (limites fluviales) et des digues intérieures, au moyen desquelles ils ont été successivement conquis sur les eaux ; ces dernières servent encore à préserver les polders des

---

(1) Steichen et Brialmont, *la Vie et les Travaux de Simon Stévin*, p. 127, 224.

accidents de ruptures *calamiteuses* des digues extérieures. Ce n'est pas arbitrairement qu'on peut inonder telle ou telle partie du terrain compris dans ce dédale de digues ; il faut non-seulement tenir compte du niveau relatif des divers polders après chaque inondation, par l'apport des sédiments, mais encore de certains courants naturels qui aussitôt se produisent sous l'action de la marée et des vents régnants, et rompent des digues que l'on projetait de conserver. Ces courants naturels s'effacent et se reproduisent avec une véritable permanence, toutes les fois qu'on tend des inondations d'une certaine importance. C'est à la découverte d'un de ces *fleuves sans eau*, qu'en 1584, les ingénieurs du Prince de Parme, Plato et Baroccio, dûrent la réussite du *Canal de Parme* au moyen duquel ils ouvrirent une communication de Gand à Calloo par l'intérieur des terres, soustrayant ainsi leurs bateaux aux entreprises de la flotte des Anversois sur l'Escaut. Ce *canal de Parme*, creusé entre le canal de Stekene, à St-Jean-Steen, et l'Escaut, suivait probablement le cours d'un ancien bras de l'Escaut aboutissant au Zwyn près de l'Ecluse. Effacé et *oublié* à peu près aujourd'hui[1], nous le voyons se reproduire cependant avec une remarquable persistance, pendant les luttes de Maurice de Nassau et de Spinola, puis à l'époque des guerres de la Succession d'Espagne et même, en partie, à la suite des grandes inondations tendues pour la défense d'Anvers en 1809 et 1830.

Le catalogue des forts, redoutes et châteaux extérieurs, qui furent construits pour assurer la défense d'Anvers, à diverses époques, et dont les traces se retrouvent encore sur le sol, atteint plus de 150 numéros. La plupart se trouvent dans les régions poldériennes et attestent des efforts d'industrie immenses, pour protéger ces fortifications hydrauli-

---

[1] *Bulletin de la Société de Géographie d'Anvers*, t. I, p. 483.

ques. Ce n'est que par l'examen critique de leurs situation que l'on parvient à se rendre un compte exact des opérations de guerre qui s'accomplirent dans le passé autour d'Anvers, et des ressourses que les eaux offrent pour la défense de la place. Dans ce catalogue, nous voyons souvent réapparaître le même ouvrage sous trois ou quatre noms différents, ce qui indique qu'il répondait à des besoins permanents. D'autres n'ont évidemment qu'un intérêt passager, telles les opérations du siège de Hulst. D'autres enfin se déplacent de quelques centaines de mètres, ce qui prouve qu'ils devaient satisfaire à des conditions variées plus importantes et mieux caractérisées à une époque qu'à une autre.

Ces faits expliquent comment en 1803, les officiers du génie français, qui n'étaient réellement en possession d'Anvers que depuis 1795, n'avaient fait encore qu'une étude très-imparfaite de ses défenses. La fortification hydraulique d'ailleurs n'avait jamais été l'objet que d'études très sommaires dans l'école française, et plus d'une fois les ingénieurs français, pour exécuter de semblables ouvrages, eurent recours à l'expérience consommée des ingénieurs néerlandais dans ce genre de travaux, — témoin l'appel que le gouverneur de Calais « le seigneur de Vic, homme de grand jugement en matière de guerre et fort expérimenté, » adressa à Stevin[1].

En 1803 on ne possédait aucun plan suffisant d'Anvers. En admettant qu'un tel plan eût jamais existé, ce qui paraît douteux, il avait sans doute été emporté par les autrichiens; ce fut pour suppléer à cette lacune, qu'à la suite de la lettre du Premier Consul du 27 juillet 1803, les capitaines Bernard et Fournier entreprirent un levé général de la place, levé qui ne fut terminé que quelques années après.

---

[1] S. Stevin, *Œuvres mathématiques*, p. 635.

Tout indique que, pour excécuter ce travail (et même y suppléer avant qu'il fût terminé) on fit une étude très consciencieuse des anciens plans ; c'est ainsi que nous voyons reparaître, dans la correspondance de Napoléon, l'indication assez singulière de forts que l'on retrouve en effet sur d'anciennes cartes, et qui, de son temps déjà avaient disparu très-probablement, ce qu'il devait ignorer, n'étant pas sur les lieux. Nous retrouverons la preuve de ces études des fortifications anciennes, de ces leçons empruntées à l'histoire du passé, dans diverses phases de notre récit. Ce soin de recourir aux enseignements de l'expérience, de la part d'un homme aussi dégagé de préjugés, aussi sûr de lui-même que l'était Napoléon, mérite d'être souligné. Pour le moment nous nous bornerons à citer un fait :

Le fort de la *Tête de Flandres* (*Pontus Flandria*) fut construit en 1576 par ordre de D. Sancho d'Avila, gouverneur de la citadelle, afin de « mieux *tenir la ville en échec* », dit Bernardino de Mendoça, et assurer la communication d'Anvers avec Termonde et Alost[1]. Cet ouvrage, le plus ancien que la ville d'Anvers ait possédé sur la rive gauche, prit le nom de *Het veer* (*le passage d'eau*) ou *fort du Trajet*, parce qu'il couvrait en effet le passage d'eau qui existait en cet endroit ; nom que les Français sous Louis XIV, avec leur prodigieuse présomption de linguistique euphonique, imaginèrent de traduire par *fort Vert* (ou fort Veer)[2]. — Plus tard (en 1584), le Prince de Parme, s'étant rendu maître de la rive gauche de l'Escaut, construisit des forts pour défendre la tête de tous les passages

---

(1) Bernardino de Mendoça, *Commentaires*, t. II, p. 393.
(2) Voir l'Atlas des *Guerres de la Succession d'Espagne*, par le général Pelet.
En 1793 les français traduisirent de même le nom flamand de *Rempart des Petits-Carmes, Papen-Vest* (aujourd'hui *Rempart Saint-Georges*) par *rue du Pape en Veste!* (Thys, p. 378).

d'eau d'amont du fleuve, et notammant à Burght le premier *fort de Burght* situé à 3500^m du centre de la Tête de Flandre qui menaçait par les digues le fort de la Tête de Flandre lui-même. Les Anversois lui opposèrent, à environ 500^m en aval sur la même digue, un fort auquel ils donnèrent le nom de *fort Teligny*. Ce fut entre ces deux forts que les espagnols pratiquèrent une rupture de digue qui a donné naissance au *Burghtschen weel*, pour conduire leur flotte par les inondations du *Burgerweert*, en aval, sans passer par l'Escaut devant Anvers. Ils construisirent en aval de la Tête de Flandre sur la même digue de la rive gauche, à environ 2500^m, le *fort Toulouse* (ces forts prirent leurs noms, l'un de Odet de Teligny, le fils du vaillant La Noue au service des États, l'autre du malheureux Jean de Marnix, Seigneur de Thoulouse, tué en 1567 au combat d'Austruweel, livré en face sur la rive droite). Le *fort Toulouse* avait comme *avancé* un fortin qu'on nomma *Loopschans* (c'est à dire *fort de Course*) couvrant la rupture de digue qui donna naissance au *Geuzenweel* par laquelle la flotte anversoise pénétrait dans les inondations du Borgerweert pour y combattre la flotte espagnole. — Plus tard, ces divers forts s'effacèrent; en 1632 sur une carte dressée par Claes Jansz. Visscher, nous ne trouvons plus que l'indication du *fort Téligny* en amont, et de l'avancé du fort Toulouse, le *Loopschans* qui avait reçu le nouveau et singulier nom de *Zwart van dorst* (*Noir de soif*). — En 1631 on avait déjà substitué à ces deux ouvrages, deux petits forts en amont et en aval à environ 1500^m du centre de la Tête de Flandre; ils prirent le nom de *Fort Ferdinand* (modifié en 1701 en *fort Royal*, et aujourd'hui *fort de Burght*) et de *fort Isabelle* (1605, actuellement *fort d'Austruweel*). — Ces derniers forts n'avaient plus pour but de défendre l'accès de la Tête de Flandre par les digues, mais bien, avec la Tête de Flandre, de couvrir la place d'Anvers.

Vauban, qui les vit restaurer en 1702, en fait une vive critique à cause de leur peu d'importance : « Le petit fortin appelé *Teste de Flandre* » dit-il, « soit qu'on le raccommode ou qu'on le laisse en l'estat qu'il est, n'est pas capable de remédier à de tels défauts (la prise à revers de la place de la rive gauche), il est trop petit, trop écrasé et pour le dire en un mot, trop *colifichet* pour cela. Il y faut des pièces plus considérables qui puissent protéger tout le long côté et empêcher que l'ennemi ne s'en saisisse avec tant de facilité. On *y a commencé* deux redoutes de briques *depuis peu* (forts Isabelle et Royal) qui ressemblent mieux à des *pigeonniers* qu'à des pièces propres à la fortification. » Vauban proposait pour couvrir la rive gauche, la construction d'une importante tête de pont ou nouveau *fort Royal*, flanquée de deux redoutes (1), qui ne fut jamais exécutée. Les petits forts *Ferdinand* ou *Royal* (Burght) et *Isabelle* subsistèrent tels quels, sans entretien, de même que la *Tête de Flandre*, jusqu'au règne de Joseph II, qui, les jugeant trop ruinés pour les restaurer, les fit raser. — C'est évidemment de ces derniers forts, qui n'existaient plus qu'à l'état de souvenir, que Napoléon parle dans sa lettre du 27 juillet 1803, et il connaissait si bien les ouvrages qui se sont succédé sur ce point (ainsi que nous venons de le dire) que nous le verrons dans la suite proposer de les rétablir à peu près tous.

En attendant l'achèvement du plan d'Anvers, que le Capitaine Bernard avait mission de dresser, en même temps qu'un plan complet d'amélioration de la place, et à défaut de ressources suffisantes pour exécuter des travaux plus considérables, Napoléon prescrivit en 1804 de relever

---

(1) Mockel, *Mémoire sur la place d'Anvers, dat! du 16 septembre 1702, fait par M. de Vauban* (autographie), p. 2 et 4.

les ouvrages de la Tête de Flandre(1). Il semble compter principalement pour défendre la gorge ouverte d'Anvers, sur l'emploi des chaloupes canonnières et péniches 2).

En 1806 les projets de Napoléon prennent déjà un caractère plus décidé : « M. Dejean, » écrivait-il au ministre de la guerre, « les projets du premier inspecteur général du génie sur Anvers me paraissent bien entendus ; mais il faut porter une grande économie dans les travaux. Ce n'est pas une place de dépôt que je veux y faire.... L'importance que j'attache à Anvers ne vient que de son chantier. J'ai rempli mon but lorsque je l'ai mis à l'abri d'un coup de main. »

« Pour mettre Anvers à l'abri d'un coup de main, il me paraît qu'il faut d'abord curer les fossés et en même temps raccommoder tous les ouvrages en terre qui couvrent l'enceinte de la place. J'imagine que, dans ce moment, ils doivent être palissadés et fraisés, opération qu'on a dû faire au commencement de cette année. Il faut :

« 1° Curer les fossés ;

« 2° Revêtir l'escarpe depuis la porte de Malines jusqu'à la citadelle (front 29-31 resté inachevé). Je désirerais savoir si, au lieu de dépenser l'argent nécessaire à revêtir le corps de place, il ne serait pas préférable, dans le cas où le fossé serait assez profond et qu'on pût y tenir toujours de l'eau, de construire en avant une lunette qui ne coûterait pas davantage, en mettant toute cette partie à l'abri d'un coup de main et servirait même pour un siège.

« 3° Revêtir la contr'escarpe du front de Lillo côté 3-7 ;

« 4° Faire le pont des Béguines (front 29-31) ;

« La Tête de Flandre paraît de première nécessité, ainsi qu'un ouvrage quelconque vis-à-vis les chantiers.

« Lorsqu'on dit qu'Anvers doit être à l'abri d'un coup

---

(1) *Corr.*, t. IX, p. 420 ; t. X, p. 50.
(2) Id., t. X, p. 215.

de main, cela veut dire qu'il doit l'être avec très peu de monde. Je veux que 4000 hommes rendent inutiles les efforts de 50,000 hommes, si l'armée ennemie n'est abondamment approvisionnée et pourvue d'un équipage de siége....

« Je voudrais qu'un ouvrage quelconque protégeât la citadelle (et le chantier du Kiel) vers le haut Escaut... Comme la marine désire que son arsenal soit fermé de ce côté, il faudrait faire un projet de mur qui le ferme (1). » Quelques jours plus tard, il écrivait encore : « A Anvers la Tête de Flandre et les redoutes de la rive gauche doivent être relevées et armées de manière que non-seulement la citadelle, mais toute la ville se trouve à l'abri d'un coup de main. Il n'y a pas assez d'artillerie ; j'ai donné l'ordre au ministre de la marine d'avoir à Anvers 150 pièces de gros calibre sur affûts marins. Comme il y aura beaucoup de pièces de 36, on en construira plusieurs batteries sur le bord, pour la défense de ce côté. Le front de Lillo mérite aussi une attention particulière (2). »

Ensuite de ces ordres on construisit une grande lunette en avant du front 29-31, destinée à remplacer une petite demi-lune construite en 1741 ; cette lunette prit le nom de *Lunette Montebello*, en souvenir du héros de la bataille d'Essling, le maréchal Lannes, duc de Montebello, mort le 22 mai 1809. — A droite de celle-ci, en avant du bastion 33 (ancien bastion Hernando), une autre petite lunette fut construite, pour couvrir la trouée à la jonction de l'enceinte et de la citadelle. (Elle a été remplacée sous le gouvernement hollandais, en 1816, par la lunette St-Laurent). — Au Nord de la ville, les terres extraites des bassins avaient été accumulées sur le front de Lillo 3-7 et avaient en

---

(1) *Corr.*, t. XIII, p. 153.
(2) Id., t. XIII, p. 227.

quelque sorte enterré l'ancienne *batterie de St-Laurent* ou du *Kattenberg*, destinée à battre l'aval du fleuve ; on y suppléa par une batterie sur la digue Ferdinand, que l'on nomma *batterie Ferdinand* ou du *Kattendyk* (plus tard *batterie des Anguilles*, à cause du voisinage d'une guinguette, nommée la *Maison des Anguilles*, où les habitants d'Anvers allaient l'été manger du poisson frais). — Enfin sur la rive gauche on releva l'ancien *fort de la Tête de Flandre*, on reconstruisit le fort Ferdinand ou de Burght, qui reçut le nom de *fort Lacoste*, en mémoire du colonel du génie Lacoste, aide de camp de l'empereur, tué au siège de Saragosse en 1809, et le fort Isabelle ou Austruweel, nommé *fort St-Hilaire* en souvenir du général de division tué à la bataille de Wagram en 1809.

VI.

Les instructions de Napoléon, en vue d'une descente possible des Anglais sur le Continent, expédiées de son quartier général d'Osterode, où il s'était établi en 1807 après sa campagne de Pologne, nous donnent une idée exacte du système défensif qu'il jugeait devoir appliquer à Anvers.

L'arrivée au pouvoir du cabinet anglais formé en mars 1807, par le duc de Portland, Canning lord Castlereagh, Perceval, avait provoqué un redoublement de fureur dans la guerre contre la France. Une puissante flotte anglaise avait été rassemblée aux Dunes ; sur le Continent on considérait comme très-probable, une prochaine descente des Anglais[1]. Informé de ces bruits, Napoléon les accueillit avec un calme et une confiance extraordinaires. « Je ne crois pas plus que vous à une descente, » écrivait-il au

---

(1) THIERS, t. VIII, p. 119.

ministre de la marine, « mais cela n'empêche pas qu'il ne faille faire comme si elle devait avoir lieu et je suis en mesure d'en repousser une de 80,000 hommes. C'est trois fois plus que ne peuvent envoyer les Anglais (1). » — « Je ne pense pas que dans cette saison, » écrivait-il le 18 mars 1807 à Cambacérès, « les Anglais puissent tenter aucun débarquement sérieux sur nos côtes.... Si les Anglais font des débarquements, ils les feront dans la Baltique (2). »

Le général Marescot, premier inspecteur général du génie, fut envoyé à Anvers avec mission « d'y rester le temps nécessaire pour assurer la défense de cette place importante » ainsi que de ses dépendances, Bergen-op-Zoom, Breda, Flessingue. Plus tard, au mois de novembre, lorsqu'il fut obligé par des raisons de service, de se rendre en Italie, il fut remplacé par le général du génie Bertrand, aide de camp de l'Empereur (3).

Il ressort à l'évidence de la *Correspondance de Napoléon* qu'il ne considérait Anvers que comme un réduit de la position ; il suffisait de le mettre à l'abri d'un coup de main et sa défense devait être faite au dehors, principalement aux bouches de l'Escaut, protégées par une flotte appuyée par les feux croisés de Flessingue et de l'île Cadzand.

Par mesure de précaution, Anvers fut déclaré en *état de siége*, et le général de division Ferino en fut nommé gouverneur. C'était un vieil officier piémontais de grande expérience, attaché à l'armée française depuis la Révolution et qui, plus tard, fut naturalisé français. Il arriva à Anvers au mois d'avril 1807. Ses instructions lui prescrivaient de n'exercer ses pouvoirs qu'avec beaucoup de prudence et de

---

(1) *Corr.*, t. XV, p. 65.
(2) Id., t. XIV, p. 464.
(3) Id., t. XIV, p. 465 ; t. XVI, p. 53, 346.

modération, dans les limites de ce que nous nommons actuellement le *petit état de siége* « Vous lui ferez comprendre, » écrivait Napoléon à Cambacérès, « qu'il ne doit rien changer à la marche ordinaire de l'administration de la marine et des travaux, et que ce n'est que dans les circonstances extraordinaires qu'il doit tout attirer à lui. Il faut qu'il se rende sans délai dans son gouvernement, qu'il passe la revue de ses troupes, qu'il arme les forts et que, sans pousser les choses plus loin, il se mette en état d'imposer à l'ennemi... Il faut recommander au général Ferino de bien exercer et discipliner ses troupes, afin d'en tirer tout le parti possible(1). »

La garnison d'Anvers se composait de 3000 hommes de troupes de marine. « Ces troupes sont commandées par des capitaines de vaisseau, « disait Napoléon, » par des lieutenants de vaisseau, par des officiers de marine, tous militaires qui se sont battus et la plupart ont été blessés. Elles méritent confiance. Dans leur nombre il y a des canonniers de la marine, dans lesquels on doit avoir autant de confiance que dans les troupes de ligne. » A cet effectif se joignaient encore deux bataillons d'infanterie en garnison à Anvers, d'un effectif total de 1800 hommes.

« L'ennemi, » disait encore l'Empereur, « doit avoir un but dans son expédition. S'il veut prendre Anvers et brûler le chantier, il trouverait là 4000 hommes de garnison et avant qu'il pût commencer aucune opération, le camp de Boulogne, les gardes nationales du Nord, la gendarmerie, le Roi de Hollande y auraient jeté un renfort de 4000 hommes(2). »

Un corps d'observation, placé sous les ordres du roi de Hollande, fut chargé de garder la rive droite de l'Escaut. « Nous aurons, » écrit Napoléon au roi Louis le 28 mai

---

(1) *Corr.*, t. XIV, p. 500 ; t. XV, p. 74, 271.
(2) Id., t. XIV, p. 538.

1807, « deux corps à Coevorden et à Anvers, l'un et l'autre à quatre marches d'Amsterdam. Avec votre garde et ce qui vous reste en Hollande, vous devez pouvoir réunir à peu près 8000 hommes, ce qui vous ferait 20,000 hommes que vous pourriez avoir en main en deux jours. Une partie des camps de Saint-Lô et de Boulogne sera prête à venir à votre secours, si les circonstances le veulent. Il faut donc, en cas de débarquement sérieux, prévenir le général Ferino, le général commandant le camp de Coevorden, le maréchal Brune (commandant des côtes du Nord à Boulogne), le maréchal Kellerman (commandant des réserves à Mayence) et l'archi-chancelier. Exagérez de toute manière les forces qui vous arrivent. Dites qu'il est formé un camp à Coevorden, un à Anvers, un à Zeist. Les Anglais seuls ne se hasarderont pas à une expédition continentale un peu considérable. » — « Je donne ordre au maréchal Brune, » dit-il encore, « de diriger une division de 6000 hommes hollandais sur Coevorden, où elle sera en réserve, selon les circonstances, de se porter chez vous ou sur Hambourg. Ne manquez pas de publier dans tous les journaux que 16000 hommes arrivent en Hollande venant de France pour défendre le pays. Faites atteler 30 pièces de campagne, c'est du canon qu'il faut(1). » Un corps de 4000 hommes fut formé dans la Flandre, pour défendre l'île de Cadzand et la rive gauche de l'Escaut(2).

Enfin une escadre de 8 vaisseaux français et 9 vaisseaux hollandais, sous les ordres du vice-amiral Burgues-Missiessy, se rassemblat à Flessingue pour défendre les bouches de l'Escaut(3).

Napoléon n'avait qu'une très-médiocre confiance dans les

---

(1) *Corr.*, t. XV, p. 275, 280.
(2) Id., t. XVII, p. 127.
(3) Id., t. XV, p. 382; t. XVI, p. 316; t. XVII, p. 139.

troupes hollandaises, qu'il savait fort peu sympathiques à la domination française. Le roi Louis lui-même, désigné pour le trône à peine depuis un an et très-désireux de ménager sa popularité, cherchait à alléger à la Hollande la charge du service militaire, alors qu'en France elle allait toujours en croissant. L'empereur le gourmandait vivement à ce sujet : « Vous êtes mal conseillé, vous n'avez pas d'hommes de mérite autour de vous, ... » lui écrivait-il. « Un prince dont on dit : *c'est un bon homme* est un roi perdu. Vous avez l'air de faire la cour à tout le monde.... Qu'est-ce qu'un roi qui n'a pas d'armée nationale, qui n'ose point confier la défense de sa couronne à ses sujets et n'est pas environné d'hommes qui seraient résolus à périr avec lui ?... Les Hollandais espéraient qu'ils n'auraient qu'une armée peu nombreuse et que les légions françaises leur serviraient de bouclier ; *voilà une plaisante idée : un État qui veut être indépendant et ne veut pas avoir d'armée !*... Ce que vous avez de mieux à faire c'est de réunir le plus de troupes possible afin de défendre votre pays et d'être de quelque utilité à la cause commune(1). »

Napoléon avouait ne recourir aux troupes hollandaises, même pour la défense de leur territoire national, que par une nécessité absolue : « Je ne vous dissimule pas » écrivait-il à son frère, « que j'ai fort peu de troupes disponibles C'est donc sur vous que je compte pour défendre l'île de Walcheren et mon escadre de Flessingue, ainsi que le Texel. » Il redoutait de mettre des Français à Flessingue à cause de son insalubrité, qui n'atteignait pas au même degré les Hollandais acclimatés(2). D'ailleurs il ne laissait aucune illusion à son frère sur la diminution de charge qui pouvait résulter de

---

(1) *Corr*, t. XV, p. 114, 151 ; t. XVIII, p. 379.
(2) Id., t. XII, p. 392 ; t. XVI, p. 422.

l'emploi des troupes françaises en Hollande; celle-ci en paierait tous les frais (1).

La difficulté de former le corps d'observation de Cadzand, cette fois en territoire français, était plus grande encore, à cause du climat, et des fièvres paludéennes qui y régnaient en permanence. Napoléon se préoccupe sans cesse de ce danger ; nous le voyons même envoyer d'Espagne, du *quinquina* qui faisait défaut sur les marchés du continent, depuis le blocus continental 2). Il imagine une solution vraiment originale : Les troupes ne séjourneront pas dans l'île de Cadzand, mais dans des localités voisines, plus salubres ; des camps sont formés à Blankenberghe et à Eecloo, et une partie des troupes viendront de Bergen-op-Zoom, pouvant fournir des hommes mieux acclimatés. A Breskens on formera une petite garde permanente au moyen d'une garde nationale du pays, de douaniers et de vétérans bien acclimatés. Le général Roguet, chargé du commandement des troupes, est constitué comme une sorte de sentinelle permanente ; il lui était enjoint de *ne jamais découcher de Breskens*; à la moindre alerte il doit, par un service d'estafettes de cavalerie, donner l'ordre à ses troupes d'accourir, et à cet effet, il doit aussi rester en relation constante avec la flotte et le général Monet à Flessingue. Son commandement s'étend sur toute la rive gauche de l'Escaut jusqu'à Terneuzen. Enfin on construisit des routes, pour faciliter les communications du village de Groede, désigné comme point de rassemblement, avec les camps de Blankenberghe et d'Eecloo (3).

Napoléon considérait la position de Flessingue comme, parfaitement assurée : « Flessingue est en sûreté, » écrivait-

---

(1) *Corr.*, t. XVI, p. 117.
(2) Id., t. XVIII, p. 138, 241.
(3) Id., t. XVII, p. 67, 127, 148, 302 ; t. XVIII, p. 78, 372.

il à l'amiral Decrès, « toutes les fois qu'il y a des vivres.....
Vous me proposez d'augmenter le nombre des bouches à feu
de l'armement; je ne le crois pas nécessaire. Il y a à
Flessingue plus de canons qu'il n'en faut, puisqu'il y a
70 pièces d'un calibre supérieur à 12. Vous avez bien fait
d'y envoyer 5 mortiers de 12 pouces. Il me parait qu'il y a
suffissamment de projectiles; 20000 boulets pour 38 pièces
sont suffisants. Il faudrait seulement y envoyer quelques
boulets de 12. 600 milliers de poudre à Flessingue c'est
énorme; mais il me parait qu'il n'y en a pas suffisamment,
puisqu'il n'y en a que 72 milliers; mettez y 80000 kilogr.
ou 140 milliers, ce sera suffisant(1). »

La garnison de Flessingue avait été exercée à la manœuvre des chaloupes-canonnières pour empêcher un débar-
quement(2). En cas d'attaque de Flessingue, le général Monet
avait reçu des instructions très-rigoureuses pour couper les
digues et submerger l'île de Walcheren tout entière. « Il
faut un commandant français à Flessingue, » écrivait
Napoléon à son frère, « ... un Hollandais ne fera jamais
cela(3). »

La situation faite au général Monet portait beaucoup
d'ombrage au général hollandais envoyé également, sur
l'ordre de Napoléon, dans l'île de Walcheren, pour la
défendre en cas de débarquement à Veere ou sur un autre
point(4). Il en résulta des accusations nombreuses contre
Monet, fondées ou non; on prétendit qu'il abusait de sa
position pour commettre des malversations. Mais il était
difficile de trouver un homme capable de remplir ce poste
délicat, et qui eût une connaissance aussi complète de l'île;

---

(1) *Corr.*, t. XV, p. 143; t. XVII, p. 319.
(2) Id., t. VIII, p. 476; t. XVI, p. 462.
(3) Id., t. XIV, p. 465, 477.
(4) Id., t. XVII, p. 127.

Napoléon hésita à le remplacer(1), et finalement adopta un parti extrême, que l'abus de la toute-puissance avait pu seul lui suggérer : ce fut de reprendre Flessingue à la Hollande. Le 11 novembre 1807, par un traité signé à Paris, la ville et le territoire environnant devinrent une enclave française en territoire hollandais. Dès lors aussi les troupes françaises de Flessingue furent à la charge de l'empire(2).

« La défense de Flessingue est fondée sur l'inondation, » écrivait Napoléon le 26 mars 1808 au général Clarke, ministre de la guerre. « En cas que l'ennemi se présente, on doit couper les digues et mettre l'île sous l'eau.... Cependant l'ennemi peut toujours cheminer sur les digues. D'ailleurs il faut défendre l'entrée du port pour conserver la communication avec le Continent. Il faut donc qu'on occupe un point sur chaque digue, à environ 1000 toises de l'entrée du chenal, de manière que, de chaque côté, l'ennemi ne puisse s'établir qu'à environ 1200 toises. Dès lors le canon est sans effet, et dès ce moment, Flessingue ne peut plus être bloqué. Je désire donc qu'on construise sur chaque digue, à une distance de 1000 toises, loin de l'entrée du chenal, deux forts qui défendent la digue, battent la mer et empêchent les approches de ce côté.

« Les 200,000 francs que j'ai accordés cette année sont destinés à pousser ces deux forts de front ; on emploiera 100,000 francs à chacun. Ces deux forts doivent être environnés d'eau de tous côtés et la défense en sera facile. On construira dans ces forts des bâtiments militaires.... On me présentera un projet l'année prochaine pour achever ces forts et en placer un troisième à 1000 toises de l'entrée du port sur la route de Middelbourg(3). » Ces deux forts de

---

(1) *Corr.*, t. XVIII, p. 194.
(2) Id., t. XVI, p. 52, 117, 195.
(3) Id., t. XVI, p. 340, 440 ; t. XVII, p. 319.

digues furent exécutés et reçurent les noms de *fort Montebello* et *St-Hilaire*, modifiés depuis en ceux de *fort Nolle* et *Ruyter* (1). Le fort Nolle (Montebello) couvrait au Nord une forte batterie établie sur la digue de mer et destinée à battre l'Escaut.

L'île de Cadzand était à peu près dépourvue de fortifications ; sur les rives de l'Escaut on voyait quelques anciennes batteries construites sur les digues, dont les canons dépourvus d'affûts, gisaient sur le sol (2) ; un petit fortin construit à Breskens, sur le hàvre, servait de logement aux canonniers et établissait la communication avec Flessingue ; il était désigné sous le nom de *fort du hâvre*. Au sud de l'île, sur les bords du Zwyn, le baron de Spaar avait fait construire en 1703, un retranchement assez important, qui servait de point de débarquement à ses troupes sur l'île, par le Zwyn, et de point de concentration pour résister aux efforts des troupes françaises, commandées par M. de La Mothe, campées à Plasschendaele, Damme et Lapscheure. Cet ouvrage, auquel on avait donné le nom de *Cassandria* (et qui se trouve encore sur les cartes hollandaises, désigné sous ce nom ou sous celui de *Retranchement*) était à peu près effacé et avait d'ailleurs perdu toute son importance, à cause de l'envasement du Zwyn qui ne permettait plus d'y débarquer. Enfin l'ancienne petite place forte d'Ysendyk avait été déclassée et ses terrains vendus en 1804 (3) ; celle de l'Écluse subsistait, mais en très-mauvais état. Toute l'île portait un caractère d'abandon très-marqué.

A la hâte, quelques unes des batteries établies sur les digues, près desquelles se retrouvaient les vestiges d'an-

---

(1) RUDTORFER, *Géographie militaire de l'Europe*, p. 657. — *Corr.*, t. XVII, p. 338.

(2) *Corr.*, t. XVII, p. 301.

(3) *Victoires et Conquêtes*, t. XIX, p. 248.

ciennes tours hollandaises de garde, furent réarmées. « Je vois » écrivait Napoléon au général Clarke, ministre de la guerre, le 17 mai 1808, « que vous avez commencé à prendre des dispositions pour l'île de Cadzand. Les lettres que je vous ai écrites ces jours derniers, vous auront fait connaître que j'ai jugé convenable de donner de nouveaux développements à ces dispositions, car de tous les points de mon empire, j'ai reconnu que c'était le plus faible et le seul où l'on peut essayer de me faire un affront(1). »

Dans une lettre du 15 juin, Napoléon trace à grands traits, un système complet de défense de l'île, évidemment imité des dispositions anciennes qui subsistaient encore, mais approprié à l'état de choses nouveau. « J'ai ordonné une batterie de 30 bouches à feu à Breskens. C'est à la marine à décider quel est l'emplacement qui convient le mieux pour cette batterie. Doit-elle être placée près de Breskens, ou au signal de Breskens, ou à un chemin entre ce signal et celui de Wulpen? Qu'est-ce qui est le plus important pour la marine, que la batterie soit rapprochée de 500 toises du banc d'Elboog ou plus près de Flessingue? C'est encore à la marine à décider quelle est la position la plus avantageuse.

« Une batterie de 30 bouches à feu suppose une garnison de 300 hommes. Si ces 300 hommes, au lieu d'être dans une batterie de côte ouverte, se trouvent dans un fort fermé à la gorge, on sera tranquille sur ce point; et quand même l'ennemi se serait emparé de Cadzand, la batterie restant en notre pouvoir, on aura deux, quatre, cinq jours pour accourir de tous les points de la Belgique pour reprendre l'île. La question se réduit à savoir comment il faudra construire un fort sur cette dune ou sur une digue de mer...

---

(1) *Corr.*, t. XVII, p. 148.

Maintenir la communication avec la place de Flessingue est chose de grande im[por]tance. Il faut à Breskens une place de guerre qui contienne une batterie de 30 pièces de canons, des approvisionnements et quelques moyens de passage, un port où l'on puisse faire entrer une division de la flotte, où 12 ou 15 péniches et quatre ou cinq chaloupes canonnières seraient à l'abri des glaces, du mauvais temps et de l'ennemi. Où cette place doit elle être située? C'est encore par des considérations maritimes que cette question doit être décidée (1). »

« L'ennemi ne pourra jamais attaquer avec succès l'île de Cadzand » écrit encore Napoléon au général Clarke, le 18 août 1809, « si l'on y tient 15 à 16000 hommes et 30 pièces de canon, et si l'on choisit d'avance un bon champ de bataille fortifié par quelques digues ou courants d'eau. Après s'être opposé au débarquement, on se retirerait dans ce *camp retranché*. En dix jours quelques ouvrages nécessaires seraient terminés (2). »

Après mûre délibération, on résolut de construire un fort avec une puissante batterie sur la digue de mer, non loin d'une ancienne tour abandonnée, construite sous le stathoudérat du Prince Fréderic-Henri; il reçut le nom de *fort Napoléon*. L'empereur avait insisté pour qu'on adoptât un ouvrage fermé à la gorge et avait même indiqué la disposition qu'il recommandait à cet effet (3). « Je suppose, » disait-il « que l'ennemi voulant brûler mon escadre, se présenterait avec une escadre supérieure, débarquerait 5 à 6000 hommes dans l'île de Cadzand pour s'en tenir maître pendant quelques jours, s'emparerait pendant ce temps des batteries et tournerait mes propres batteries contre mon

---

(1) *Corr.*, t. XVII, p. 306.
(2) Id , t. XIX, p. 306.
(3) Id., t XVII, p. 418.

escadre..... (1) » En 1809 un crédit de 500,000 fr. fut accordé pour la construction de ce fort(2), que l'on commença au mois de juin, c'est-à-dire un mois avant l'attaque des Anglais, ainsi que nous le verrons plus loin. (Il a reçu depuis le nom de fort Fréderic-Henri(3)).

Pendant la construction du fort, on arma une batterie de digue non loin du signal de Wulpen, qu'on nomma *batterie Impériale* et qui, depuis, a été désignée sous le nom de *batterie Wilhelmina.*

Ces projets n'avaient été adoptés qu'après de vives discussions. Les amiraux voulaient défendre le fleuve en y multipliant les batteries de terre(4); Napoléon au contraire veut une défense moins passive, stimule sans cesse les hommes de mer et les pousse à l'offensive, persuadé que c'est le seul moyen de former la flotte par l'usage de la mer. « Ces vaisseaux exerceront leurs matelots, formeront leurs équipages et se tiendront en situation de partir au premier ordre... J'aurai plusieurs avantages à cela; d'abord former leurs équipages, puis préserver les équipages et les officiers.

---

(1) *Corr*, t. XVII, p. 306.

(2) Id., t. XVIII, p 346.

(3) « L'empereur, qui tenait à ce que l'Escaut fut inaccessible aux flottes anglaises, s'empressa de faire construire à Breskens une batterie casematée, qu'il baptisa de son nom et qui, pendant dix ans, s'appella le *fort Napoléon*. En 1835, le gouvernement néerlandais, qui pour des causes différentes tenait, lui aussi, à être maître de la navigation du Hondt, agrandit et améliora cette citadelle, qui, depuis 1815, avait abdiqué sa désignation impériale pour prendre le nom plus modeste de *fort de Breskens* (ou fort Frédéric-Henri). Aujourd'hui ce pauvre fort abandonné de nouveau, tombe en ruine; sur le sommet des casemates, on a planté de vulgaires pommes de terre et ses anciens logements servent à abriter les récoltes de foin et de pois secs du paysan qui l'a pris en location... *Sic transit gloria...* » (HAVARD, *la Hollande pittoresque, le Cœur du pays*, p. 376).

(4) *Corr.*, t. XV, p. 46; t. XVII, p. 338.

de ce que l'eau de Flessingue a de malfesant.... Il faudrait pour cela que nos vaisseaux eussent trois mois de vivres et carte blanche, s'ils ne rentraient pas à Flessingue, pour aborder à quelque port que ce fût(1).... » — « Comment, » écrit-il au ministre de la marine, « n'y a-t-il pas dans tous nos ports des péniches? Puisqu'il faut que je m'occupe de tous les détails, j'ai pris un décret pour organiser une flottille de garde-côtes. Faites-le exécuter rigoureusement; pas de *si*, de *mais*, de *car*, ne faites pas d'objections, mais levez-les(2). »

« Avec les batteries de Flessingue et de Breskens, » dit l'empereur, « il est impossible à une escadre d'entrer dans l'Escaut. L'escadre n'y entrerait pas si c'était un détroit de 2000 toises. Si de l'autre côté elle se trouvait en pleine mer, elle recevrait tant de coups de canons qu'elle serait désemparée, elle passerait cependant avec un beau temps, mais aurait des mâts cassés, aurait des avaries considérables et ne serait bonne au-delà, qu'à aller dans une rade pour se raccommoder(3). »

---

(1) *Corr.*, t. XVI, p. 310; t. XVII, p. 206, 504; t. XVIII, p. 10, 86, 315.
(2) Id., t. XVII, p. 220.
(3) Id., t. XVIII, p. 338.

DEUXIEME PARTIE.

Expédition de Walcheren. - 1809.

I.

Les Anglais avaient eux-mêmes signalé souvent l'Escaut comme devant leur être redoutable. Exactement informés de l'importance de l'établissement que Napoléon créait à Anvers, ils n'avaient pas de plus grand souci que d'empêcher son développement. « Il faut, » s'était écrié le général Cranfort à la Chambre des Communes, le 27 mars 1809, « il faut qu'Anvers, Flessingue, Terneuzen disparaissent ! » La guerre contre l'Autriche, qui obligeait Napoléon à porter toutes ses forces sur le Danube, leur parut une occasion favorable.

Napoléon de son côté avait hâte de faire sentir aux Anglais les dangers de l'œuvre gigantesque commencée à Anvers, qu'il considérait comme devant être la plus importante de son règne ; « *un pistolet chargé dirigé sur le cœur de l'Angleterre,* » ainsi qu'il le disait dans son langage imagé. Néanmoins, il se trouva pris au dépourvu par les préparatifs des Anglais. La Grande Bretagne s'était engagée à faire une diversion en faveur de l'Autriche ; mais au lieu de porter ses forces en Allemagne, ainsi que Napoléon devait le supposer, elle préféra faire ses propres affaires et s'attaquer aux escadres françaises, qui veillaient au maintien du blocus continental et entravaient les relations de l'Angleterre avec ses colonies.

Le 12 avril 1809 une flotte anglaise, sous la direction de l'amiral Gambier, avait réussi à détruire l'importante flotte placée sous les ordres du vice-amiral Allemand, réfugiée à l'île d'Aix. Il importait plus encore d'atteindre la flotte en construction à Anvers ; mais cela demandait des préparatifs plus longs et plus dispendieux, car il fallait joindre aux efforts de la flotte, ceux d'une armée de terre.

La direction de cette nouvelle expédition fut confiée à lord Chatham, grand-maître de l'artillerie, héritier d'un grand nom, frère de l'illustre William Pitt, qui dans sa conduite, dit le général Jomini, semble avoir pris à tâche de « prouver que les générations qui se succèdent ne se ressemblent pas. Il entassa fautes sur fautes dans l'exécution d'une entreprise qui, mieux conduite, eût infailliblement atteint son but[1]. »

L'armée anglaise, mobilisée dans les principaux ports de la Grande Bretagne, à Porthsmouth, à Harwich, à Chatham, à Douvres, aux Dunes, se composait de 38,000 hommes d'infanterie, 3000 artilleurs, 2500 cavaliers, soit environ 44,000 hommes, avec 9000 chevaux et 150 bouches à feu, pièces de 24 ou mortiers. 40 vaisseaux de ligne, 30 frégates, 84 corvettes, bricks, bombardes, 4 à 500 transports et un grand nombre de chaloupes canonnières placées sous les ordres de l'amiral sir John Strachan, se trouvaient prêtes à appareiller pour transporter cette armée sur le continent[2].

« Songez » avait dit Georges III, à lord Chatham, en lui remettant le commandement de son armée, « que cette expédition combinée a pour but de détruire les vaisseaux de

---

(1) Jomini, *Vie politique militaire de Napoléon*, t. II, p. 85.
(2) Thiers, t. XI, p. 119.

l'ennemi, soit ceux qui sont sur les chantiers d'Anvers et de Flessingue, soit ceux qui sont à flot dans l'Escaut, la destruction des arsenaux et chantiers d'Anvers, de Terneuzen et de Flessingue, la conquête de l'île de Walcheren et le soin de rendre désormais l'Escaut impossible et impraticable pour la navigation des vaisseaux de guerre français. »

Deux projets d'expédition avaient été discutés dans les conseils de l'armée anglaise. Le premier consistait à débarquer soit à Ostende soit à Blankenberghe, où l'on croyait ne rencontrer qu'une faible résistance, et à se porter rapidement par Bruges et la Flandre hollandaise vers l'Escaut ; de bonnes routes pavées, que l'on pouvait suivre presque sans coup férir, à cause de l'absence de troupes françaises, conduisaient à Anvers, à peine défendu sur la rive gauche par les faibles ouvrages de la Tête de Flandre et les forts St Hilaire et Lacoste inachevés. De là, la ville, le chantier établi sur la rive droite, et même les vaisseaux rassemblés dans le fleuve, pouvaient être détruits et bombardés presqu'impunément. En tout état de cause, on prenait à revers la flotte que les Français auraient portée en avant pour défendre la bouche de l'Escaut.

Le second projet consistait à remonter l'Escaut après avoir forcé la flotte envoyée à la défense de son embouchure et pris à revers la place de Flessingue et les faibles ouvrages en construction à Breskens. A Bath, où la rivière cessait d'être navigable pour les gros navires de transport, on pouvait débarquer vers Santvliet sur la rive droite, et se porter par terre, par Cappellen, sur Merxem.

Dans les deux cas, Anvers, alors en très-mauvais état de défense, par suite de la démolition de son mur de gorge pour la construction des quais, de l'encombrement des fronts du Nord par les terres extraites des bassins, qui en avaient effacé les détails et qu'on n'avait pu remplacer que par la batterie Ferdinand ouverte à la gorge, de l'insuffisance de sa garnison, réduite à quelques dépôts d'infanterie et aux marins attachés à l'arsenal, sous les ordres du général Fauconnet, vieux général de cavalerie, énergique, mais usé par la guerre, Anvers dans ces conditions ne pouvait présenter une longue résistance. Dans le second cas, les forts répandus sur les rives le long de l'Escaut, depuis Bath, ne pouvaient même opposer une résistance efficace aux bâtiments légers de la flotte, qui suivraient l'armée de terre jusqu'à Anvers. Les *forts Lillo* (construit par les Espagnols en 1573) et de *Liefkenshoek* (construit par les Anversois en 1579) n'étaient qu'incomplètement armés; ceux de *Ste-Marie* (construit par les Espagnols en 1584) de *Frédéric-Henri* (ancien fort espagnol de la *Ste-Trinité* construit en 1584 et reconstruit en 1610) étaient complètement dépourvus d'armement; enfin les *forts Lacroix* (fort espagnol de *Mondragon* ou *Ste-Croix* construit en 1584), de *St-Philippe* (fort espagnol de 1584) et de *La Perle* (même origine) étaient à peu près effacés.

En avant de la position du fort Frédéric-Henri, le *fort de Bath* était en bon état; mais il se trouvait soustrait à l'action du commandement d'Anvers, étant occupé par une garnison hollandaise. En face, le *fort St-Martin*, construit en 1627 sur le polder de Hoogerwerf, par Spinola, pour couvrir le Nord d'Anvers et défendre concurremment avec le fort Bath, le passage du canal de Bergen-op-Zoom, était effacé au point que l'attention ne fut appelée sur cette position militaire que par l'indication qu'en donnaient les cartes anciennes. Enfin, le long du Bas-Escaut, toutes les anciennes petites places telles que Hulst, Axel, le Sas-de-Gand, Philippine, etc. se trouvaient hors d'état de défense.

Le premier projet qui obligeait l'armée à s'éloigner de la flotte, formant sa base d'approvisionnement, d'une distance d'environ 60 milles, (ou 100 kilomètres) dans un pays coupé de nombreux cours d'eau ou canaux, quoique conduisant rapidement au but en cas de réussite, parut trop audacieux aux officiers anglais. « Si les Français parvenaient, » disait le général Browaring, dans une note en date du 9 juin, « à réunir des forces suffisantes pour retarder la marche vers un point déterminé, il serait à peine probable que l'armée anglaise puisse gagner Anvers en moins de 15 jours après son débarquement à Ostende ; sa retraite, par la route qu'elle aurait précédemment suivie, serait presqu'impossible, vu qu'on devait s'attendre à voir se former sur ses derrières une armée dont la ville de Gand deviendrait vraisemblablement le point de ralliement, tandis que l'armée anglaise, poursuivie par l'armée qui défendrait Anvers, serait exposée à une perte certaine. » — D'après l'avis émis le 30 juin par le général Calwaert, on s'arrêta au second projet, plus lent, mais dont le succès paraissait plus assuré. « Les difficultés qui suivraient le débarquement d'un corps aussi nombreux que l'exigeait le succès de l'expédition anglaise, » disait cet officier général, « sur une côte ouverte, d'où l'on entreprendrait une expédition aussi importante, à travers un pays dont les forces naturelles ont été augmentées par tous les moyens de défense que la science militaire offre dans ce siècle, sont telles que je crois qu'il ne reste à considérer que la possibilité de faire cette expédition avec le service de la flotte. Dans ce cas, l'Escaut occidental (le Hondt) se présente naturellement comme la voie par laquelle on doit la diriger. »

Napoléon, avec une connaissance plus complète que les Anglais du théâtre sur lequel ils voulaient opérer, dans des lettres à ses lieutenants, où perce à l'évidence « sa coutume, » dit Thiers, « d'exagérer leurs ressources et de diminuer celles qu'ils avaient à combattre, pour leur imposer de plus grands efforts(1), » Napoléon a peint avec une merveilleuse prévoyance, les suites que devait avoir l'expédition dirigée

---

(1) THIERS, t. XI, p. 278.

suivant cette seconde voie : « Il me semble que je n'ai rien à redouter de cette opération. Flessingue ne peut être pris, puisque, si le général Monet est serré un peu de près, *en trois marées il peut inonder l'île* et mettre tout dans l'eau. L'ennemi ne peut prendre mon escadre puisque, au pis aller, elle peut remonter sur Anvers....... Si les Anglais prennent l'île de Walcheren et continuent la campagne, soit en France, soit en Hollande, vous avez un mois pour vous préparer....... Une frégate, les chaloupes-canonnières de l'Escaut et un ou deux vaisseaux, s'il est nécessaire pourraient rester pour défendre la rivière. Dans cette mer étroite, dix vaisseaux ne font plus qu'un, et les canonnières vaudront mieux que cela........ Tant que les Anglais seront dans l'île de Walcheren, il n'y a rien à craindre. Ils perdront deux mois devant Flessingue, la fièvre et l'inondation feront le reste .... Ils périront par l'inaction et les maladies, suites d'une expédition mal combinée; la France et la Hollande, revenues de la première surprise, se lèveront contre eux..... Le plan de l'ennemi est très-développé; il marche sur Anvers par la rive droite, parce que cette ville est sur la rive droite, mais les marais (inondations) de Bergen-op-Zoom?.......(1)»

« Le chemin le plus commode pour arriver de la côte à Anvers, » dit à son tour le général Jomini, « part de Blankenberghe, et va par Bruges et Gand; c'est une chaussée pavée de 24 lieues. La côte était tellement dégarnie que rien n'empêchait de débarquer 30 mille hommes sur ce point et de les porter le troisième jour devant Anvers avec toute l'artillerie dont ils étaient amplement pourvus. Le reste de l'armée et de la flotte, entrait dans l'Escaut pour fixer l'attention sur Flessingue et l'île de Cadzand. Anvers n'avait presque pas de garnison. La flotte eût été prise au dépourvu et sa retraite impossible. En n'emportant même

---

(1) *Corr*, t. XIX, p. 311, 313, 314, 316, 317, 323, 324, 329, 331 etc.

que le fort de la Tête de Flandre, situé en face d'Anvers, le succès eût été assuré(1). »

Lord Chatham ne pouvait ignorer, par les rapports de ses espions, que la côte était complètement dégarnie de troupes, au point que Napoléon avait dû faire appel au Roi de Hollande pour assurer sa défense, et donner pleins pouvoirs à l'amiral Decrès pour parer à toute éventualité : « Je suis sur le champ de bataille, » lui écrivait-il d'Ingolstadt, le 19 avril 1809, « je ne puis que m'en rapporter à vous pour tout ce que vous ferez pour le bien du service et la sûreté de mes flottes et de mes arsenaux (2). » Cependant lord Chatham, dans la crainte d'un retour offensif de l'Empereur, hésitait à s'engager avant que Napoléon fût plus sérieusement aux prises avec les Autrichiens, sur la résistance desquels il fondait un grand espoir. « Le gouvernement anglais » dit Napoléon, « et son général ont lutté d'impéritie. Si lord Chatham, que nos soldats n'appelèrent que *Milord j'attends*, se fût précipité vigoureusement, sans doute il pouvait détruire notre bel et précieux établissement par un coup de main, mais le premier moment perdu et notre flotte rentrée, la place se trouvait à l'abri (3). »

Lord Chatham était un valétudinaire, déjà d'un âge assez avancé et incapable d'une action énergique. Ses compatriotes lui ont fait le reproche de s'être occupé exclusivement de sa santé et du soin d'avoir de *bon bouillon de tortue*, au lieu de se livrer au détail de l'expédition qui lui était confiée(4). » Il continuait à temporiser, lorsque, tout à coup, arriva en Angleterre l'annonce de la bataille de Wagram (5 juillet). Il n'y avait plus un instant à perdre pour ne pas être pris en

---

(1) JOMINI, t. II, p. 85.
(2) *Corr.*, t. XVIII, p. 282, 334, 448 ; t. XIX, p. 238.
(3) *Mémorial de Ste-Hélène*, t. VII, p. 64.
(4) *Victoires et conquêtes*, t. XIX, p. 268.

flagrant délit de préparation et livré seul à toute la colère de Napoléon victorieux, après la conclusion probable de la paix avec l'Autriche. L'armée anglaise reçut l'ordre de s'embarquer et la flotte mit à la voile les 24 et 25 juillet 1809. Le 29 elle était signalée par les vigies de l'île de Cadzand.

Le général Rousseau, qui avait succédé au général Roguet, commandait l'île et veillait attentivement à Breskens ; il donna aussitôt avis à Paris de l'arrivée des Anglais. Sa dépêche y parvint le 31 ; l'Empereur en fut informé à Schoenbrunn le 6 août(1).

II.

Malgré les pouvoirs donnés par l'Empereur, ce fut un grand embarras pour les ministres restés à Paris : l'amiral Decrès, ministre de la marine, le général Clarke, ministre de la guerre, Fouché, ministre de la police chargé du portefeuille de l'Intérieur pendant la grave maladie de M. Cretet. Les inconvénients du pouvoir trop personnel de l'Empereur, très jaloux de son autorité et très-disposé à critiquer les mesures qu'il n'avait pas ordonnées quand elles produisaient de mauvais résultats, se fesaient sentir.

Il fallait pourvoir Anvers de troupes, et l'on n'osait retenir les réserves de l'armée que Napoléon réclamait avec insistance et qu'il avait défendu d'arrêter sous aucun prétexte. On voulait convoquer la garde nationale, soulever le pays par la publicité du danger, mais la crainte de déplaire à l'Empereur en donnant signe de faiblesse, arrêtait les ministres. Il fallait un chef supérieur pour commander Anvers ; le général de Sainte Suzanne, qui avait été désigné, était malade ; seul le maréchal Bernadotte, rentré à Paris en disgrâce et qu'on n'osait employer, était disponible.

---

(1) *Corr.*, t. XIX, p. 311.

A Vienne, l'émotion de Napoléon ne fût pas moins grandes, ainsi que le prouvent ses nombreuses lettres. Sans renseignements positifs, il imagine et décrit les événements tels qu'il les comprend, avec une étonnante perspicacité, et multiplie les ordres d'avance, pour porter remède aux circonstances qu'il prévoit. Ce fut une cause d'embarras de plus, car chaque mesure prise au milieu du désarroi se trouvait ainsi critiquée. Napoléon lui-même comprit les défauts de ce système; dans une lettre au ministre de la guerre, le 2 septembre il disait : « Gardez ces observations « pour votre gouverne; elles seraient tardives. Ne les « envoyez pas à Anvers cela ne servirait qu'à découra- « ger[1]. » En définitive cependant, cette correspondance fiévreuse eut pour résultat de résoudre la plupart des points douteux et permit de mettre un peu d'ordre dans les premières mesures adoptées.

Le général de division Fauconnet commandant d'armes, « *un vieillard,* » disait Napoléon [2], assisté du chef de bataillon du génie Bernard, s'efforça de mettre la place d'Anvers en aussi bon état de défense que possible. Des batteries furent improvisées sur les quais en construction; une forte batterie fut construite sur le massif de terre provenant du creusement des bassins, qui couvrait l'ancienne batterie St-Laurent; elle reçut le nom de *batterie impériale* et croisait ses feux vers l'aval du fleuve avec la batterie Ferdinand (Kattendyk). On se hâta de perfectionner les ouvrages de la Tête de Flandre et de relever les forts et batteries à peu près effacés du Bas-Escaut.

Afin de couvrir ces travaux et de défendre les bouches de l'Escaut, le vice-amiral Messiessy se porta en avant, avec une escadre composée du *Pultusk,* de l'*Anversois,* du

---

(1) *Corr.*, t. XIX, p 413.
(2) Id., t. XIX, p. 343.

Commerce de Lyon, du *Dantzig*, du *Dalmate*, du *du Guesclin*, du *Charlemagne*, de l'*Albanais*, du *César*, de la *Ville de Berlin*, tous navires construits à Anvers(1). Le restant de la flotte fut conduit dans le Rupel et mis à l'abri des brûlots au moyen d'estacades. Napoléon a vivement critiqué ce mouvement en avant de la flotte, qu'il n'avait cessé de provoquer précédemment, et aussi la retraite des vaisseaux dans le Rupel. Il estimait que, pour la défense de l'Escaut, il suffisait d'employer des canonnières, et que les navires étaient mieux à couvert à Anvers, derrière les ouvrages de la Tête de Flandre, que dans le Rupel(2). Plus tard il a néanmoins rendu justice à l'attitude énergique et pleine d'habileté de Missiessy et, quant à la retraite dans le Rupel, il faut constater qu'elle était parfaitement justifiée à une époque où l'on pouvait craindre que l'armée anglaise vînt canonner l'arsenal en traversant la Flandre. « Je ne comprends pas bien l'estacade que vous voulez établir pour le Rupel, » écrit-il au ministre de la marine. Il me semble que le Rupel est une rivière qui se jette dans l'Escaut à plus de 1500 toises au-dessus d'Anvers. Je ne vois pas quel rapport cela peut avoir avec mon escadre. » Puis, mieux éclairé il dit : « Il me paraît absurde de tenir ainsi l'escadre le long d'un canal, où elle est sans défense. Je la trouve donc mal placée. Quant aux estacades, je ne les crois pas nécessaires contre les brûlots. Avec des chaloupes canonnières, des péniches, des canots, il n'y a pas grand chose à craindre. En deux mots je désire que mon escadre prenne position dans l'espace du fleuve compris entre la citadelle et la Tête de Flandre(3). »

L'armée anglaise était partagée en trois divisions :

---

(1) *Victoires et conquêtes*, t XIX, p. 252.
(2) *Corr.*, t XIX, p. 312, 323, 324, 331, 343, 344, 363 etc.
(3) *Id.*, t. XIX, p. 356, 362.

La première, forte de 12000 hommes, sous les ordres du major-général Eyre-Coote, commandant en second de l'expédition, et portée par une section de la flotte commandée par l'amiral Ottway, devait pénétrer dans l'Escaut Oriental et le Sloe, pour débarquer à Veere, s'emparer de l'île de Walcheren et prendre Flessingue à revers. Puis, après avoir éteint le feu de ses batteries, se porter dans l'île de Beveland pour prendre à revers toutes les batteries de la rive droite du Hondt jusqu'au fort de Bath.

La deuxième division, commandée par le major-général marquis de Huntley et le commodore Owen, devait débarquer dans l'île Cadzand et prendre à revers la batterie de Breskens.

Enfin le corps principal, fort de 25,000 hommes, conduit par lord Chatham et sir Strachan, les feux de Flessingue et Breskens éteints, devait pénétrer dans le Hondt jusqu'à Bath, débarquer sur la rive droite à Santvliet, et en tournant Lillo et Liefkenshoek, se porter à marches forcées par Cappellen sur Merxem et Anvers, suivi par les bâtiments légers de la flotte, s'ils parvenaient à s'ouvrir un passage.

Eyre-Coote parvint sans difficulté à débarquer au Breezand, au nord de Veere. Les îles de la Zélande étaient défendues par les troupes hollandaises sous les ordres du général Bruce; celui-ci établi au fort *Den Haak*, fit sauter ses batteries et n'opposa aucune résistance [1]. Les français n'occupaient que Flessingue, sous les ordres du général Monet qui avait reçu les instructions les plus sévères pour couper les digues au moindre danger, et inonder toute l'île. Napoléon ne se fesait aucune illusion sur la faiblesse de cette position de Flessingue, qui ne pourrait être défendue qu'à la condition d'être enveloppée d'inondations, et on le voit,

---

(1) OSTEN, *Rapport circonstancié de ce qui s'est passé à l'île de Walcheren*, (Spectateur militaire, t. XXI, juin 1836) p. 260.

jusqu'à dix fois dans sa *Correspondance*, renouveler l'ordre d'expédier des officiers à Monet pour couper les digues(1), ce qui n'était pas sans difficulté si l'on cessait d'être maître de l'île. En apprenant la défection des hollandais, Monet avait formé au moyen de ses vétérans, un petit corps mobile, fort de 1200 hommes, qu'il mit sous les ordres du général belge Osten. A défaut d'artillerie de campagne, il improvisa une batterie légère avec des pièces empruntées à Flessingue, attelées de chevaux de réquisition. Osten se porta jusqu'à Serooskercke, d'où il fut repoussé par des forces supérieures conduites par le lieutenant général David Dundas. Il perdit son artillerie, dont les chevaux se cabrèrent, et que les paysans abandonnèrent en coupant les traits. Il se retira en combattant par Middelbourg sur Flessingue, où il rentrait le 31 juillet(2).

A Cadzand, le général Rousseau faisait bonne garde. Ne disposant pas des troupes qu'il avait appelées à la hâte, il simula des manœuvres sur les digues, avec les 300 gardes nationaux qu'il avait sous la main. Il ouvrit le feu de la batterie Napoléon avec ses garde-côtes et réussit à intimider les Anglais, avant même d'avoir reçu ses renforts, qui avaient l'ordre de se rassembler à Groede(3). Le temps était mauvais, la flotte du comodore Owen manquait de moyens de débarquement, et le général Huntley n'osa pas tenter de débarquer en présence de l'attitude, en apparence si résolue, du général Rousseau(4).

Le corps principal, arrêté par la fermeté de la flotte de l'amiral Missiessy, appuyée par les feux de Flessingue et de Breskens, ayant appris la facilité avec laquelle on avait

---

(1) *Corr.*, t. XIX, p. 311, 312, 313, 317, 318, 322, 335, 343, 385.
(2) *Victoires et conquêtes*, t. XIX, p. 252.
(3) Id., t. XIX, p. 249.
(4) THIERS, t. XI, p. 126.

pu entrer dans l'Escaut Oriental, se porta tout entier sur ce point, ne laissant devant Flessingue qu'un détachement de la flotte commandé par l'amiral Gardner. Il débarqua à Goes, où le général Huntley fut également appelé. Les forces anglaises, pénétrant dans l'île de Sud Beveland, se dirigèrent sur le fort de Bath dans l'espoir de couper la retraite à la flotte française. Bath fut évacué le 2 août par le général Bruce et occupé par les Anglais sans coup férir : « Je suppose » écrivait Napoléon à son frère le Roi Louis de Hollande, le 12 août 1809, « que vous aurez fait arrêter ce traître de Bruce, qui a si lâchement rendu Bath, et que vous l'aurez fait passer par les armes. Abandonner un fort comme Bath sans tirer un coup de canon, c'est le comble de la lâcheté et de la trahison(1). » Le Roi Louis ayant cherché à expliquer la conduite du général Bruce comme une conséquence des conflits qui existaient entre lui et le général Monet, dont il s'était plaint à diverses reprises, l'Empereur écrivit au ministre de la guerre : « Lorsque vous écrirez en Hollande, faites sentir au Roi... que la défense de la Zélande aurait été meilleure si l'on n'avait laissé s'élever des rivalités entre le commandant hollandais et le commandant français ; que cependant il fallait que l'un d'eux commandât, et qu'il était plus naturel que ce fût le Français qui commandât que le Hollandais...(2). »

Sans attendre la prise du fort de Bath, l'amiral Missiessy s'était retiré avec sa flotte vers Anvers, laissant derrière lui autant d'obstacles que possible pour arrêter la marche de la flotte anglaise, et armant au passage les forts, ce qui, débarrassant ses vaisseaux de leur grosse artillerie, leur permit de remonter sans difficulté le fleuve. — A la hauteur de Lillo-Liefkenshoek, trois navires furent embossés pour

---

(1) *Corr.*, t. XIX, p. 338.
(2) *Corr.*, t. XIX, p. 419.

battre de leurs feux le débouché et le passage de l'Escaut oriental, et empêcher les Anglais de se porter sur Santvliet. Ils étaient protégés par les feux croisés des deux forts, entre lesquels un barrage de mâts et de chaînes flottantes, avait été établi pour arrêter les brûlots. — En arrière, à la hauteur de Ste Marie et de St Philippe, une seconde barrière fut créée au moyen de canonnières ancrées, couvertes également par un barrage flottant établi entre La Perle et St Philippe.

En examinant l'ensemble de ces dispositions défensives, il est impossible de méconnaitre leur extrême analogie avec les dispositions, forts et barrages, établis déjà en 1701 par le chevalier d'Artaignan, pour la défense du fleuve(1), dont le commandant Bernard avait fait une étude très-attentive. En amont de Ste Marie, l'analogie, l'on peut même dire l'identité, était encore plus complète.

Entre la barrière Ste Marie-St Philippe et Anvers, trois batteries établies sur les digues de la rive gauche et deux batteries sur les digues de la rive droite, croisaient leurs feux en avant de sept vaisseaux embossés. Sur la rive droite, à partir d'Anvers, on rencontrait d'abord la *batterie Ferdinand* (un peu en amont de l'ancien *fort d'Austruweel, de la Paysanne* ou *Boerinnenschans* de 1584, reconstruit depuis sous le nom de *fort Piemontel*, puis détruit de nouveau), — puis la *batterie du Boerenschans* (à l'emplacement de l'ancien *fort de Boerenschans* ou *du Paysan* de 1584, que Vauban nomme en 1701 *fort Bogatte*, et qui fut détruit de même que le fort Piementel d'après son conseil(2) ; — sur la rive gauche, une première batterie fut établie en avant de la digue, sur le polder d'été un peu en

---

(1) Pelet, *Mémoires militaires relatifs à la Succession d'Espagne*, t. I, p. 56, 71, 106.
(2) Mockel, *Mémoire de Vauban etc.*, p. 18.

avant du coude convexe d'Austruweel, à l'emplacement où se trouvait un petit moulin à papier; on le nomma *Batterie du Moulin à papier* (elle occupait l'emplacement de la *batterie Courtebonne* de 1701, qui elle-même, était un peu en amont de l'ancien *fort Toulouse*); — une seconde batterie fut établie à la hauteur du *Geuzenweel* (emplacement de la *batterie d'Artaignan* de 1701, et de l'ancien fortin de *Loopschans* de 1584); — enfin une troisième, un peu en amont du point de jonction de la digue du Blokkerdijk et de la digue de mer (emplacement de la *batterie Boufflers*, 1701(1)). Ces batteries, établies sur des polders imparfaitement endigués, et sans aucun soutien, étaient très-aventurées. On raconte pour la dernière, qu'un officier ayant dit, en constatant combien facilement elle pourrait être submergée, « qu'elle ne valait pas une pipe de tabac » les matelots, employés à sa construction, la nommèrent la *batterie de la Pipe de Tabac*, dont le nom est resté à l'endroit où elle fut établie.

Napoléon a critiqué en termes sévères l'emploi de la flotte dans ce dispositif de défense, ainsi que les barrages auxquels il voulait substituer des lignes de canonnières : « Il y a un passage de votre lettre, » écrit-il au ministre de la marine, « qui dit, que si l'ennemi venait en force jusqu'à Anvers, il n'y aurait plus à reculer et qu'il faudrait que l'escadre tînt ferme où elle se trouve. Dans la position où elle se trouve actuellement, l'escadre n'est défendue par rien, de sorte qu'il serait possible que l'ennemi, tournant le fort de Lillo vînt établir des batteries sur les rives du fleuve et canonner mon escadre. Il ne faut pas tenir ferme; le bon sens rend cela sensible, et cependant je vois toujours trois vaisseaux à 4000 toises d'Anvers. L'amiral Missiessy s'imagine qu'il faut que l'ennemi prenne Lillo, il se trompe. L'ennemi

---

(1) PELET, t I, p. 57, 71, 106. — Voir aussi les planches jointes à l'ouvrage pour l'emplacement des batteries.

après avoir culbuté tout ce qu'il trouvera devant lui, entre Bergen-op-Zoom et l'Escaut, peut se porter, en 3 heures de temps, à 2000 toises de Lillo, établir des batteries sur le fleuve, et couper les trois vaisseaux; ou se porter à 1000 toises d'Anvers et couper les sept vaisseaux qui sont sur la droite. Joignez à cela que les vents, la marée et d'autres circonstances peuvent s'opposer aux mouvements de l'escadre. Il n'y aurait aucune inquiétude à avoir si mon escadre était rentrée dans Anvers. De l'extrémité de la citadelle à la tête de la ville, il y a 1500 toises; dans cet espace, on peut placer bien des vaisseaux. On dépense un argent inutile en estacades et autres *babioles*. L'Escaut à Anvers, a un peu plus de 300 toises de large, et l'amiral Missiessy a 150 bâtiments de flottille; il peut établir une double ligne, et même triple, de bâtiments, chaloupes-canonnières et péniches, qui couleraient bas, remorqueraient ou détourneraient tout ce qui se présenterait..... Ces idées sont si simples que je ne conçois pas qu'on soit obligé de vous les donner. Deux vaisseaux en amont, deux en aval, un, le meilleur manœuvrier et le mieux monté, en avant, entre Anvers et Lillo, soutenu d'une ou deux frégates et corvettes; les cinq autres dans l'intérieur en seconde ligne, prêts à tout; voilà les seules dispositions qui conviennent à mon escadre. Dans aucun cas, elle ne doit abandonner Anvers. Avec des instructions en *si* et *mais*, on perd tout. Il faut des instructions claires et précises : les voilà; ce sont celles que vous devez donner(1). »

Napoléon critique également le trop grand éparpillement de l'artillerie dans ces batteries établies sur les deux rives de l'Escaut : « La manière dont on organise la défense d'Anvers montre peu de talent, » dit-il. « Au lieu de mettre les batteries à 1000 au 1500 toises l'une de l'autre où elles

---

(1). *Corr.*, t. XIX, p. 363.

ne peuvent se secourir que faiblement, et sont obligées de lutter séparément contre toutes les forces de l'ennemi, il fallait réunir cette masse de canons dans un court espace, de manière qu'ils puissent se défendre ensemble et frapper le même but. Je m'étonne toujours comme les notions les plus simples sont inconnues du génie et de l'artillerie. 500 pièces de canon dispo ées en batteries de 12 pièces, à 1000 toises l'une de l'autre, ne coûteront guère plus à éteindre que 15; au lieu que 500 pièces, 300 sur une rive, 200 sur l'autre, divisées en batteries de 20 pièces à la distance de 25 toises l'une de l'autre, selon les localités, formeraient 15 batteries de 20 pièces d'un côté, lesquelles pourraient tirer au même moment sur tout bâtiment qui s'avancerait; les batteries ainsi placées formeraient une barrière infranchissable. Je voudrais voir réunies autour de Lillo, ou près d'Anvers en avant du coude (d'Austruweel), toutes les pièces que l'on a éparpillées dans un long cours. (1) »

On se hâta de désarmer les batteries en aval d'Anvers, pour concentrer toutes leurs pièces dans les deux *batteries Ferdinand* (rive droite) et *du Moulin à papier* (rive gauche).

III.

A la nouvelle de l'approche de l'escadre anglaise, les ministres rassemblés à Paris s'empressèrent de donner l'ordre aux troupes et aux gardes nationales disponibles, à Bruxelles, à Louvain, à Lille et au camp de Boulogne, de se rendre en toute hâte à Anvers. Le 2 août, le général Rampont, commandant la division de Gand, y amena 6000 gardes nationaux d'élite. Deux régiments de ligne y furent

---

(1) *Corr.*, t. XIX, p. 412.

expédiés en poste de Paris. Le 12 août, la garnison d'Anvers se composait déjà de 10 à 12000 hommes.

Napoléon, dans une lettre écrite le 13 août, indique l'effectif de la garnison qu'il convient de rassembler à Anvers ainsi que la composition de son état-major : « Cette place a besoin d'*un gouverneur*, d'un *général commandant d'armes*, de 5 ou 6 majors, chefs de bataillons, hommes d'élite pour commander les différents postes (secteurs), d'un *officier supérieur du génie*, de 8 ou 10 ingénieurs, de 2 compagnies de sapeurs, d'une escouade de mineurs, d'un *général commandant d'artillerie*, d'une vingtaine d'officiers d'artillerie depuis le grade de chef de bataillon jusqu'à celui de lieutenant, de 5 à 6 compagnies d'artillerie de ligne, de 2000 hommes de troupes diverses tirés des dépôts, d'une division de garde nationale commandée par un sénateur (général de division), de 1500 ouvriers de la marine et de 3 à 400 hommes de cavalerie, des dépôts ; ce qui portera la garnison d'Anvers à 10000 hommes. *Un général* doit être chargé des *trois forts de la gauche* (Tête de Flandre, St Hilaire et Lacoste), de couper les digues et de former l'inondation en cas d'évènement. *Un général* doit être chargé de la *citadelle*. Ainsi organisée, avec le secours des ouvriers, des canonniers de la marine et de l'escadre, la place d'Anvers est imprenable. Il suffit d'y envoyer beaucoup de vivres, de la farine, du biscuit, du blé, des bœufs etc. (1). »

Anvers fut déclaré en état de siège et l'Empereur fit choix dans l'armée d'un certain nombre d'officiers capables, pour composer l'état-major de la place. Le général de division Colaud fut nommé gouverneur, avec le général Fauconnet comme commandant d'armes, le général Mossel pour y commander l'artillerie (2), le commandant Decaux pour y diriger le service du génie.

---

(1) *Corr.*, t. XIX, p. 339.
(2) Thiers, t. XI, p. 133.

La division hollandaise du général ou maréchal Dumonceau, forte de 5000 hommes, amenée par le Roi Louis, vint s'établir à Bergen-op-Zoom et à Santvliet, pour former un corps d'observation destiné à protéger Anvers. A ce corps vinrent se joindre successivement beaucoup d'autres troupes, tels 2000 gendarmes du département du Nord amenés par le maréchal Moncey.

D'après les insinuations des ministres à Paris, le Roi Louis prit d'abord le commandement des troupes, en qualité de *Connétable de l'Empire*. « Ce prince, » dit Thiers, « se livrant à son imagination fort vive, proposa des mesures qui auraient prématurément bouleversé le pays et causé beaucoup de tort à l'établissement d'Anvers. Il voulait qu'on inondât toute la contrée, depuis Anvers jusqu'au Bas-Escaut, qu'on coulât dans les passes, des carcasses de navires, qu'en un mot, pour écarter les Anglais, on fît presqu'autant de mal qu'ils auraient pu en causer eux-mêmes. Le commandant Decaux (envoyé de Paris), homme d'un grand sens et ingénieur fort habile, réussit à calmer l'effervescence d'esprit du Roi de Hollande (1) ». D'après ses conseils, on acheva de mettre en état les anciens forts du Bas-Escaut : le fort Frédéric-Henri fut restauré, et une batterie qu'on nomma *Batterie Napoléon*, fut construite sur les digues, au Vieux Doel, pour croiser ses feux avec les siens sur le fleuve. La petite place de *Santvliet* (quartier général du colonel Mondragon en 1585, fortifiée par Spinola en 1622) et l'ancien *fort de St Martin*, qui commandait le gué de passage vers l'île de Beveland à Woonsdrecht, furent relevés et mis en état de défense.

Au moyen des écluses, les polders de Lillo, Oorderen, Ste-Anne Keetenisse, Melsele, Borgerwert, furent inondés.
— L'Empereur approuva ces inondations et, surtout la restauration des forts de Lillo et de St Martin. « Tout ce

---

(1) Thiers, t. 11, p. 133.

qui rend impossible l'acheminement des Anglais sur Anvers, je l'approuve, tels que l'inondation des environs de Bergen-op-Zoom, le rétablissement du fort St-Martin et les fortifications le long du canal de Bergen-op-Zoom. » Mais il trouvait absolument superflu de multiplier les forts sur l'Escaut, le fort Lillo lui paraissait très-suffisant : « Un fort comme Lillo, » disait-il, « peut se défendre 20 jours avant de se rendre, à moins qu'il n'ait pour commandant un traître ou un lâche. Des bombes ne font point rendre un fort (1). »

Mais il trouva des paroles très-dures pour qualifier le projet de son frère, sans le nommer, et peut-être sans savoir qu'il en fût l'auteur, d'obstruer les passes du fleuve : « L'idée de couler bas des bâtiments dans les passes de l'Escaut est une idée ridicule..... Rien qu'une pareille idée me fait frémir d'indignation. Un lâche ou un homme qui n'a aucune notion de la guerre et qui veut se mêler de ce qui ne le regarde pas, peut seul concevoir une pareille pensée. Je rougis pour ceux qui l'ont eue (2). »

Napoléon informé à Schoenbrunn du débarquement des Anglais dans l'île de Walcheren et des mesures de précaution prises, y donna son approbation, à part toutefois la désignation de son frère, dont la conduite lui inspirait peu de confiance, et qui cherchait surtout à plaire aux Hollandais. « La Hollande, » dit Thiers, « autrefois amicale pour la France et hostile à l'Angleterre, était changée depuis que l'alliance était devenue pour elle l'interdiction des mers. On voyait venir les Anglais presque comme des libérateurs. La Belgique tout entière pensait de même, pour les mêmes raisons et de plus par esprit religieux. Un succès des Anglais pouvait très-facilement y déterminer un soulève-

---

(1) *Corr.*, t. XIX, p. 340, 352.
(2) *Corr.*, t. XIX, p. 362, 372.

ment des populations. Le clergé influent de cette contrée se montrait, depuis la rupture avec le Pape, ardent contre la domination française et, sauf l'archevêque de Malines nommé par Napoléon, tous ses membres dirigeaient leurs efforts dans le sens des Anglais(1). » — La correspondance de Napoléon nous montre combien on était peu fixé sur le rôle assigné aux grands officiers de l'Empire, qui parait n'avoir jamais eu qu'un caractère purement honorifique. « On m'assure, » écrit-il à Cambacérès, « que le Roi de Hollande a reçu de vous une lettre qui lui donne le commandement de mes troupes en qualité de *Connétable*. Je puis concevoir que le ministre de la guerre ignore mes constitutions, mais que vous puissiez les ignorer, c'est ce qui m'étonne étrangement. Comment n'avez-vous pas senti que moi seul je puis donner le commandement de mes armées et que personne ne peut s'arroger ce droit ? Il me tarde d'apprendre que cette anarchie a eu son heure..... Le ministre de la guerre a pensé que la dignité de *Connétable* donnait droit de commander les armées, c'est une erreur de 600 ans de date ; *les Princes et les Grands Dignitaires ne sont rien* ; le *Connétable* n'est pas comme autrefois un vieux soldat, chef de l'armée, cette dignité est purement civile et celui qui en est revêtu n'a pas plus le droit de commander mes armées que le *Grand Amiral* de commander mes flottes...(2). »

Les ministres enchantés, malgré la réprimande, d'avoir saisi l'intention de Napoléon de donner au maréchal Bernadotte prince de Ponte Corvo, le commandement d'Anvers, quoiqu'il fût en disgrâce, se hâtèrent de le désigner. Dans un ordre du jour daté de Léopoldau, 7 juillet 1809, Bernadotte s'était vanté d'avoir eu la prin-

---

(1) THIERS, t. XI, p. 133.
(5) *Corr.*, t. XIX, p. 348, 349, 323.

cipale part avec les Saxons, au gain de la bataille de Wagram ; Napoléon, qui attribuait cet honneur au maréchal Oudinot, lui avait adressé, à ce sujet, un blâme public, par l'ordre du jour de l'armée du 5 août 1809, à la suite duquel il avait dû quitter l'armée et rentrer en France(1).

Les instructions de Napoléon au ministre de la guerre sur la conduite à tenir dans la défense d'Anvers, avec les troupes médiocres qu'on avait pu y envoyer, méritent d'autant plus d'être rappelées, qu'aujourd'hui encore, avec la tendance excessive à augmenter les armées en campagne, on semble généralement vouloir attribuer la défense des places aux troupes de réserve, mal encadrées et ayant perdu l'habitude de servir : « N'allez pas, » écrivait Napoléon de Schoenbrunn, « essayer d'en venir aux mains avec les Anglais. *Un homme n'est pas un soldat (sic)*(2). » Nos gardes nationaux, nos conscrits, conduits pêle-mêle à Anvers, presque sans officiers, avec une artillerie à peine formée, opposés aux bandes de Moore qui ont eu affaire aux troupes de la vieille armée (en Espagne), se feraient battre et fourniraient à l'armée Anglaise un but qui ne tardera pas à lui manquer, si elle n'a pris la flotte, comme je l'espère, et si elle ne prend pas Anvers, comme j'en suis sûr. Il ne faut opposer aux Anglais que *la fièvre* qui, bientôt, les aura dévorés tous, et des soldats blottis derrière des retranchements et des inondations pour *s'y organiser et s'y instruire*. Dans un mois, les Anglais s'en iront couverts de confusion et décimés par la fièvre. » — « Anvers, » ajoutait-il, « ne doit jamais être abandonné ; le prince de Ponte-Corvo doit en défendre les approches le plus possible, et s'y enfermer avec l'escadre, faire des redoutes et des forts autour pour défendre le

---

(1) *Corr.*, t. XIX, p. 288, 307.
(2) Id., t. XIX, p. 361.

camp retranché, qui tiennent l'ennemi à 1000 ou 2000 toises de la place, l'empêchent de bombarder la ville et se mettre à même, après avoir réuni tous les moyens, en fesant passer par la Tête de Flandre, de tomber sur lui avec 70 ou 80 mille hommes et surtout avec une immense quantité d'artillerie de campagne. »(1). « Qu'on ne prenne l'offensive nulle part » disait encore Napoléon, « qu'on ne fasse pas d'opérations insensées, à moins qu'on ne soit quatre contre un et qu'on ait beaucoup d'artillerie de campagne(2). »

Lorsque, le 15 août, Bernadotte arriva à Anvers, on y avait déjà rassemblé 30000 hommes, y compris les Hollandais. Accompagné du Roi de Hollande, encore à Anvers, le prince de Ponte Corvo passa en revue toutes les troupes qui composaient l'armée. A l'exception de la garde hollandaise, remarquable par sa brillante tenue, tous les corps présentaient l'aspect d'un rassemblement incohérent, mal armé et sans discipline. On y voyait des matelots, des chasseurs, des hussards, des dragons et même des cuirassiers, tous amalgamés ensemble, et formant des compagnies de fantassins. Dans ce mélange confus, bizarre de soldats de toutes armes, il y avait des détachements de Polonais, de Hanovriens, et de toutes les races d'hommes, alors comprises sous la dénomination de Français; des *prisonniers* Prussiens et Espagnols avaient même été employés à la défense de l'Escaut. Mais, tout en déplorant le désordre d'un telle armée, le prince de Ponte Corvo songeait déjà aux moyens de le faire cesser, et il n'épargnait rien pour inspirer la confiance et le dévouement à ces différentes troupes, étonnées de se trouver ensemble. Le Roi de Hollande mécontent de la position

---

(1) THIERS, t. XI, p. 137 et 286.
(2) *Corr.*, t. XIX, p. 359.

subalterne qui lui était faite, partit le soir de cette revue pour Amsterdam.

D'après les instructions de Bernadotte, « les troupes prenaient les armes avant le jour, ou bien dès qu'on apercevait quelques mouvements dans les lignes ennemies. Les chefs employaient ces moments d'attente à exercer leurs soldats aux évolutions, et les gardes avancées ne remettaient jamais leurs armes en faisceaux, avant d'avoir manœuvré pendant plusieurs heures. La lenteur et l'inaction des Anglais donnèrent le temps et les occasions d'aguerrir l'armée et d'instruire les recrues qui arrivaient journellement(1). »

Napoléon disait de Bernadotte : « C'est un homme usé, qui veut de l'argent, des plaisirs, des grandeurs, mais ne veut pas les acheter par les dangers de la guerre. » En lui confiant le commandement de l'*Armée d'Anvers*, il eut soin de lui composer un état-major choisi dans l'armée d'Allemagne et à sa dévotion personnelle; le général d'Hostel fut désigné comme chef d'état-major, et il lui adjoignit même le général Reille, son propre aide-de-camp(2). Sous ses ordres, le maréchal Moncey, duc de Conégliano, dont le quartier général était à Gand, commandait l'*Armée de la Tête de Flandre*, gardant les Flandres et spécialement Cadzand, tout en restant en relation avec l'armée d'Anvers, destinée à opérer sur la rive droite de l'Escaut. De plus, le maréchal Bessières, duc d'Istrie, envoyé d'Allemagne, avait formé une *Armée de réserve* dont le quartier général était à Lille. Le 29 août, cette formation était déjà si parfaite que l'Empereur écrivait au comte de Champagny, ministre des Affaires intérieures : « Trois armées se for-

---

(1) *Victoires et conquêtes*, t. XIX, p. 263.
(2) Id., t. XIX, p. 265.

ment, l'une de 40,000 hommes à Anvers, sous les ordres du prince de Ponte Corvo ; l'autre à Gand et dans l'île de Cadzand, forte de 30,000 hommes, sous les ordres du duc de Conégliano, et la troisième de 40,000 hommes, à Lille, sous les ordres du duc d'Istrie(1). »

La conduite de Bernadotte, surveillée de près, ne tarda pas à inspirer de la défiance à Napoléon, qui écrivait au ministre de la guerre, le 11 septembre : « Mon intention est de ne pas laisser plus longtemps le commandement dans les mains du prince de Ponte Corvo, qui continue de correspondre avec les intrigants de Paris et qui est un homme auquel je ne puis me fier. » L'Empereur prit pour prétexte un ordre du jour de Bernadotte à ses troupes, dans lequel il fixait leur effectif à 15000 hommes, alors qu'il lui recommandait de persuader qu'il disposait au moins de 20000 hommes. Un décret du même jour décharge Bernadotte du commandement de l'armée rassemblée à Anvers ; le duc d'Istrie était appelé au commandement en chef des deux *Armées d'Anvers* et *de la Tête de Flandre*, réunies sous le nom d'*Armée du Nord*, et fut remplacé au commandement de l'*Armée de réserve* par le duc de Conégliano(2).

IV.

Les Anglais persistaient à ouvrir l'Escaut à leur flotte, avant de poursuivre leur marche en avant ; ils entreprirent le siége de Flessingue, au risque de s'attarder et de permettre à l'armée française de se constituer.

« Prendre Flessingue » avait dit Napoléon, « est une opération impossible. Quand ils seront à 100 toises de la

---

(1) *Corr.*, t. XIX, p. 289, 330, 334, 382, 394, 396, 397, 402, 404, 412, 415, 422, 428 etc.
(2) Id., t. XIX, p. 453, 454, 455.

place, on peut lâcher les écluses et l'île sera inondée. Tant que Flessingue aura un morceau de pain, elle est imprenable. » Malgré cette opinion optimiste, énoncée pour encourager les défenseurs, il est permis de croire que Napoléon n'avait qu'une médiocre confiance dans les qualités de cette place. Le 26 août, en effet, sans nouvelles de Flessingue depuis plusieurs jours, les bruits les plus fâcheux circulaient ; l'Empereur pris d'inquiétude, écrivait de Schoenbrunn au ministre de la guerre : « Il y a un mystère sur Flessingue ; il ne me paraît pas que les Anglais en soient les maîtres, puisqu'il est d'usage que le commandant ait la faculté de prévenir son gouvernement par un officier, et parce que la ville l'aurait fait connaître par quelques signaux Aurait-on perdu tout à fait la tramontane dans cette place? Ceux qui disent que les généraux Monet et Osten ont été tués, donneraient l'explication de ce mystère, en supposant que le commandement fût tombé dans les mains de quelque subalterne ignorant et pusillanime(1). »

Les Anglais avaient en effet ouvert la tranchée devant Flessingue, et les travaux mêmes ordonnés par Napoléon pour renforcer cette place, mais restés inachevés, leur furent favorables. Ils établirent une batterie sur le terre-plein du fort Nolle (*Montebello*), que le général Monet, dans une sortie vigoureuse, le 8 août, tenta vainement de leur enlever. — « Vous voyez » écrivait Napoléon le 25 septembre, « combien le génie est coupable de n'avoir pas fait les travaux de la *batterie Nolle* à Flessingue. S'il les eût faits, peut-être Flessingue ne serait pas prise(2). » — Monet essaya également de couper les digues pour inonder l'île, mais la tentative fut vaine, le flux ne s'élevant qu'à la hauteur du sol(3).

---

(1) *Corr.*, t. XIX, p. 351, 398.
(2) *Corr.*, t. XIX, p 515.
(3) *Victoires et conquêtes*, t. XIX, p 256, 260.

Dans la matinée du 13 août, les Anglais démasquèrent devant Flessingue, six batteries de terre armées de 14 mortiers, 16 obusiers et 10 pièces de canon de 36 ; le général Monet fut sommé de se rendre. Il s'y refusa avec énergie, quoique la place fût très-médiocre, dépourvue de dehors et sans autre abri blindé qu'un magasin à poudre nouvellement construit. Le bombardement fut repris avec ardeur pendant 42 heures, par les batteries de terre auxquelles se joignirent des batteries de fusées incendiaires *à la Congrève*, et plus de 1000 bouches à feu de la flotte embossée devant la ville. Le 16 le général Monet consentit à capituler, sous condition que la garnison serait traitée avec les honneurs de la guerre, mais conduite prisonnière en Angleterre[1].

La nouvelle de cette capitulation causa à Napoléon une profonde colère. Autant il avait été bienveillant pour le général Monet en le soutenant contre les accusations du Roi Louis et des Hollandais, autant il fut dur pour ce malheureux général qui avait bravement fait son devoir et tout au plus manqué de capacité et d'instruction, mais que la mauvaise fortune avait placé dans une situation désespérée. « Faites mettre dans le *Moniteur* » écrivait-il au ministre de la guerre, « la capitulation de Flessingue et tout ce que l'on sait sur ce honteux évènement. Faites mettre dans d'autres journaux des articles sur la lâcheté du général et sur la punition terrible réservée aux commandants de places qui encourraient un pareil déshonneur, et faites sentir que *Flessingue n'ayant aucune brèche*, pouvait tenir encore deux mois..... Un lâche comme Monet a pu seul rendre une place pour un bombardement ; les bombes ne font rien aux remparts, fossés, contrescarpes ; les bombes sont utiles, mais comme moyen combiné de siége en règle[2]. » Un

---

(1) *Victoires et conquêtes*, t. XIX, p 258.
(2) *Corr.*, t. XIX, p. 412, 446.

conseil d'enquête, composé des généraux de division comte Aboville, comte Rampont, comte Songis et du vice-amiral Thevenard fut chargé d'examiner la conduite du général Monet(1). Ce conseil ne releva à sa charge aucune faute militaire autre, qu'un défaut de procédure au moment de la capitulation; au lieu d'avoir été conclue par les deux plus anciens officiers de la garnison, le général Osten et le colonel Weikel, chef d'état-major, soldats courageux mais peu instruits, elle fut débattue par deux jeunes capitaines envoyés en parlementaires, n'ayant pas l'habitude des affaires militaires et qui se montrèrent trop faciles. Le conseil constata, cependant, que les accusations portées autrefois contre le général Monet étaient fondées et qu'en effet il avait commis des malversations dans l'exercice de son commandement, ce qui n'était que trop commun dans l'armée impériale. Ce fait eut une influence très grande sur la résolution des juges, trop serviles exécuteurs de la volonté du maître; ils en profitèrent pour mettre en doute la loyauté de Monet et le condamnèrent à mort par contumace, pour trahison et lâcheté. La sentence ne reçut pas son exécution, Monet ayant été conduit prisonnier en Angleterre; en 1814 il rentra en France, fut gracié et réintégré dans son grade par Louis XVIII(2).

Flessingue prise le 16 août, lord Chatham ordonna aussitôt à la flotte anglaise de remonter l'Escaut jusque Bath. Ce ne fut que fort lentement et en sondant constamment la rivière, qu'elle réussit à atteindre ce point le 26. Les bouées avaient été enlevées, et chaque jour il fallait attendre la marée favorable pour franchir les hauts-fonds. Enfin la flotte rassemblée devant Bath put ouvrir son feu contre le fort Frédéric-Henri et la batterie Napoléon.

---

(1) *Corr.*, t. XIX, p. 441.
(2) *Victoires et conquêtes*, t. XIX, p. 259.

Les troupes anglaises étaient ré unies en arrière de Bath, attendant les moyens de transport nécessaires pour franchir le canal de Bergen-op-Zoom.

V.

En ce moment, les forces que le maréchal Bessières avait à leur opposer, étaient réparties comme suit : — la division hollandaise du général Dumonceau de Bergendael à Woensdrecht (fort St Martin) et à Ossendrecht, — une division française à Santvliet et Beirendrecht, — la cavalerie à Stabroek, — enfin une division de réserve à Cappellen[1].

L'amiral Decrès ne cessait de représenter à l'Empereur le danger que courait la flotte devant Anvers, où elle était trop serrée pour pouvoir manœuvrer, surtout par les vents d'équinoxe, et voulait la réfugier dans le Rupel; mais celui-ci fidèle à son système s'y refusait énergiquement. Il persistait à vouloir défendre l'Escaut au moyen de canonnières, de brûlots et de péniches et ordonna même d'en amener en grand nombre de Boulogne par les canaux intérieurs, en vue des opérations qu'il projetait déjà pour reprendre l'île de Walcheren[2]. A l'imitation de la formidable *Fin de la guerre* des Anversois de 1584, Napoléon voulait encore créer une puissante batterie flottante, capable de combattre un vaisseau de ligne à trois ponts[3].

La *fièvre des polders* s'était déclarée dans l'armée anglaise avec une terrible intensité et un grand nombre de cas pernicieux. Le 22 août, on y comptait déjà 1560 malades aux ambulances et leur nombre croissait si rapidement que, le 26, ils étaient plus de 3000. La mortalité était telle que,

---

(1) *Victoires et conquêtes*, t. XIX, p. 264.
(2) *Corr.*, t. XIX, p. 420, 445, 470.
(3) Id., t. XIX, p. 522.

comme en temps de peste, on n'osait plus enterrer les morts que la nuit, en secret, de crainte de frapper de terreur les survivants. Les médecins anglais eux mêmes, désespérés, demandaient leur rappel en Angleterre(1).

« Lord Chatham, » dit Thiers, « en voyant cet état de choses, intimidé de plus par ce qu'on racontait des moyens réunis sous la main du maréchal Bessières, tint conseil de guerre le 26 août à Bath pour délibérer sur la suite à donner à l'expédition. Tous les lieutenants-généraux assistaient à ce conseil. Au point où l'on était arrivé, il était bien évident qu'il serait impossible de traverser le canal de Bergen-op-Zoom, soit à gué, soit dans des embarcations, et de marcher ensuite vers Anvers, sans s'exposer à un désastre. On devait, en effet, rencontrer sur son chemin des difficultés invincibles, si les Français avaient la sagesse de ne pas livrer bataille et d'opposer seulement l'obstacle des eaux. On ne pouvait manquer d'être arrêté devant cet obstacle, tandis que la fièvre continuerait ses ravages et réduirait de 24,000 à 20,000 et peut-être à 15,000 l'armée agissante. Comment alors, si on avait échoué devant Anvers, ainsi que tous le présageaient, comment ferait-on pour se retirer devant les Français, qui se hâteraient de sortir de leurs retranchements et de poursuivre l'armée démoralisée par la fièvre et l'insuccès ? C'est tout au plus si on conservait la chance de repasser sain et sauf le canal de Bergen-op-Zoom..... Il fallait donc se contenter de la conquête de Flessingue..... On envoya sur-le-champ l'avis du conseil de guerre à Londres. En 48 heures un bâtiment pouvait l'y porter et en rapporter la réponse. Pendant ce temps, on s'occupa de rétrograder et d'embarquer les malades pour les tranférer en Angleterre(2). »

---

(1) *Victoires et conquêtes*, t. XIX, p. 268.
(2) Thiers, t. XI, p. 147.

Le 2 septembre, un ordre du Cabinet de Londres approuvait la retraite. Le 28 août le nombre des malades était déjà de 4000; le 8 septembre il atteignit 19,948(1). Des deux ou trois cents frégates, corvettes, bricks, chaloupes, canonnières qui, le 26 août, se trouvaient dans la passe de Saeftingen, devant la ligne avancée des défenses d'Anvers, entre Lillo et Liefkenshoek, il ne restait plus le 4 septembre, un seul bâtiment.

10000 Anglais restèrent provisoirement à Flessingue pour y exécuter un plan de destruction des fortifications, dressé par le colonel du génie anglais Pelkington; le restant fut expédié en toute hâte dans la Grande-Bretagne. Le 21 septembre, l'œuvre de destruction étant accomplie, l'île de Walcheren fut définitivement évacuée(2).

Napoléon songea, aussitôt le départ de la flotte anglaise, à organiser une flottille de canonnières pour reprendre de vive force l'île de Walcheren, après avoir « *balayé l'Escaut* ». On essaya même un nouveau genre de batterie flottante favorable au débarquement, inventé par l'ingénieur de la marine Masqueler, lorsque le départ des Anglais rendit ces préparatifs inutiles(3). Le 2 janvier 1810, le général Lauriston était envoyé en Zélande pour en reprendre possession et faire une enquête sur les réclamations d'indemnité que pouvaient présenter les habitants, au sujet de l'occupation anglaise et du siége de Flessingue(4).

Malgré les soucis que lui avait causés l'expédition des Anglais dans l'île de Walcheren, Napoléon n'avait qu'à se féliciter de ses suites : « Le résultat de cette expédition, » écrivait-il le 10 septembre avec une vive satisfaction au

---

(1) *Victoires et conquêtes*, t. XIX, p. 267.
(2) *Victoires et conquêtes*, t. XIX, p. 268.
(3) *Corr.*, t. XIX, p. 482, 498, 505, 571; t. XX, p. 10, 24, 26.
(4) Id., t. XX, p. 33, 365.

comte de Champagny, « est 100 mille hommes que j'ai de plus sous les armes(1). » Les manœuvres exécutées par les vaisseaux dans l'Escaut avaient démontré que les craintes exprimées au sujet de la navigabilité du fleuve étaient vaines. « A présent, » écrivait-il le 20 septembre à l'amiral Decrès, « que les Anglais m'ont fait connaître le secret de l'Escaut sur lequel vous aviez tant de doutes, mon intention est de transporter ma flottille à Anvers(2). »

Une somme de trois millions de francs suffit pour indemniser les habitants, des dégâts produits par les inondations des polders(3).

Dans les notes publiées par le général Gourgaud sur le fameux *Manuscrit de sainte Hélène*, rédigé par Lullin de Châteauvieux, Napoléon a émis un jugement doctrinal sur la tentative des Anglais sur Anvers en 1809 :

« Anvers était entouré de bastions ; ses remparts étaient couverts d'artillerie ; la garnison était composée de 3000 hommes, recrues à la vérité. Il y avait dans l'arsenal de la marine deux bataillons de militaires et 200 ouvriers civils. L'escadre, sur laquelle se trouvaient 9 à 10000 marins, remonta dans la ville. Anvers était entièrement à l'abri d'un coup de main, ayant pour sa défense 15000 hommes. D'ailleurs il arriva, en peu de semaines, un grand nombre de gardes nationales. On n'aurait pu prendre Anvers qu'en en formant le siége, et par la situation locale il est très difficile de l'investir. Pour prendre la ville, il aurait fallu

---

(1) *Corr.*, t. XIX, p. 448.
(2) Id., t. XIX, p. 482.
(3) KUMMER. *Essai sur les travaux de fascinages*, p. 58.

que les Anglais la surprissent, ce qui leur était impossible après avoir perdu tant de temps devant Flessingue et après avoir échoué dans leur projet de couper l'escadre pour l'empêcher de remonter vers la ville. *La flotte une fois dans Anvers, cette ville ne pourrait plus être prise*(1). »

---

(1) *Corr.*, t. **XXXI**, p. 236.

TROISIÈME PARTIE.

Le port d'armement maritime. 1809-1813.

I.

La tempête de l'expédition anglaise n'était pas apaisée que déjà Napoléon reprenait ses projets. « Anvers, » écrivait-il de Schoenbrunn, le 14 septembre 1809, au général Clarke, « vient d'acquérir à mes yeux une importance qu'il n'avait pas. La marine a toujours nié qu'une escadre armée pût rester à Anvers, tandis que l'expérience a prouvé qu'elle peut, en peu d'heures, aller de Flessingue à Anvers et d'Anvers à Flessingue. L'expédition anglaise a donc eu cet avantage, qu'elle nous a fait sentir l'importance de cette place. » — « Anvers, » ajoutait-il le 25 septembre, « n'était qu'un *arsenal de construction;* il est devenu aujourd'hui *un port maritime* d'armement et d'expédition. Les ennemis chercheront donc constamment à détruire mes établissements d'Anvers. Il faut sérieusement s'occuper de les protéger d'une manière relative à leur importance. J'ai aujourd'hui 10 vaisseaux à Anvers, j'en aurai 30; ce sera *mon principal arsenal*(1). »

Dès lors Napoléon commença à s'occuper des fortifications de la place jusqu'alors fort négligées; le danger qu'elle avait

---

(1) *Corr.*, t. XIX, p. 469, 510.

couru en démontrait la nécessité. Dans sa lettre du 14 septembre, il fait connaître avec beaucoup de précision, ses intentions : « Je désire que vous demandiez au génie un mémoire sur cette question : A Anvers, à quel ouvrage faut-il dépenser le premier million? à quel ouvrage le second? à quel ouvrage le troisième? jusqu'au *cinquantième* million. Il est nécessaire que cette place, par ses inondations et par ses forts, tienne l'ennemi éloigné de tous côtés *à 1800 toises du bassin et à 1800 toises des chantiers*. L'élément de ce mémoire doit être un bon plan de nivellement qui fasse connaître la partie inondable. Il faut que 15 à 20000 hommes, gardes nationales, troupes de ligne, troupes de marine, renfermées dans Anvers puissent s'y défendre longtemps.

« La défense d'Anvers se divise en quatre points :

« 1° la défense de l'Escaut depuis Lillo jusqu'à Anvers;

« 2° moyens d'augmenter les inondations, de les tendre autour de la place et de les soutenir par de bons ouvrages;

« 3° moyens de couvrir la partie qui ne peut être inondée;

« 4° moyens de défense de la rive gauche, de la Tête de Flandre et de maintenir la communication avec Bruxelles.... »

Déjà en 1805, ainsi que nous l'avons dit, on s'était préoccupé d'étendre les établissements maritimes sur la rive gauche de l'Escaut; le danger récent, si les Anglais eussent préféré la voie de terre, démontrait aussi l'impérieuse nécessité de substituer une solide tête de pont aux trois petits ouvrages qui couvraient la ville sur la rive gauche, qualifiés par Vauban de *colifichets* et de *pigeonniers*. De la combinaison de ces deux idées naquit la pensée de créer une *ville* sur la rive gauche, qui apparaît dans la même lettre.

« La Tête de Flandre doit être l'objet d'un travail particulier. Anvers est trop petit pour le rôle qu'il doit jouer. Il est donc nécessaire d'établir une ville sur la rive gauche. Il faut d'abord que le génie achète les terrains de cette rive, et après cela tracer une place de 15 à 1800 toises de tour. Les terrains que je vendrai aux habitants, qui ne pourront s'étendre que de ce côté, m'indemniseront des dépenses qu'occasionneront les travaux de fortification. Une place sur la rive gauche servira d'appui à celle de la rive droite. Il faut qu'elle soit tracée de manière qu'elle puisse se défendre, quand même le territoire de la rive gauche serait au pouvoir de l'ennemi. Enfin viennent les forts en amont et en aval, qui existent déjà et qu'il faut perfectionner. C'est dans cette nouvelle place, qui sera plus près de notre territoire, qu'il faudra placer l'arsenal et les principaux établissements de terre, laissant à la marine les locaux de la rive droite où sont les bassins. »

Napoléon cherchait de tous côtés des conseils pour réaliser l'œuvre grandiose qu'il avait conçue. « Communiquez ces idées au général Dejean (premier inspecteur général du génie), qui consultera le ministre de la marine et le préfet maritime, afin de faire sur Anvers un travail complet(1). » — « Un officier du génie d'un mérite distingué doit être chargé de faire ces projets, de faire les rectifications de cartes, de faire toutes les sondes et enfin de présenter un travail complet.... » — « Mon cousin, » écrivait-il le 8 octobre au maréchal Bessières, « une partie des fortifications d'Anvers doit être soutenue par des inondations; une autre partie a besoin d'être couverte par des forts et des camps retranchés. Le génie doit avoir des notes que j'ai dictées et envoyées au ministre de la guerre; faites-vous en donner copie. Parcourez les remparts et envoyez-moi un

---

(1) *Corr.*, t. XIX, p. 467.

détail, front par front, bastion par bastion, de toutes les fortifications de la place et des ouvrages avancés, avec une carte qui me fasse connaître la position comme si j'y étais. *Faites ce travail vous-même....* J'attendrai avec impatience le résultat de cette visite(1). »

Sans attendre ces avis, Napoléon, dans un décret du 25 septembre, spécifie encore plus en détail les divers points sur lesquels devront porter ces projets :

« 1° Établir à Anvers un chantier de construction capable de contenir à la fois 12 vaisseaux de guerre en construction.

« 2° Y creuser un bassin capable de contenir 30 vaisseaux de guerre.

« 3° Avoir un port, ou une rade couverte par les remparts, capable de contenir au mouillage 30 vaisseaux de guerre, ne dépassant pas le village d'Austruweel et le *Moulin à papier* en aval de la rivière et s'étendant en amont aussi loin qu'il sera nécessaire pour remplir ce but.

« 4° Nettoyer, relever et perfectionner l'enceinte actuelle d'Anvers de manière que cette place puisse soutenir un siége en règle et qu'elle ait toute la force d'une fortification permanente soignée.

« 5° *Maintenir par des forts, des camps retranchés et des inondations, l'ennemi à 1800 toises des chantiers et de tous les points de la rade*(2).

« 6° Prolonger les inondations jusqu'au fort de Bath s'il est possible et les soutenir sur toutes les digues par des forts.

« 7° Construire sur la rive gauche une place indépendante de celle de la rive droite et battant la gorge de celle-ci. Dans cette seconde place, seraient réunis les

---

(1) *Corr.*, t. XIX, p. 514, 559.
(2) 1800 toises = 3508^m,2.

casernes de la garnison, l'arsenal des troupes de terre et les magasins à poudre, ainsi que les principaux magasins de l'armée. La dite place serait couverte par des inondations et soutenue par des forts qui assureraient sa communication avec Gand et Bruxelles....

« 13° Construire à l'embouchure de la *rivière de Hulst* un fort correspondant à celui de Bath....

« 17° Etablir sur la *rive gauche*(?) du canal de Bergen-op-Zoom un fort correspondant avec le fort de Bath et communiquant par *un pont* de manière à ce que ces deux forts fassent un tout.

« 18° Défendre le canal de Bergen-op-Zoom à Bath....(1) »

Pour comprendre ces dernières prescriptions de Napoléon quelques indications complémentaires sont nécessaires : — Rappelons d'abord qu'à l'époque de l'Empire, la ville de Hulst communiquait encore avec l'Escaut par un estuaire nommé *Saeftingengat*, dans lequel débouchait le canal de Stekene ; ce Saeftingengat est actuellement endigué, transformé en polders cultivés et en majeure partie effacé ; c'est probablement ce que Napoléon nommait la *rivière de Hulst* qui, par le canal de Stekene, communiquait avec la Durme. En différentes circonstances, par exemple à la suite du siége de 1584-85, lorsque les inondations couvraient les polders, on atteignait Calloo en remontant par cet estuaire de Saeftingen, sans être obligé de suivre la voie de l'Escaut par Lillo. Aussi en 1260, les Gantois, pour rester maîtres de l'Escaut, avaient-ils construit en tête de la presqu'île qui sépare la *rivière de Hulst* et l'Escaut, le *Château de Saeftingen*, commandant à la fois les deux passages. Cette forteresse fut submergée et détruite en 1550 ; toujours dans le même but, mais sur les terres demeurées intactes en arrière, on lui substitua alors le *fort Luys* (ou *Leys*) placé un peu en

---

(1) *Corr.*, t. XIX, p. 509.

avant du Vieux Doel, sur le territoire du polder qui a conservé le nom de *Luys*. Mais ce polder fut lui-même inondé et submergé, malgré les efforts pour le préserver; il fut abandonné et le *fort Luys* disparut à son tour en 1682. A cette époque, les Hollandais, maîtres de Hulst, avaient construit sur la rive opposée du Saeftingengat, un nouveau fort dans le but de défendre uniquement le canal de Hulst, et ils le nommèrent improprement le fort de *Saeftingen*; il est mieux connu sous le nom de *fort Ste Anne* ou de *Geuzen bril* (*Lunette des gueux*). En 1809, la *batterie Napoléon*, construite sur les digues du *Vieux Doel*, répondait encore au même but que l'ancien *Saeftingen* et le *fort Luys*. C'est très-probablement à ce *fort Luys*, retrouvé sur de vieilles cartes, que Napoléon fait allusion dans le § 13° ci-dessus. — Il semble dans le § 17°, qu'il considérait le canal de Bergen-op-Zoom comme un affluent du Hondt; c'est évidemment une erreur, ce canal était le dernier vestige, considérablement oblitéré, de l'*Escaut oriental* qui coulait en sens contraire pour gagner Zierikzee. Par suite de cette erreur, il place le fort de Bath sur la *rive droite* et propose de construire un autre fort en face sur la *rive gauche*, à l'emplacement où les anciennes cartes nous montrent le *fort St-Martin*; ce fort devait être relié au fort de Bath par un *pont*. Sur d'autres cartes datant de l'Empire, on voit même ce pont remplacé par une digue sous l'indication de *barrage projeté*. Ce barrage n'a été construit que de nos jours pour relier l'île de Sud-Beveland à la terre ferme.

Napoléon, dans une note datée également du 25 septembre, entre dans de nouveaux détails sur les défenses avancées qu'il juge nécessaire d'établir en avant d'Anvers sur le Bas-Escaut :

« PREMIÈRE BARRIÈRE, LE FORT DE BATH. — Le fort de Bath doit communiquer avec le fort de la *rive gauche* (lisez *rive droite*) du canal de Bergen-op-Zoom (*fort St-Martin*) par un pont couvert de retranchements et d'inondations, de sorte qu'il soit impossible à l'ennemi d'isoler le fort de Bath du continent. Une centaine de petites bouches à feu doivent être mises en batterie tant dans ces ouvrages, que dans les forts qui assureront la communication. Ces forts devront être disposés de manière à ne pas être à plus de 600 toises les uns des autres, ce qui, favorisé par le fort de la rive gauche, rendra cette barrière infranchissable.

« *Deuxième barrière*, LILLO ET LIEFKENSHOEK. — Lillo et le fort de Liefkenshoek formeront naturellement la seconde barrière. Une centaine de bouches à feu dans ces deux forts, telles qu'elles s'y trouvent aujourd'hui, sont plus que suffisantes; mais il faut, dans l'un et l'autre, que des casemates à l'abri de la bombe soient construites, surtout pour les poudres et les magasins.

« *Troisième barrière*, FORTS, ESTACADES ET CHAÎNES FERMANT LE PORT A 1500 TOISES D'ANVERS. — Mais la troisième et réelle barrière d'Anvers doit être deux forts situés sur la rive droite et sur la rive gauche, à 1200 ou 1500 toises des remparts d'Anvers, et qui aient une communication assurée par les inondations, avec les remparts et la Tête de Flandre. Ces forts doivent être tellement liés par d'autres forts et par les inondations, qu'il soit impossible de les isoler de la place. Là doit être placée une double chaîne soutenue par des pilotis et fermant le port. Ces forts doivent pouvoir contenir chacun une centaine de bouches à feu.

« De ces trois obstacles, un seul est suffisant pour arrêter l'ennemi le plus audacieux. Mais *supposer qu'un ennemi raisonnable puisse entrer dans l'Escaut sans s'emparer d'une des deux rives serait une folie....*

« Tout le coude de la rivière (devant la Tête de Flandre) doit être occupé par l'inondation et les forts qui la soutiennent. L'ennemi, une fois maître de la rive gauche, pourrait passer l'Escaut et le Rupel et venir se placer devant la citadelle. Il est convenable que, dans cette hypothèse, la citadelle soit couverte par une inondation et par un fort, à une étendue telle que 30 vaisseaux puissent y mouiller à l'abri; car on m'assure que, dans la situation actuelle, la rivière ne peut contenir au mouillage que 12 vaisseaux. Ainsi pour assurer la défense de cette partie d'Anvers, il faut reconnaître la distance nécessaire pour 30 vaisseaux et planter le premier jalon pour les travaux du fort et de l'inondation. Ce fort ne devrait pas être considérable; l'ennemi qui viendrait là, aurait peu de moyens de s'opposer aux obstacles les plus légers....

« Nous avons parlé des ouvrages de la rive gauche et de la Tête de Flandre, d'immenses inondations. La rive droite se divise en trois parties : la gauche qui est susceptible d'inondations, la droite qui en est également susceptible, et le centre qui n'est pas susceptible d'inondations. Il importe donc d'établir un projet qui couvre cette immense enceinte par des forts et tienne l'ennemi constamment éloigné de 1800 toises de la place...(1). »

Napoléon eut la bonne fortune de trouver « l'officier du génie distingué » qu'il cherchait pour l'étude de détail de ces projets. « L'Empereur » dit le comte de Las Cases, « fit plusieurs voyages à Anvers, inspectant et discutant lui-même les plus petits détails. C'est une de ces occasions qui le mit un jour aux prises sur le métier avec un capitaine du génie qui, modestement et obscurément, concourait aux fortifications de la place. A quelque temps de là, cet officier reçut inopinément une lettre d'avancement, sa nomination d'aide de camp de l'Empereur et l'ordre de se rendre en service aux Tuileries. Le pauvre officier crût rêver et ne douta pas qu'on se fût trompé!... Cet officier est le général

---

(1) *Corr.*, t. XIX, p. 510.

Bernard, dont cette circonstance mit le talent au grand jour, et qui, lors de nos catastrophes, a été recueilli par les États-Unis, qui l'ont placé à la tête de leurs travaux militaires. Napoléon accoutumait du reste à de pareilles surprises. Partout où il devinait le talent, il s'en saisissait et le mettait à sa place, sans qu'aucunes considérations secondaires l'arrêtassent. C'était une de ses grandes nuances caractéristiques(1). » La *Correspondance de Napoléon* nous montre le colonel Bernard remplissant en 1813 et 1814 diverses missions confidentielles, assistant aux séances du Comité des fortifications pour y discuter les projets des places de Hollande, et en 1815, pendant les cent jours, appelé aux fonctions de membre du Comité de défense de l'Empire avec les généraux Dejean, Marescot, Rogniat. « Ces quatre officiers suffisent » disait Napoléon, « à eux quatre ils doivent connaître toute la France(2). » Le fils du général Bernard a été chef du corps du génie en Amérique pendant la guerre de la Sécession.

II.

Pendant l'hiver de 1809-10, Napoléon, malgré les graves préoccupations de son divorce avec l'Impératrice Joséphine, de son mariage avec l'Impératrice Marie Louise, et de ses démêlés avec son frère, le Roi Louis, ne cessait de poursuivre ses projets d'Anvers, dont les grandes lignes avaient été tracées, mais dont il importait encore d'étudier les détails, afin de mettre la main à l'œuvre dès la campagne de 1810.

---

(1) *Mémorial de Ste-Hélène*, t. VII, p. 73.
(2) *Corr.*, t. XXV, p. 6, 28, 51, 96; t. XXVI, p. 71, 174; t. XXVIII, p. 114.

« Anvers doit être inexpugnable » disait-il(1). Mais pour atteindre ce résultat, il fallait comprendre dans son action, tout le territoire avoisinant, c'est-à-dire la Belgique jusqu'au Waal et les îles de la Zélande. C'est pourquoi il imposa à son frère Louis le douloureux sacrifice du Brabant septentrional et de la Zélande, qui furent occupés par les troupes françaises, sous les ordres du maréchal Oudinot, duc de Reggio, à partir du 27 janvier 1810(2).

La position d'Anvers proprement dite, dont nous nous occuperons tout d'abord, comprenait la ville ainsi que les défenses du Bas-Escaut jusqu'à Bath(3).

Le général Chasseloup-Laubat et le colonel Decaux reçurent l'ordre de l'inspecter, afin de dresser les projets des travaux qu'il convenait d'y exécuter(4). Chasseloup s'était rendu digne de cette importante mission par les remarquables travaux qu'il avait exécutés à Alexandrie; esprit indépendant et dégagé des préjugés de la routine, il y avait construit une grande place de dépôt, défendue au loin par des ouvrages à intervalles, qu'il nommait *demi-couronnes*(5), capables d'abriter une armée; ces travaux avaient mérité la haute approbation de Napoléon et furent regardés comme une innovation remarquable dans l'art défensif. Malgré toute l'autorité que lui donnait son talent, Chasseloup était d'une rare modestie, que dans une lettre datée de 1804, Napoléon lui reprochait d'une manière amicale : « Monsieur Chasseloup-Laubat, je vois dans votre lettre du 12 prairial, que vous croyez *rester petit*. Comment pouvez vous le croire, quand on a fait une place qui dans

---

(1) *Corr.*, t. XXI, p. 344.
(2) Id., t. XX, p. 145, 162, 185, 251, 283, 348.
(3) Id., t. XX, p. 344.
(4) Id., t. XX, p. 100.
(5) Augoyat, *Aperçu hist. sur les fortifications et les ingénieurs*, t. III, p. 600.

plusieurs siècles influera encore sur le sort de nos frontières ? Les hommes ne sont grands que par les monuments qu'ils laissent..... Achevez Alexandrie, tout ce que vous pouvez désirer après, vous l'obtiendrez(1). »

A défaut des documents originaux, probablement perdus(2), il est impossible de reconstituer d'une manière absolument exacte, l'ensemble des projets qui furent dressés à cette époque pour Anvers ; mais, en nous servant des rares documents que nous avons pu consulter et de la correspondance très-prolixe de Napoléon sur ces études, nous croyons pouvoir en reconstituer la physionomie générale avec assez d'exactitude.

1° *Projet d'amélioration des fortifications de la ville.* — L'enceinte d'Anvers datait du règne de Charles-Quint en 1542 ; elle avait reçu un complément par la construction de la citadelle du duc d'Albe en 1567. Primitivement dépourvue de dehors, ceux-ci y avaient été ajoutés par parties successives, notamment par Spinola en 1609, par Vauban en 1701, sous le règne de Marie-Thérèse en 1750, sous la République française en 1794, mais sans ordre et d'une manière très-incomplète, faute de ressources suffisantes(3). Un projet d'ensemble de remaniement de ces

---

(1) *Corr.*, t. IX, p. 398.

(2) Les archives de la place d'Anvers ne possèdent que fort peu de documents antérieurs à 1830, tous ceux qui appartenaient à l'époque de l'empire furent détruits ou emportés par l'armée française en 1814. Quelques débris des archives de l'empire, recueillis çà et là par le gouvernement des Pays-Bas, furent encore dispersés à l'époque de la révolution de 1830, détruits ou emportés par l'armée hollandaise. Nos archives actuelles ne possèdent plus que les documents renfermés dans quelques caisses égarées qui demeurèrent à Anvers. Nous doutons qu'en France ou en Hollande (sauf les minutes) il en existe une collection plus complète.

(3) CASTERMAN, p. 89.

dehors fut préparé tout en utilisant, par économie, les parties existantes(1).

Ce n'était pas sans un vif regret qu'on renonçait aux murs de clôture du côté de la rivière; on considérait la place comme ouverte de ce côté. Dans une lettre du 24 décembre 1810 Napoléon indique le dispositif définitif, une sorte de tracé bastionné incomplet, qu'il conviendrait d'adopter pour remplacer par des bastions les batteries passagères qui avaient été établies sur les quais depuis la démolition du mur de clôture : « On n'élèvera les terres-pleins que dans les bastions, et les courtines resteront ouvertes comme *quais*. La place d'Anvers venant à être attaquée, on ferait les parapets (remparts) des courtines; la place se trouverait parfaitement fermée du côté de la rivière et on n'aurait rien à craindre de ce côté. Il faut tracer la place de manière à laisser sur les quais l'emplacement des terres-pleins d'une rive et des maisons, de sorte que le quai sera très-large sur les courtines. On ne construirait point de maisons dans les bastions. Ces courtines devront être très-longues, parce qu'elles ne seront abordables que par eau et qu'il n'est pas question de cheminements. On pourrait avoir là, trois beaux quais de 100 à 150 toises chacun dont le terrain serait précieux et que je vendrais au commerce.

« Les bastions auront des poternes et des portions de quai autour pour former les quais de l'artillerie et de l'administration militaire, et qu'on ne puisse rien prendre sur les nouveaux quais(2) ». On conserva le saillant du *werf* pour l'un de ces bastions qui devaient être au nombre de cinq (3) et non de trois, mais ce projet n'eut aucune suite.

---

(1) *Corr.*, t. XIX, p. 516; t. XX, p. 210.
(2) Id., t. XXI, p. 337.
(3) CASTERMAN, p. 94.

2° *Camp retranché*. — La corderie et une partie des chantiers de construction navale, comprenant même des cales de construction, s'étaient étendus en avant de la citadelle vers le Kiel, sur le terrain où avait existé autrefois un petit camp retranché construit par les Autrichiens. Un nouveau projet de *camp retranché*, sous forme de couronne, composé de quatre bastions ou lunettes, fut préparé pour enclore cet établissement. « Il faut finir, » avait dit Napoléon, « les ouvrages nécessaires, pour compléter les défenses d'Anvers, en éloigner l'ennemi et mettre le chantier à l'abri des bombes... On peut porter la couronne assez loin pour que les demi-lunes de la citadelle ne soient pas attaquables sans avoir pris la couronne et pour avoir un camp lorsque l'ennemi aura forcé celui qui est en avant. En plaçant la couronne à 250 ou 300 toises en avant de la lunette (demi-lune de la citadelle) celle-ci aura toute sa défense. Les défenses successives sont soutenables dans une place à très-grande garnison comme Anvers, surtout dans une place qui peut être appuyée par la Belgique, qui est un grand arsenal de marine, et dans laquelle les canons, les munitions de toute espèce, les blindages, tout enfin se trouve en abondance. Je demande donc un tracé de cette couronne, qui remplira les trois buts que je propose. Cela a aussi l'avantage qu'un jour on peut effacer le rempart actuel et la nouvelle demi-lune; on y gagnerait un espace immense pour le chantier de la marine[1]. »

3° *Nouvelle ville, rive gauche*. — Le plan de la nouvelle ville tracé suivant les indications de l'Empereur, affectait la forme d'une couronne formée de sept fronts bastionnés, enveloppant la Tête de Flandre, dont le tracé est aisé à reconstituer, au moyen des fossés qui subsistent encore dans les prairies. Cette couronne devait être protégée par l'inon-

---

[1] *Corr.*, t. XIX, p. 450, 516; t. XX, p. 210.

dation du poldre de Borgerweert qui enveloppe tout le coude de l'Escaut devant Anvers, et que traverse une digue, dite *digue brûlée, (uytgebrande dyk)* ou *digue verte* qui conduit au village de Zwyndrecht et sert de communication de la Tête de Flandre vers Bruxelles et vers Gand. Cette inondation elle même devait être défendue en avant par des forts armés d'artillerie. A l'époque où Napoléon commença à s'occuper d'Anvers, il ordonna au génie de recueillir soigneusement tous les anciens plans de ses défenses que l'on pût trouver chez les bourgeois de la ville. Ces plans furent l'objet d'études très-attentives(1). Le commandant Bernard, qui passe pour avoir dressé le projet de la ville de la rive gauche(2), adopta comme modèle le dispositif de défense avancée créé en 1703 par le marquis de Bedmar, défenseur des deux rives de l'Escaut et dont les traces ont subsisté jusque dans ces dernières années, notamment le *fort Laar* (du nom du hameau voisin), ou *fort Espagnol* dont l'origine est inconnue, mais qui paraît remonter à 1585 ou 1590, époque de la construction de la digue. Menacée sur la rive gauche par le général Obdam et sur la rive droite par le général Coehorn, le marquis de Bedmar chargea M. de Guiscard d'établir une tête de pont sur la rive gauche de l'Escaut afin de couvrir au besoin sa retraite sur Anvers de ce côté : celui-ci, dans son rapport en date du 18 août 1703, écrivait : « Je crois qu'il n'y a rien de mieux à faire, Monseigneur, que de relever l'ancien fort de Burght (Téligny)

---

(1) CASTERMAN, p. 94.
(2) La correspondance de Napoléon, datée de Schoenbrunn en 1809 au sujet de l'attaque de l'île de Walcheren, semble avoir été écrite tout entière en présence de ces vieux plans. Il est probable qu'à défaut de plans plus modernes d'Anvers, qu'il n'avait certainement pas emporté en campagne, l'Empereur demanda communication des plans que renfermaient les bibliothèques et les collections publiques de Vienne.

qui est sur le bord de l'Escaut, celui de *Jaer* (lisez Laer) qui est sur la *digue verte* qui conduit du village de Swyndrecht (Zwyndrecht) à la Tête de Flandre ; faire une grosse redoute entre ces deux forts et deux autres, entre le dit *fort Jaer* (Laer) et la basse digue de l'Escaut. On liera ces ouvrages par un retranchement qu'on fera faire par les paysans et les troupes au commencement de la campagne, ce qui formera un excellent camp retranché de l'un à l'autre Escaut, dont la gauche sera au dit fort de Burght et la droite se terminera à un petit ouvrage que j'ai fait relever et qui est un peu plus bas que la *batterie Boufflers* ayant devant soi, sur la digue du Bas-Escaut, une écluse bien retranchée et les *forts de Marie* et de *la Perle* que nous avons mis dans le meilleur état qu'ils puissent être. » — L'ouvrage que M. de Guiscard avait fait relever était l'ancien fort ou *Blokhaus* dit *Blokkerschans*, construit en 1480 par les gantois, au nœud de jonction de la digue dite Blokkerdyk et de la digue de mer, et détruit par l'Empereur Maximilien. L'importance tactique de ce point est indiquée par les nombreux ouvrages que l'on voit successivement s'élever dans son voisinage. — En 1583 les anversois construisent, un peu en aval, le *Melseleslwÿsschans*, qui pris par le prince de Parme, fut transformé aussitôt en *fort St Sébastien*. En amont, en 1701, les français construisent la *batterie Boufflers*. En 1809, a peu près au même emplacement, ils construisent encore la *batterie de la Pipe de tabac.*

« Ce camp retranché, » continue M. de Guiscard, dans son rapport, « est non seulement le meilleur moyen de défendre la Tête de Flandre, mais encore de conserver aux armées du Roi le moyen de déboucher d'Anvers dans le pays de Waes.....

« Ce camp retranché ne serait pas attaquable par sa droite à cause de l'inondation dont on le couvrirait, et ce qui ne pourrait pas s'inonder, qui est depuis le fort Burght jusqu'à celui de Jaer (Laer), ne contiendrait pas plus de 1200 toises(1). » — Les limites de ce camp retranché sont encore très-bien tracées sur le terrain par les digues du *Suykerdyk* et du *Blokkerdyk*. On y retrouve même les traces, quoique très-effacées, du *fort de Burght* (ancien Téligny), d'une redoute à l'extrémité de la crique de *Burgerweel*, celles mieux conservées du *fort Laer*, d'une redoute près du cabaret dit *Het Vliet*, plus loin celles de l'ancien *fort St François*, construit par les Espagnols en 1584, à l'origine de la digue de Blokkerdyk, et enfin celles du *Blokkerschans*, généralement nommé aujourd'hui la *Pipe de tabac*(2).

L'étude de ces défenses anciennes amena le commandant Bernard à proposer un dispositif analogue, consistant en une ligne de forts avancés, ouverts à la gorge, placés à la distance de 1200 toises en avant de la nouvelle ville et capables de la soustraire aux bombardements. Il semble que les propositions du commandant Bernard n'aient pas été adoptées sans discussion et que d'autres ingénieurs (peut-être le général Chasseloup lui même) aient cherché à faire prévaloir le système des *demi-couronnes* d'Alexandrie, ouvrages également ouverts à la gorge, armés d'une puissante artillerie, mais moins éloignés(3). Néanmoins, les idées du commandant Bernard prévalurent, et nous verrons l'Empereur préconiser leur application sur tout le pourtour de l'enceinte de la rive droite.

On décida la construction du *fort Stengel* dont les traces subsistent encore, à environ 2400^m, en avant du centre de

---

(1) PELET, *Mémoires militaires relatifs à la succession d'Espagne*, t. III, p. 774.
(2) Voir les cartes de Vander Maelen.
(3) *Corr.*, t. XX, p. 211.

la Tête de Flandre ; ce fort reçut son nom, on ne sait pourquoi, du général Stengel qui accompagnait l'armée républicaine conduite par le général La Bourdonnaie en 1792 à Anvers et fut tué dans une charge de cavalerie à Mondovi, en 1796. — On projeta un fort à Burght (emplacement de l'ancien Téligny) qui ne fut jamais commencé et au sujet duquel nous reviendrons. — On ébaucha un fort non loin de l'emplacement de la *Pipe de tabac*, dont les travaux demeurèrent inachevés. — Enfin on commença la construction d'un fort à l'emplacement de la *batterie du Moulin à papier;* exécuté par les marins, il reçut le nom de *fort Jean Bart,* de l'illustre marin dont Napoléon, désireux de relever sa marine, s'efforçait de raviver le souvenir(1).

4° *Fort Ferdinand ou fort du Nord.* — Sur la rive droite de l'Escaut, en aval de la batterie Ferdinand, on proposa de construire un fort formant couple avec le fort Jean Bart pour créer la troisième barrière indiquée par Napoléon. Il fut nommé d'abord du nom de la batterie et de la digue voisine *fort Ferdinand,* puis sans doute pour éviter la confusion *fort du Nord;* il se trouvait situé un peu en amont de l'ancien fort d'Austruweel de 1579. « Quant à Anvers » disait Napoléon, « il faudrait un bon fort à un endroit où était le *Moulin à papier (fort Jean Bart* rive gauche) le fort serait armé de 50 bouches à feu ; il conserverait sa communication avec la Tête de Flandre, par l'inondation ; dès lors le système de la place rendrait maître du coude de la rivière, ce qui est très-important. ..... Je suppose que ce fort devrait être à 1000 toises de la lunette actuelle (Isabelle) qui est à 400 toises de la Tête de Flandre, de sorte que l'ennemi, arrêté par ce fort, ne pourrait approcher de plus de 1600 toises du canal d'Anvers.

« On ferait, vis-à-vis, un autre fort du côté d'Austruweel

---

(1) CASTERMAN, p. 94.

(fort Ferdinand, rive droite), mais de manière qu'il fût également à 1000 ou 1200 toises de l'extrémité de la place.

« Ces deux forts, soutenus par les inondations, situés en un lieu où l'Escaut n'a, je crois, que 300 toises de largeur, seraient l'appui de la flotille, des estacades et le vrai point de défense d'Anvers(1). »

Une note curieuse de Napoléon indique le mode de construction qu'il voulait adopter pour ce fort du Nord : « Je demande qu'au lieu où se joignent la digue Ferdinand et la digue de l'Escaut, on élève deux traverses qui fassent un angle entr'elles et qui enfilent, l'une la digue Ferdinand, l'autre la digue qui longe la rivière. Ces ouvrages en équerre peuvent contenir une quarantaine d'hommes ; ils seront ensuite enveloppés d'un fort, lui serviront de réduit et en attendant, donneront le temps et l'assurance nécessaires pour couper les digues(2). »

5° *Fort de Lillo*. — On proposa de pourvoir le fort de Lillo de bâtiments et magasins à poudre à l'épreuve de la bombe pour constituer la deuxième barrière indiquée par Napoléon : « Il faut ordonner la démolition des bâtiments du fort Lillo » disait-il, fesant allusion au village créé dans le fort par les habitants du voisinage qui s'y étaient réfugiés lors des inondations. « Comme je crois ce fort soutenu par l'inondation, il me semble qu'il n'aurait besoin que de quelques bâtiments à l'épreuve de la bombe(3). »

6° *Inondations et forts avancés*. — Napoléon revient à diverses reprises sur la nécessité de couvrir la place d'Anvers et les chantiers par un système d'inondation et d'ouvrages avancés situés à la distance de 1800 toises. Ces propositions n'ont jamais eu le caractère positif qu'il avait cou-

---

(1) *Corr.*, t. XIX, p. 449, 468.
(2) Id., t. XX, p. 210.
(3) Id., t. XIX, p. 449.

tume de donner à ses ordres ; il semble visiblement arrêté par l'absence d'un bon plan de nivellement des environs d'Anvers indiquant les limites exactes des inondations(1). La place d'Anvers avait autour d'elle sur la rive droite, quatre inondations distinctes : — *l'inondation du Nord*, formée par l'Escaut, s'étendant de la rive droite d'aval jusqu'à la digue Ferdinand, — *l'inondation du petit Schyn*, séparée de la première par un fort rentrant, occupé par le village de Merxem, — *l'inondation du grand Schyn*, séparée de la seconde par le rentrant de Deurne, — enfin *l'inondation du Sud* le long de la rive d'amont de l'Escaut, depuis le camp retranché du Kiel jusqu'à Hoboken ; « Voici les idées que me fait naître le plan d'Anvers » écrivait Napoléon le 25 septembre 1809. « Je vois du côté d'un endroit qu'on nomme Dam, des maisons qui sont au-dessus de l'inondatfon. Si l'ennemi occupait ces maisons, il serait à 600 toises de la rivière. Il devient dont indispensable de faire à 300 toises en avant de cet endroit appelé Dam (Merxem?) un fort qui soit à 1200 toises de la rivière dans la plus courte direction. Ce fort soutiendra les deux inondations et interceptera bien le chemin de Breda.... L'inondation laisse à découvert une presqu'île ; peut-être un camp retranché serait-il utile....

« Je vois sur la route de Thurnhout (Turnhout) un grand village (Deurne) qu'il me semble également important d'occuper à la tête par un fort qui éloignera également l'ennemi de 1500 toises de la rivière....

« On me met sous les yeux un autre plan des inondations. Il en résulte que l'inondation d'Anvers (inondations du Sud) irait jusqu'à 2000 toises des chantiers du côté de Malines et qu'il faudrait un ouvrage pour lier cette inondation avec la citadelle. Que le pays qui pourrait être inondé entre la

---

(1) *Corr.*, t. XIX, p. 516.

quatrième et la troisième inondation pourrait former un camp retranché de 1600 toises à 2000 toises (?) de front... (1). »

Ces projets ne furent pas exécutés, mais Napoléon y revient encore en 1813, et avec sa prévoyance habituelle les approprie à une exécution passagère, en rectifiant les données inexactes qu'il avait admises d'abord sur des plans imparfaits. Nous reproduisons la lettre remarquable qu'il adressait à ce sujet au Ministre de la guerre, le 25 décembre 1813, et à la rédaction de laquelle le colonel Bernard, attaché à son cabinet topographique, a très-probablement collaboré (2).

« Monsieur le duc de Feltre, Anvers est une place de premier ordre, qui exige au moins 15,000 hommes de garnison. Ces 15,000 hommes renfermés dans une place, séparée par une grande rivière, seraient bloqués par un nombre égal, au moins sur une rive et peut-être par un nombre moindre. Il est probable que ces 15,000 hommes seraient bloqués par 6000 hommes d'infanterie et 3 à 4000 hommes de cavalerie. On suppose que la garnison n'a que 500 chevaux. Si l'armée assiégeante voulait brûler Anvers, il lui faudrait au moins 25,000 hommes, afin d'appuyer en force les batteries qu'elle établirait. Il ne peut donc être question d'étendre les fortifications d'Anvers; elles sont suffisantes. Il faut seulement les perfectionner et les mettre en état. Avec l'immense quantité d'artillerie, de bois et d'ouvriers qui sont à Anvers, on ne voit pas comment l'ennemi pourrait se rendre maître de la place. Ainsi on ne pense pas que l'ennemi puisse vouloir assiéger la place, mais seulement la brûler, ou, ce qui serait un demi mal, la masquer et se porter sur nos places du Nord. Nous aurons bientôt une armée de 50 bataillons avec un équipage de

---

(1) *Corr.*, t. XIX, p. 515; t. XX, p. 211.
(2) CASTERMAN, p. 94.

campagne, les bagages et tout ce qui s'ensuit, pour défendre Anvers. Si nous sommes supérieurs à l'ennemi nous le rejetterons sur le Rhin ; si nous lui sommes inférieurs (et nous lui serons certainement inférieurs en cavalerie, s'il porte là des forces considérables), il est probable qu'il tournera la droite d'Anvers par la Campine, menacera d'arriver à Malines et Bruxelles et mettra Anvers dans une position difficile.

« Il convient donc de tracer d'avance un plan définitif.

« Doit-on laisser Anvers livré à ses propres forces ? L'armée doit-elle se replier sur Bruxelles et insensiblement sur notre frontière du Nord, puisque ce n'est que sur cette frontière qu'on trouve les inondations, les places et les secours d'une population active et zélée ? Cette frontière appuye sa gauche à Dunkerque et sa droite à la Meuse et à Charlemont. Si on se portait jusque là, indépendamment de la perte de la Belgique, ce qui serait d'une grande conséquence, il faudrait laisser des garnisons à Anvers, Ostende, Nieuport et au fort Impérial (sans doute le fort Napoléon de Cadzand). L'armée serait ainsi excessivement réduite par des forces inertes. Le parti le plus convenable est que l'armée reste devant Anvers, ayant une bonne garnison dans Bergen-op-Zoom et dans le fort de Bath, une communication assurée avec Flessingue et le fort Impérial (Napoléon) et des moyens de marine considérables sur l'Escaut.

« Cette armée ne peut être ce qu'on appelle bloquée. Mais quelque grande que soit la place d'Anvers, une armée y mettrait le désordre, y perdrait son énergie et sa position offensive et si l'ennemi jetait des bombes et des fusées incendiaires, la confusion dans la ville et l'armée serait à son comble. La position naturelle de l'armée est dans l'espace entre le canal de Hérenthals et l'inondation de la citadelle ; c'est un espace de 3000 toises couvrant deux grands faubourgs ou villages (Berchem et Borgerhout). Je pense que l'armée doit baraquer dans cet espace avec son artillerie et ses bagages, et être en position offensive.

« Elle doit se couvrir d'abord par des redoutes distantes l'une de l'autre de 500 toises ce qui en exigera sept(1). Ces redoutes doivent être disposées en crémaillères avec 40 toises de côté intérieur et être parfaitement palissadées. Chacune de ces redoutes aurait donc sur les trois côtés 120 toises de développement; c'est à l'ingénieur à les établir en carré, ou en trapèze, suivant les localités(2). Sur ces 120 toises de développement, on peut établir jusqu'à 40 bouches à feu de 36, 24 ou 18 et une grande quantité d'obusiers et de petits mortiers, vu les immenses ressources de la marine en canons et canonniers.

« En supposant 20 bouches à feu dans chacune de ces redoutes, cela ferait l'emploi de 140 bouches à feu, ce qui

---

(1) Il ne faut attribuer aux chiffres indiqués par Napoléon qu'une valeur *théorique* ou *approximative*, qui explique certaines contradictions lorsqu'on essaie de les appliquer au terrain. *Sept forts* ou redoutes espacés de 500 toises occupent un front de 3000 toises; en y ajoutant deux demi-intervalles extrêmes on arrive à 3500 toises. Or, si l'on trace une ligne à 1800 toises en avant des fortifications d'Anvers, entre les inondations, on reconnaît que cette ligne a une étendue de 5300 toises environ, et non pas de 3500 toises comme le suppose Napoléon. *Sept forts* également espacés sur cette ligne auraient entr'eux l'intervalle de 750 toises au lieu de 500. Telle est l'hypothèse que nous avons admise sur notre carte, en adoptant la distance de 1800 toises que Napoléon semble adopter en principe absolu. Peut-être a-t-il cependant voulu réduire la distance des forts aux fortifications à 1200 toises, ce qui proportionnellement, réduit aussi le front défensif à 3500 toises. Les deux hypothèses sont admissibles et seraient justifiées par de nombreux motifs; en effet pour couvrir la place à 1800 toises, il suffit de forts placés à 1200 toises, obligeant les batteries à s'établir à 600 toises en avant.

(2) Le *fort Stengel*, dessiné sur notre carte d'après les vestiges qui se voient encore sur les lieux, répond assez exactement à cette description sommaire.

exigerait, par redoute, une compagnie de 120 marins fesant le service de canonniers ; on y ajouterait une compagnie d'infanterie, ce qui ferait 7 à 800 hommes pour les sept redoutes.

« 500 ouvriers en cinq jours peuvent faire une redoute ; ainsi 3500 ouvriers en cinq ou six jours couvriraient tout le front du camp. L'immense quantité d'ouvriers de la marine et de bois, donnerait une grande facilité pour les palissades, et les palissades font la force des redoutes. L'armée en huit jours peut donc se retrancher et se trouver à l'abri d'une attaque de force supérieure.

« Je ne vois pas comment l'ennemi n'ayant qu'un équipage de campagne, pourrait attaquer ce camp retranché. Il ne peut attaquer à la fois toutes les redoutes, il en attaquera quatre et dirigera 40 bouches à feu sur chacune, ce qui exigera 160 bouches à feu. Or 160 bouches à feu sont l'équipage d'une grande armée, et non d'une armée comme celle qui serait devant Anvers qui ne peut être que de second ordre. Ces quatre redoutes répondront par 80 bouches à feu, et l'équipage de l'armée de 150 pièces de canon, étant mobile, se porterait dans les intervalles. Indépendamment de cela on peut augmenter encore l'artillerie des redoutes attaquées. Une place comme Anvers a une grande quantité de pièces de 12 et d'obusiers qui ne sont point attelés et qu'on porterait aisément avec les chevaux des caissons ; on renforcerait ainsi de 10 ou 12 pièces de canon les redoutes attaquées. Je regarde donc ce camp comme inattaquable ; 25 ou 35,000 hommes y seraient à l'abri d'une attaque par une armée de 50 ou 60,000 hommes.

« Rien n'empêche de mettre dans l'intervalle six autres redoutes, de sorte qu'elles ne fussent éloignées les unes des autres que de 200 toises ; ce serait alors tout à fait inattaquable.

« Je ne parle pas de l'ouverture de la tranchée devant

ce camp; ce serait une chose audacieuse et insensée devant une armée qui a des outils et toutes les ressources d'une place comme Anvers. Ou l'armée culbuterait les tranchées de l'ennemi, ou elle attaquerait en cheminant; et comme elle aurait une grande quantité d'artillerie et un immense approvisionnement, ces attaques se feraient avec le plus grand avantage. Ainsi ce camp serait inattaquable et l'ennemi le respecterait.

« Oserait-il alors devant une armée baraquée et en bataille, se porter vers la Belgique et mépriser, non une ville, mais l'armée qui y camperait? Ce serait lui supposer plusieurs armées, et dans ce cas même l'armée de la Belgique serait compromise le jour où celle restée devant Anvers serait battue.

« Il conviendrait donc d'avoir un camp en avant de Merxem, qui appuierait ses deux flancs aux inondations, de droite et de gauche, dont le front pourrait être couvert par trois redoutes.

« On aurait un second camp en avant de Deurne, couvert également par trois redoutes qui serviraient de tête de pont, en avant de l'inondation.

« Indépendamment de ces positions, il faudrait couvrir par sept redoutes de campagne, tout l'espace entre l'inondation du Haut-Escaut et celle de Hérenthals (canal des Brasseurs).

« On tiendrait ainsi l'ennemi éloigné, et l'armée dans une position inattaquable, en lui conservant sa mobilité. Il est nécessaire que les deux ponts volants soient toujours en activité, indépendamment des batelets qui servent au passage (de l'Escaut), parce qu'on peut passer sur ces deux ponts une grande quantité de chevaux et d'hommes.

« C'est dans ce sens que vous devez donner des instructions au commandant de l'armée d'Anvers[1]. »

---

(1) *Corr.*, t. XXVI, p. 530.

Dans une note communiquée au comité de la marine en 1810, l'Empereur insistait fortement au sujet de Cherbourg, sur l'importance de ces forts avancés pour prévenir un bombardement :

« Si l'ennemi débarque avec une artillerie suffisante, il s'emparera en 10 jours des forts, etc. ; il sera alors à même de bombarder le port. Un bombardement sera un grand mal. Mais si l'ennemi est obligé de s'en tenir là, il aura manqué son opération ; dix jours auront suffi pour mettre les poudres en sûreté dans les magasins, pour blinder les établissements qui pourront l'être et le mal que l'ennemi fera, sera au-dessous de sa dépense. Ce n'est pas pour brûler des magasins et faire un dommage de 4 à cinq millions que l'ennemi aura conçu une opération hasardeuse. S'il n'obtient que ce résultat, son opération sera manquée ; la France aura réparé ses pertes en 6 mois et le déficit pour l'un et l'autre Etat, sera égal. Si l'ennemi est obligé de s'embarquer, sans avoir atteint le second but de son expédition (brûler à la torche la ville et les magasins) cela peut l'exposer à des pertes d'hôpitaux et d'arrière garde, d'où résultera pour lui un dommage hors de toute proportion avec celui qu'il nous aurait fait éprouver. *Il faut donc faire les forts pour empêcher le bombardement ou du moins le retarder de manière que, quand il aurait lieu, son résultat serait peu de chose*(1). »

7° *Fort d'Hoboken*. — On projeta de construire à l'emplacement de l'ancien fort, *Melkhuysschans* (construit en 1579 et reconstruit en 1640) un fort destiné à jouer à l'amont, rive droite, le même rôle que le fort Ferdinand à l'aval, et à lier son action à celle du fort projeté *à Burght*, rive gauche. Ce fort devait en outre protéger les écluses d'inondation du sud. L'Empereur avait dit : « Il est conve-

---

(1) *Corr.*, t. XX, p. 548.

nable que la citadelle soit couverte par une inondation et par un fort à une étendue telle que 30 vaisseaux puissent mouiller dans la rade, à l'abri. On m'assure que dans la situation actuelle, la rivière ne peut contenir au mouillage que 12 vaisseaux. Ainsi pour assurer la défense de cette partie d'Anvers il faut reconnaître la distance nécessaire pour 30 vaisseaux et planter là, le premier jalon pour les travaux du fort et de l'inondation. Ce fort ne doit pas être considérable ; l'ennemi qui viendrait là aurait peu de moyens à opposer à l'obstacle le plus léger(1). » L'inondation du sud était coupée en deux par une digue à la hauteur du fort ; la partie du nord, *polder des Seigneuries*, pouvait rester privée d'eau, tandis que la partie sud, *polder d'Hoboken* était inondée et le fort se trouvait à couvert dans un rentrant.

8° *Fort de Dam*. — « Je vois sur un vieux plan d'Anvers, » disait Napoléon, « un fort appelé Pereyra (fort de Dam) qui existait au milieu de l'inondation. L'avantage de ce fort est de soutenir l'inondation en permettant de la franchir pour faire des sorties contre l'ennemi(2). » Ce fort avait été démoli en 1703 d'après les conseils de Vauban, qui le jugeait inutile(3). Il ne paraît pas que Napoléon ait rien prescrit à son sujet et sa reconstruction résulta par la suite, de circonstances de guerre que nous indiquerons. (Le plan d'Anvers publié par le général Mathieu Dumas paraît indiquer, en tête de Merxem, quelques ouvrages de fortification au sujet desquels nous n'avons aucun renseignement)(4).

---

(1) *Corr.*, t. XIX, p. 513.
(2) Id., t. XIX, p. 469.
(3) *Mémoire de Vauban sur Anvers*, Autographie du major Mockel.
(4) Mathieu Dumas. *Récits des événements militaires*, campagne de 1805.

III.

Un premier crédit de 1,200,000 francs avait été ouvert par l'Empereur pour les travaux à exécuter à Anvers en 1810(1). Il fut décidé tout d'abord de l'employer en entier aux restaurations et améliorations des remparts de la place et à la construction de bâtiments à l'épreuve, à Lillo. Les acquisitions des terrains nécessaires sur la rive gauche, furent faites sans divulguer les projets, afin de ne pas provoquer une spéculation en hausse sur les prix des terrains. Au surplus, avant de rien décider pour tous les ouvrages extérieurs, Napoléon voulait retourner à Anvers les étudier sur les lieux.

Un mois après son mariage avec Marie-Louise, après un séjour à Compiègne, l'Empereur se rendit en Belgique avec l'Impératrice. Il voulait frapper l'imagination des belges par le prestige d'une cour brillante. Il se fit accompagner par le Roi et la Reine de Wesphalie, le Prince Eugène, le grand-duc de Wurzbourg, oncle de l'Impératrice et les grands dignitaires de la couronne. Le Roi Louis de Hollande vint l'y joindre. Dans la suite de l'Empereur se trouvaient les ministres de la guerre et de la marine, le général Chasseloup et un grand nombre d'ingénieurs éminents tant de France que de Hollande, qu'il se proposait de consulter. Le 30 avril il s'embarquait à Bruxelles sur le canal, pour se diriger par le Rupel vers l'Escaut et Anvers, où il arrivait le 1er mai (2).

La réception officielle de la ville d'Anvers eut un grand éclat. On lança en présence de l'Impératrice le navire de 80, le *Friedland*. Mais en général, l'accueil que firent

---

(1) *Corr.*, t. XX, p. 210.
(2) *Corr.*, t. XX, p. 319.

les habitants à l'Empereur, eut un caractère glacial. Le bon sens et les habitudes patriarcales du pays répugnaient à la politique qui l'avait conduit au divorce, et malgré le consentement du pape, les idées religieuses des Belges en étaient froissées. On n'acceptait qu'avec répugnance les conséquences tous les jours plus onéreuses de la conscription, très-impopulaire dans le pays, et la charge d'une garnison considérable, qui se conduirait comme en pays conquis. La présence de l'Impératrice, en évoquant les souvenirs de Marie-Thérèse, lui valut seule quelque sympathie [1].

Napoléon passa six jours à Anvers dont il visita les divers établissements en grand détail.

Il éprouva un vif mécontentement de ne pas voir les bassins assez achevés pour y réfugier ses vaisseaux au cas où une attaque semblable à celle de 1809 viendrait à se renouveler. Il ordonna d'en presser l'exécution, et comme on ne trouvait pas l'emploi des terres qui y étaient en excès, autorisa la construction d'une contre-garde extérieure sur les fronts du Nord de la place, dont les projets furent modifiés [2]. Afin d'activer les travaux on alla jusqu'à y employer tous les terrassiers du génie militaire [3]. Le 1er novembre les bassins étaient achevés et l'on y introduisit l'eau; ils furent inaugurés le 1er janvier 1811 par l'entrée du navire de 80, le *Friedland* [4]. Dès lors, malgré les promesses faites à la population en 1803, les bassins servirent presque uniquement de refuge à la marine de guerre et la maison Hanséatique devint un magasin de la marine [5].

---

(1) ROGER, *Mémoires et souvenirs de la Cour de Bruxelles*, p. 148.
(2) CASTERMAN, p. 93.
(3) *Corr.*, t. XXI, p. 99.
(4) *Anvers port de mer*, p. 84.
(5) THYS, p. 144.

La nouvelle ville de la rive gauche devait contenir les casernes et les arsenaux, mais en attendant, les couvents devenus propriété de l'Etat, furent consacrés à cet emploi. Il était admis à cette époque que les villes, bénéficiant de la présence des troupes, étaient tenues à l'entretien des bâtiments et du mobilier à leur usage ; auparavant les garnisons étaient cantonnées chez les habitants. On discuta pendant plusieurs années la question de savoir si l'entretien de ces bâtiments devait se faire directement par la commune ou au moyen d'une redevance prélevée sur elle. « Il n'y a pas de commune » disait l'Empereur « qui ne préfère donner 300 francs pour l'entretien des casernes, à donner 300 francs au trésor public ; cela augmente son influence et la soulage.... Il n'y a pas de ville qui ne se charge de réparer les casernes afin d'éviter les logements, qui, outre la gêne, obligent à fournir le feu, le sel, la lumière et beaucoup de petites fournitures (1). » Le décret du 23 avril 1810 fit donation aux villes, des casernes, à charge de les entretenir.

« Par décret du 5 mai 1810 le gouvernement impérial fit don à la ville d'Anvers des couvents des Falcons et du Béguinage pour servir de caserne (2). Le couvent des Carmes fut affecté au service d'arsenal d'artillerie provisoire (3). (Il est encore occupé par l'arsenal de construction).

Après la visite de l'Empereur, un nouveau crédit de 1,200,000 francs avait été alloué pour poursuivre les travaux de fortication définitivement adoptés (4), savoir : le camp retranché du Kiel, les forts Ferdinand et d'Hoboken, ainsi que les travaux préliminaires de la nouvelle ville de la rive gauche, avec les forts Stengel et Jean Bart.

---

(1) *Corr.*, t. XX, p. 215.
(2) THYS, p. 160, 204.
(3) *Corr.*, t. XX, p. 210.
(4) Id., t. XX, p. 349.

En quittant Anvers, l'Empereur se rendit en Hollande pour rejoindre à Flessingue, la flotte qui l'y attendait et sur laquelle il voulait visiter le théâtre des opérations de 1809. Après avoir traversé l'île de Walcheren, il s'embarqua à Flessingue le 13 mai et remonta l'Escaut, inspectant en passant les forts de Bath, Lillo, Liefkenshoek. Il prescrivit pour chacun d'eux les travaux qu'il jugeait nécessaires pour les mettre en bon état de défense, ainsi que l'armement qu'il convenait d'y appliquer. — A Bath « une chaussée devrait être établie pour assurer la communication avec la terre ferme et Anvers; des ouvrages devraient couvrir cette communication. » — « Les forts Lillo et Liefkenshoek, » dit l'Empereur, « m'ont paru très-beaux. Je ne les croyais que des ouvrages de campagne[1]. » — La Cour rentra à Anvers dans la soirée.

Le 9 juillet 1810, le royaume de Hollande fut supprimé et la Hollande annexée à l'Empire. Le prince Lebrun, archi-trésorier de l'Empire, duc de Plaisance, y fut chargé de la Lieutenance générale pour l'Empereur[2].

Au mois de septembre 1811, à la veille d'entreprendre la grande expédition contre la Russie, Napoléon visita les ports de la Manche, afin d'organiser les défenses nécessaires pour prévenir une surprise semblable à celle des anglais contre Anvers en 1809. Parti de Compiègne le 19 septembre, il était à Boulogne le 20, et à Flessingue le 25, où l'attendait une flotte de 16 vaisseaux sous les ordres de l'amiral Missiessy. Après avoir visité l'île de Cadzand et la place de Flessingue, il s'embarqua sur le *Charlemagne* pour assister aux manœuvres de l'escadre. Surpris par le mauvais temps, il resta trente-six heures en

---

(1) *Corr.*, t. XX, p. 349.
(2) *Id.*, t. XX, p. 452.

mer sans pouvoir communiquer avec la terre (1), et put constater l'excellente instruction de ses équipages, exercés par de fréquentes sorties de l'Escaut. Le 30 septembre il rentrait à Anvers (2) pour y inspecter de nouveau les travaux et y fut rejoint par l'Impératrice qui s'était arrêtée à Bruxelles. Il y séjourna trois jours avant de se rendre en Hollande.

L'Empereur trouva à Anvers la reconstruction de la place en pleine activité et n'eut que des éloges à décerner. Bien que le décret ordonnant la construction de la nouvelle ville ne parût à Utrecht que le 7 octobre, un grand nombre d'ouvriers étaient déjà occupés aux déblais des fossés et au remblai des glacis. Il en fut si enchanté qu'il dédia ce nouveau quartier d'Anvers à l'Impératrice, lui donnant le nom de *ville Marie-Louise.* Il voulait en faire une œuvre nationale et associer tous les départements à ses efforts, en les invitant à y construire chacun un hôtel (3). Il se proposait de réunir les deux villes par un pont sur l'Escaut : « L'Empereur, » dit le comte de Las Cases, « avait d'abord le projet hardi de jeter un pont à travers ce fleuve difficile, mais il s'était ensuite décidé pour des ponts volants très ingénieux (4). »

Napoléon fut si satisfait de son voyage qu'il acquit l'hôtel Roose, place de Meir (aujourd'hui encore le palais), où il comptait faire de fréquents séjours (5).

Ce fut cependant son dernier voyage à Anvers. Bientôt l'heure des désastres de Russie allait sonner ! Les travaux se ralentirent faute d'argent; la construction de la *ville Marie-*

---

(1) *Corr.*, t. XXII, p. 493.
(2) Id., t. XXII, p. 494.
(3) CASTERMAN, p. 93.
(4) *Mémorial de Ste-Hélène*, t. VII, p. 73.
(5) THYS, p. 332.

Louise se réduisit à l'exécution de ses glacis, qui subsistent encore; le fort Stengel demeura ébauché, le fort Jean Bart fut à peine commencé et s'effaça.

IV.

Dans la pensée de Napoléon, la place d'Anvers ne devait être que le dispositif central d'un vaste système défensif, qui l'enveloppait de toutes parts pour le protéger. Cette idée ressort parfaitement d'une note qu'il dictait à Schoenbrunn le 25 septembre 1809, pour être communiquée au ministre de la guerre et dans laquelle il examine, avec une grande précision, les diverses hypothèses d'une attaque dirigée vers cette ville.

« Anvers, » dit-il, « n'était qu'un arsenal de construction; il est devenu aujourd'hui un port d'armement et d'expédition. Les ennemis chercheront donc constamment à détruire mes établissements d'Anvers. Il faut sérieusement s'occuper de les protéger d'une manière relative à leur importance... »

1° *Défense du fleuve.* — Des vaisseaux ne peuvent se présenter devant d'Anvers qu'en traversant et remontant l'Escaut. Ils peuvent le traverser entre Flessingue et l'île de Cadzand, ou entre Ramekens et l'île de Sud-Beveland, car il paraît que des vaisseaux de ligne sont entrés cette fois-ci (1809) dans cette passe. La première de toutes les opérations est donc d'être maître absolu de ces deux passes.

« Ile de *Cadzand*. On a tracé deux batteries dans l'île de Cadzand; on a je crois adopté deux forts permanents (fort *Napoléon* et *batterie impériale*). Perfectionner ces forts, y établir un réduit casematé contenant un magasin à poudre et les autres magasins indispensables; couvrir ces forts par une inondation, assurer leur communication avec la place de l'Ecluse, fortifier *l'Ecluse* comme place de deuxième ligne, établir un pont sur pilotis et une tête de pont vis-à-vis de l'Ecluse (peut-être Cassandria), de sorte qu'il soit facile en tous temps, de venir au secours des forts établis dans l'île de Cadzand. Alors l'Ecluse sera la place de dépôt et le point d'appui de la défense de l'île de Cadzand, et ces trois points occupés, cette île sera à l'abri de toute attaque.

« *Ile de Walcheren*. L'important pour l'île de Walcheren c'est d'avoir à *Flessingue* des batteries qui se croisent avec celle de l'île de Cadzand (*forts Montebello* et *St Hilaire*). Mais il faut aussi établir un système qui communique de Flessingue avec *Ramekens* et construire une place sur le Sloe (probablement *Middelbourg*), afin que dans aucun cas on ne puisse isoler l'île de Walcheren de celle de Sud-Beveland. Mais il faut que l'île de Walcheren rentre en notre pouvoir pour déterminer ce qu'il convient de faire. La place située sur Sloe rendra impossible le passage du canal qui est extrêmement étroit. Les batteries de Flessingue et de l'île de Cadzand rendront difficiles le passage de l'ennemi, exposé au feu de ces batteries.

En outre différentes batteries peuvent être établies sur le Sud-Beveland pour battre ces vaisseaux, qui auraient dépassé Flessingue. Mais la première barrière d'Anvers doit être le *fort de Bath* et un autre fort vis-à-vis de l'embouchure de Hulst (probablement la *Batterie Napoléon* au vieux Doel)........ »

2° DÉFENSE DE LA RIVE GAUCHE. — Supposons que l'ennemi veuille opérer sur la rive gauche; l'île de Cadzand et le fort de l'Ecluse lui opposeront un premier obstacle qu'il sera longtemps à franchir. Après l'île de Cadzand, nous trouverons l'île d'Axel, où est la batterie de Terneuzen. *Terneuzen* doit être un fort capable de soutenir un siège; l'île d'Axel doit avoir pour défense le *Sas de Gand* et le fort *Philippine*. Vis-à-vis du fort Philippine il doit y avoir un autre *fort* (ancien *fort Maurice* près de Hoek) qui assure constamment la communication de Philippine avec l'île d'Axel. Enfin entre l'île d'Axel et la Tête de Flandre, il est convenable de rétablir la *place de Hulst* : on lui donnera la propriété d'avoir aussi une tête de port dans l'île d'Axel. (Probablement l'ancien *fort de St-Jean Steen*).

« L'ennemi pour arriver à Anvers, sous la protection de la mer (du Nord) devrait s'emparer de l'île de Cadzand, de l'île d'Axel, des forts qui le défendent, et ensuite ne serait pas plus avancé puisqu'il rencontrerait la barrière de Lillo et Liefkenshoek et enfin Anvers......

« L'ennemi une fois maître de la rive gauche pourrait passer l'Escaut et le Rupel et venir se placer devant la citadelle. Il est convenable que dans cette hypothèse, la citadelle soit couverte...... »

3° DÉFENSE DE LA RIVE DROITE. — Parlons de l'attaque de la rive droite, celle que l'ennemi a faite, c'est la véritable.

« L'ennemi a pu se rendre à l'île de Sud-Beveland sans prendre Flessingue ; mais il existe une place sur le Sloe, il devra s'en emparer auparavant. Il ne s'emparera jamais du fort de Bath sans s'emparer du canal de Bergen-op-Zoom ; mais il est nécessaire que Bergen-op-Zoom ait une tête de pont sur l'île de Sud-Beveland. (Goes?).

« Les choses ainsi arrangées, le premier obstacle est le canal de Bergen-op-Zoom. Il faudrait couvrir cette ligne d'inondation et d'ouvrages de manière qu'une armée médiocre pût s'y appuyer. L'ennemi ne pourrait passer le canal sans laisser une armée devant Bergen-op-Zoom, surtout si une tête de pont considérable permettait à la garnison de Bergen-op-Zoom de déboucher dans le Sud-Beveland. Une fois que l'ennemi aurait passé le canal de Bergen-op-

Zoom il investirait Lillo. Si l'inondation de Lillo peut se lier avec Anvers et que l'ennemi ne puisse couper cette communication sans de grands travaux, la place en acquerra plus de moyens de défense. Si enfin Lillo est pris et que l'ennemi, puisse remonter jusqu'aux deux forts dont il a été parlé *(forts Ferdinand* et *Jean-Bart)*, ces forts lui offriront une barrière infranchissable. »

4° ATTAQUE PAR LA MEUSE. — « Il est une quatrième manière d'attaquer Anvers : ce serait de débarquer par la Meuse et de se porter droit sur Anvers. Mais alors l'ennemi aurait à passer entre les places de *Bergen-op-Zoom* et de *Bréda,* qui ne sont qu'à huit lieues de distance, pour arriver devant une place immense comme Anvers, sans le secours de sa marine, avec ses canons, ses munitions et tout l'attirail d'un siége. Cependant cette observation est bonne à faire pour faire sentir que dans tous les cas, il n'y aura de sûreté que quand Anvers sera mis en état de soutenir un siége et de renfermer dans ses murailles 25000 hommes de troupes, tant bonnes que mauvaises, qui attendront là l'occasion d'en battre le triple ou le quadruple....(1) »

Au moment où Napoléon écrivait ces lignes il avait perdu l'île de Walcheren et il spécifiait dans une lettre au ministre de la guerre les travaux à exécuter immédiatement.

« RIVE GAUCHE : 8° Mettre dans la meilleure situation le fort impérial de Cadzand.

9° Rétablir la place de l'*Ecluse* et assurer sa communication avec l'île de Cadzand (sans doute *Cassandria?*)

10° Remettre en état la place du *Sas-de-Gand* et le *fort Philippine.*

---

(1) *Corr.*, t. XIX, p. 510.

11° Construire à Terneuzen un fort pareil à celui de l'île de Cadzand.

12° Assurer la communication du fort de Terneuzen avec le fort Philippine, par la construction d'un ouvrage placé vis-à-vis de ce dernier fort, dans l'île d'Axel (probablement l'ancien *fort Maurice*).

13° Rétablir la place de Hulst en assurant par un ouvrage sa communication avec l'île d'Axel (probablement en rétablissant l'ancien *fort St-Jean-Steen*).

14° Construire à l'embouchure de la rivière de Hulst un fort correspondant avec celui de Bath (probablement à l'emplacement de la *batterie Napoléon*, construite pendant les attaques de 1809). »

Il indiquait plus vaguement, dans l'hypothèse d'une reprise prochaine de l'île de Walcheren :

« RIVE DROITE : 15° Rétablir Flessingue et assurer en tous temps le passage de l'île de Sud-Beveland dans l'île de Walcheren.

« 16° Etablir dans l'île de Sud-Beveland un fort croisant des feux avec le fort de Terneuzen (probablement à la pointe de *Ellewoutsdyk* où depuis, les Hollandais ont construit un fort).

« 17° Etablir sur la rive gauche du canal de Bergen-op-Zoom un fort (le *fort St-Martin*) correspondant au fort de Bath par un pont, de manière que les deux forts fassent un tout.

« 18° Défendre le canal de Bergen-op-Zoom à Bath.

« 19° Enfin donner à Bergen-op-Zoom la propriété d'avoir un point de son système dans l'île de Sud-Beveland.. (?)(1) »

Le 2 janvier 1810, le général Lauriston, aide-de-camp de l'Empereur, reprenait possession de l'île de Walcheren

---

(1) *Corr.*, t. XIX, p. 509.

abandonnée par les Anglais(1). Le 27 janvier toutes les îles de la Zélande, Walcheren, Beveland, Tholen, Schouwen, Overflakke, Goeree étaient annexées à l'Empire français.

Dès lors aussi, les flancs du Hondt se trouvant couverts par les défenses des côtes, il fut possible de renoncer aux nombreux postes de batteries qui avaient été établis le long des rives de l'Escaut occidental, qu'en d'autres temps Napoléon lui-même avait critiqués, mais qu'il s'était résigné à rétablir en vue d'opérations probables contre l'île de Walcheren. « Préparez un rapport, » écrivait-il le 19 mai 1810, « pour qu'au conseil du génie, je puisse décider si les places de Hulst, du Sas-de-Gand et de l'Ecluse doivent être rétablies et de quelle manière.... Je préférerais avoir des places à Breskens et à Terneuzen, puisque deux fortes places dans ces endroits, contribuant à me rendre maître de l'Escaut, seraient d'un bien plus grand effet pour la défense d'Anvers. Mais si ce qui existe à Hulst, au Sas-de-Gand et à l'Ecluse compose déjà les cinq sixièmes de la place, de manière qu'il ne faille plus dépenser qu'un sixième de leur valeur pour les rétablir entièrement, je ne mets pas en doute qu'il faille les rétablir pour servir de seconde ligne.... Quant à Ysendyk, il faut réparer sans délai cette place....(2) »

« D'après les projets que j'ai sur Anvers, il est probable que l'effort des Anglais sur ce chantier ne sera pas le dernier, et les événements se pressent avec tant de rapidité qu'il est possible qu'ils ne nous donnent que quelques années pour achever ces travaux ...(3)

« Il faut que la France saisisse Walcheren avec des *mains*

---

(1) Id., t. XX, p. 96, 99.
(2) *Corr.*, t. XX, p. 214, 363.
(3) Id., t. XIX, p. 450.

de fer(1). » — On résolut tout d'abord l'achèvement des anciens projets pour Flessingue et Cadzand placés aux avant-postes, et on désarma même successivement les batteries inachevées en arrière(2).

Le Général Gilly, nommé au commandement de la Zélande(3), eut mission de créer, en vue d'y tenir garnison, une sorte de corps colonial composé de vétérans et d'hommes du pays soustraits aux influences funestes du climat. Les précautions les plus minutieuses furent adoptées dans l'intérêt de l'hygiène de ces troupes : — camps établis dans les parties les plus salubres de Walcheren, dans les dunes de Westkappelle, près de Dombourg, — précautions contre la nostalgie, — distribution d'eau potable apportée en barils, d'Anvers, — etc. (4). L'Empereur, toujours ingénieux pour faciliter le recrutement de ses troupes, imagina même pour Walcheren un système de recrutement exceptionnel.

Des réfractaires avaient échappé en très-grand nombre à la conscription; des colonnes mobiles parcoururent la France et en arrêtèrent 50 à 60 mille. Les obliger à rejoindre les corps, c'était s'exposer à de nouvelles désertions; les détenir c'était encombrer les prisons et mettre leur santé en péril. Walcheren et quelques autres îles dans les mêmes conditions, l'île de Ré, Belle-Isle, placées sous le régime de l'état de siége, étaient propres à former de véritables colonies pénitentiaires. On organisa à Walcheren des cadres de régiments d'instruction pour y incorporer les réfractaires. La mesure réussit à souhait. Les réfractaires, jeunes gens aventureux en général, se plûrent à la vie des camps et beaucoup d'entre eux purent bientôt être

---

(1) *Corr.*, t. XX, p. 477.
(2) Id., t. XXII, p. 517.
(3) Id., t. XX, p. 343, 346; t. XXI, p. 324.
(4) Id., t. XIX, p. 560; t. XX, p. 343; t. XXII, p. 328, 386.

incorporés dans les régiments en marche, heureux d'échapper au terrible climat sous lequel leur instruction militaire avait été préparée ; très-peu désertèrent en route : « Ce n'est pas l'ennemi que j'ai à craindre à Walcheren, » disait à leur sujet Napoléon, « ce sont les fièvres. Je préfère que quelques hommes désertent en route à les voir rester à Walcheren pour y périr de maladie(1). » — A ces camps formés de réfractaires, on joignit encore des dépôts de prisonniers espagnols, qui consentirent en grand nombre à entrer au service de la France, pour améliorer leur sort. Ceux qui tentaient de déserter étaient fusillés (2).

Ces dépôts furent employés à relever les anciennes fortifications de l'île : Middelbourg, Veere, Ramekens qui assuraient la communication de Walcheren avec le Sud-Beveland, à élever une puissante batterie sur les dunes de West-Kappelle. Un canal fut creusé de Flessingue à Veere, en passant par Middelbourg, qui permettait aux navires de communiquer de l'Escaut Oriental vers l'Escaut Occidental, sans s'exposer en mer aux flottes anglaises(3).

On s'appliqua surtout à relever de ses ruines la forteresse de Flessingue, dont le commandement avait été donné au général Charnotet, en remplacement du général Monet. « Faites connaître au directeur du génie, » écrivait Napoléon au duc de Feltre, « que mon intention est qu'on dépense le plus qu'on pourra, sans être arrêté par la crainte de manquer d'argent. Il faut multiplier les ouvriers et les moyens.... Cette place est d'une assez haute importance et on n'y doit rien négliger(4). » On prépara

---

(1) *Corr.*, t. XXI, p. 235, 430, 468.
(2) Id., t. XXIII, p. 345.
(3) Id., t. XXII, p. 160.
(4) Id., t. XXII, p. 355.

les moyens d'en inonder rapidement les abords. On releva les forts Montebello et St-Hilaire, et construisit sur la route de Middelbourg, la redoute projetée antérieurement, sous le nom de *redoute du milieu*, qui fut flanquée à gauche à mi-distance du fort Montebello de la *redoute de gauche*, et à droite à mi-distance du fort St-Hilaire de la *redoute de droite*(1). Flessingue fut ainsi couvert d'une couronne de forts distants des remparts d'environ 1300^m, analogue à celle projetée pour Anvers.

A Cadzand on travaillait avec non moins d'activité. Les places de l'Ecluse et d'Ysendyk étaient restaurées. Le *fort Napoléon* de Breskens, auquel fut ajouté un petit fort sur le havre de Breskens, qu'on nomma le *fort du Havre*, fût achevé ainsi que la *batterie impériale*.

Plus d'un million fut dépensé à pourvoir l'île d'un havre propre à abriter les canonnières en cas de mauvais temps (probablement l'ancien Zwyn dévasé), et l'on construisit une place de rassemblement centrale, le *fort du milieu* (probablement l'ancien Cassandria)(2).

En arrière de ces avant-postes, la flotte française était rassemblée sous les ordres de l'amiral Missiessy, dans la passe de Terneuzen où l'Empereur voulait créer une rade pour les navires, analogue au Nieuwe-Diep(3). La flotte chargée de la garde de la Zélande était partagée en trois divisions : la première, la *division de la flottille de l'Escaut*, la seconde, la *division de la Meuse*, la troisième, la division de réserve ou *division de l'escadre*. Elle fesait de fréquentes sorties de manière à acquérir la connaissance des passes et à

---

(1) *Corr.*, t. XXI, p. 224; t. XXII, p. 110, 129, 371, 391; t. XXIII, p. 227.

(2) Id. t. XIX, p. 449; t. XX, p. 366, 369; t. XXI, p. 405; t. XXII, p. 235, 297, 371.

(3) Id., t. XXIII, p. 286.

donner des inquiétudes à l'ennemi. A chaque vaisseau étaient attachées trois canonnières et deux péniches. Aux avant-postes mêmes, 23 chaloupes canonnières, commandées par un capitaine de vaisseau, manœuvraient constamment pour empêcher les Anglais de venir sonder les passes(1).

A Anvers, l'Empereur ne cessait de presser la construction de nouveaux vaisseaux ; le nombre des cales avait été porté à 18 et le *Pacificateur*, l'*Auguste*, le *Trajan*, le *Gaulois*, le *Conquérant*, le *Monarque*, l'*Hymen*, le *Superbe* étaient sur chantier(2). En vain les ingénieurs objectaient l'impossibilité d'abriter cette nombreuse flotte, l'Empereur insistait en fesant remarquer la facilité de la réfugier dans le Rupel(2).

Depuis la réunion de la Hollande à l'Empire, Anvers était devenu le réduit principal de la défense des Pays-Bas ; on y avait rassemblé toutes les réserves des arsenaux de la Hollande. « Ma politique, » écrivait Napoléon au ministre de la guerre, le 19 septembre 1810, « doit être d'ôter à la Hollande tous les moyens de guerre, pour lui ôter toute envie de se révolter un jour. D'ailleurs, à la moindre trouée que l'ennemi opérerait par Bonn et Cologne sur Bruxelles, je me trouverais coupé de tous les établissements de la Hollande, et à quoi bon ces établissements, puisque tous les bois et les fers qu'on y met en œuvre, viennent de France ? *Anvers est un point qu'il est de mon intérêt d'occuper plus fortement que jamais;* bientôt le sort de 30 ou 40 vaisseaux dépendra de cet établissement. *C'est là que je dois centraliser mes moyens de défense et d'activité*, de manière que l'ennemi, venant à faire cette trouée par Cologne sur la Belgique, *le point d'Anvers reste inexpu-*

---

(1) *Corr.*, t. XXIII, p. 210, 235 ; t. XXII, p. 207.
(2) *Corr.*, t. XXI, 437, 439 ; t. XXII, p. 260, 498 ; t. XXIII, p. 118 ; t. XXIV, p. 428.

gnable.... Après la réunion de la Hollande mes projets pour Anvers se grandissent beaucoup et je veux faire d'Anvers une place de première force(1).

Dans la pensée de Napoléon la *position d'Anvers* ne comprenait pas seulement le territoire de la ville et le Bas-Escaut jusqu'au fort de Bath, mais encore toutes les îles de la Zélande y compris Cadzand, et la partie du Brabant contigue avec les places fortes de la Meuse : Bergen-op-Zoom, Steenbergen, Willemstadt, Geertruydenberg, Gorcum (point de communication principal avec la Hollande) et Bréda, dont les commandants étaient liés au gouverneur d'Anvers par les liens de la subordination. Des routes avaient été ouvertes pour communiquer aisément d'Anvers vers tous les points du périmètre de cette position, notamment la route d'Anvers à Bréda et Gorcum en 1811(2).

Dans ses entretiens de Ste-Hélène, Napoléon est revenu à diverses reprises sur ses projets pour Anvers. « Dans un de ses nombreux sujets de conversations rompues, il s'est arrêté, » dit le comte de Las-Cases, « avec suite sur Anvers, son arsenal, ses fortifications, son importance, les grandes vues politiques et militaires qu'il avait eues sur ce point si heureusement situé, etc., etc.

« On a dit qu'il avait beaucoup fait pour Anvers mais que c'était encore peu, après ce qu'il comptait faire. Par mer, il voulait en faire un point d'attaque mortel à l'ennemi ; par terre, il voulait le rendre une ressource certaine en cas de grands désastres, un vrai *point de salut national* ; il voulait le rendre capable de recueillir une armée entière dans sa défaite et de résister à une année de tranchée ouverte, pendant laquelle une nation avait, dit-il, le temps de venir la délivrer et reprendre l'offensive. Cinq ou six

---

(1) *Corr.*, t. XXI, p. 127, 173, 224, 337.
(2) Id., t. XXI, p. 440.

places de la sorte, ajoutait-il, étaient d'ailleurs *le système nouveau qu'il avait le projet d'introduire* à l'avenir. On admirait déjà beaucoup les travaux exécutés en si peu de temps à Anvers, ses nombreux chantiers, ses magasins, ses grands bassins; mais tout cela n'était encore rien, disait l'Empereur, ce n'était encore que la ville commerçante; la ville militaire devait être sur la rive opposée. On avait déjà acheté le terrain; on l'avait payé à vil prix et, par une spéculation adroite, on l'eût revendu à un haut bénéfice, à mesure que la ville se serait élevée, ce qui eût contribué à diminuer d'autant la dépense totale. Les vaisseaux à trois ponts fussent entrés tout armés dans les bassins d'hiver. On eût construit des formes couvertes pour retirer à sec les vaisseaux pendant la paix, etc., etc.

« L'Empereur disait qu'il avait arrêté que le tout fut gigantesque et colossal. *Anvers eût été à lui seul une province*(1). » A Ste-Hélène l'amiral Malcolm demanda un jour à l'Empereur quelle était, dans son opinion, *la place la plus forte du monde;* après un instant d'hésitation Napoléon cita, parmi d'autres : Anvers(2).

---

(1) *Mémorial de Ste-Hélène*, t. VII, p. 57.
(2) Id., t. II, p. 114.

QUATRIÈME PARTIE.

Invasion de la Hollande, 1813.

I.

Les désastres de la guerre de Russie eurent un immense retentissement en Hollande. Après avoir subi d'abord avec résignation la domination française et s'être soumis au gouvernement paternel du Roi Louis, on s'était lassé du despotisme de Napoléon qui, non content d'avoir arbitrairement arraché à la Hollande, Flessingue d'abord, puis le Brabant septentrional, incorporait à l'Empire la Hollande elle-même gouvernée par le prince Lebrun archi-trésorier de l'Empire et lieutenant de l'Empereur. « Sous le Roi Louis, » dit M. Hymans, « la contrebande tolérée avait produit un certain adoucissement aux maux de la guerre ; mais, à partir de la réunion en 1810, quand les douaniers français privèrent le commerce hollandais de cette faveur, le mal atteignit des proportions déplorables. L'inscription maritime et la conscription, introduites dans le pays, étaient venues ajouter de nouveaux maux à la détresse universelle. Les écrivains néerlandais représentent ces maux sous la forme la plus saisissante. Ils font voir la langue française substituée à la langue maternelle, dans toutes les relations publiques ; une constitution et des lois étrangères imposées de force à un peuple, ami plus que tout autre des vieilles coutumes ; le commerce ruiné, la pêche du hareng, qui nourrissait plus de vingt mille personnes, la pêche de la baleine, qui produisait six tonnes d'or par année, absolument ruinées, la marine militaire à peu près détruite par les Anglais, les réquisitions enlevant à la fortune nationale plus de 300 millions de florins en quinze ans, sans compter les impôts et les taxes, les principales villes de la Néerlande en décadence et 640 maisons démolies dans la seule ville de La Haye, après avoir été abandonnées par leurs habitants(1). » Assimilés aux citoyens français, les Néerlandais n'en avaient aucun des privilèges ; le général Dumonceau de Bruxelles, déjà colonel à la bataille de Jemappes, général de brigade à Neerwinde, devenu maréchal après la campagne de Prusse en 1806 sous le gouvernement du Roi Louis, s'était vu arracher ce grade, sous prétexte qu'il était ridicule d'avoir des maréchaux en Hollande, et refuser même le titre de comte de Bergen-Duin (depuis Bergendael) qui lui avait été conféré après la retraite des Anglais de l'île de Walcheren(2).

Des émissaires du prince d'Orange, alors retiré à Londres, entretenaient le mécontentement public, travaillaient les populations et dès les premiers mois de 1813, il y eut en divers points des émeutes populaires, sévèrement réprimées par les troupes françaises ; six individus furent exécutés à Saardam, quatre à Leyde, un à La Haye, deux à Rotterdam(3). Ces procédés violents ne firent que hâter l'éclosion du soulèvement général prêt à éclater. Le général Molitor, qui commandait à Amsterdam, ne disposait que d'environ 3000 hommes de troupes médiocres et de 500 gen-

---

(1) H. HYMANS, *Histoire parlementaire de la Belgique de 1814 à 1830*, t. I, p. 20.
(2) *Corr.*, t. XXI, p. 323, 354.
(3) HYMANS, p. 20.

darmes pour contenir cette agitation ; placé au centre du mouvement, il en pouvait juger la gravité et lorsqu'il demandait des instructions à Paris, on ne lui répondait que par le dédain. « La lettre du général Molitor me paraît ridicule, » écrivait Napoléon le 10 mars 1811, au ministre de la guerre le général Clarke, duc de Feltre. « Témoignez lui ma surprise de ses craintes ; écrivez-lui qu'il n'y a point de fleuve qui le sépare de la France et qu'il n'a rien à craindre des Anglais, que les troupes hollandaises sont très-bonnes, que ce n'est pas en déclamant contre les troupes hollandaises qu'on avance la besogne.... Le général a beaucoup davantage (que les 3,000 hommes indiqués dans sa lettre), sans comprendre la gendarmerie, les compagnies départementales et les troupes nécessaires pour maintenir l'ordre à Amsterdam.... Une opération sérieuse ne peut avoir lieu avant le mois de mai, et à cette époque il y aura plus de 15,000 hommes au camp d'Utrecht(1). »

L'issue de la bataille de Leipzig (16 octobre 1813) détermina le mouvement. « Qui a vu ce spectacle, » écrivait l'historien hollandais Vander Palm, « ne l'oubliera jamais. Qui ne l'a point vu ne saurait croire à l'impression que produisit cette bataille en Hollande. La joie rayonnait sur tous les visages ; tous les cœurs palpitaient d'allégresse. Nul ne se demandait s'il n'avait point perdu un fils ou un frère dans cette sanglante journée. On oubliait les douleurs publiques et privées. On ne songeait plus aux pertes qu'on avait subies, aucune larme ne coulait, les pleurs se séchaient à ce seul mot : *Napoléon est vaincu !* (2) »

Bientôt on apprenait que les Souverains alliés, réunis à Francfort, avaient chargé le prince royal de Suède,

---

(1) *Corr.*, t. XXI, p. 460 ; t. XXV, p. 110.
(2) Vander Palm, *Geschied en redekunstig gedenkschrift van de Nederlandsche herstelling in den jaere 1813*, p. 23.

Bernadotte, d'envahir la Hollande et la Belgique à la tête d'une armée de Russes et de Prussiens, en passant le Rhin entre Cologne et Dusseldorf, que le général Bulow et le général Winzingrode marchaient déjà vers la Hollande. Le duc de Plaisance, prince Lebrun, prit la fuite et le général Molitor concentra ses forces à Utrecht.

Le 16 novembre la population d'Amsterdam rendue à elle-même, chassa les employés français et arracha les aigles de l'empire. Le 17, La Haye suivit ce mouvement; les comtes de Hogendorp et de Limburg-Stirum se montrèrent dans les rues avec la cocarde orange; la population se groupa autour d'eux. Une régence provisoire fut constituée au nom du prince d'Orange, et proclama la déchéance de Napoléon. Cette régence se composait de MM. de Hogendorp et Van Duyn qui prirent la direction du gouvernement, tandis que M. de Limburg-Stirum commandait la force publique qui ne tarda pas à se former au moyen des déserteurs des régiments au service de France, organisés en corps francs. Des messagers furent envoyés aux quartiers généraux des Prussiens et des Russes pour les inviter à presser leur marche sur la Hollande, tandis qu'une députation se rendit à Londres pour engager le prince d'Orange à venir se mettre à la tête de la révolution. Le 24 novembre les cosaques entraient à Amsterdam.

Le 30, le général Bulow s'empare d'Arnhem, tandis que le général Molitor qui avait reçu l'ordre de relier ses opérations à celles du maréchal Macdonald, duc de Tarente, chargé de s'opposer à la marche de Bernadotte, se replie sur Gorcum dans la crainte d'être coupé. Cette ville était occupée par les patriotes, qu'il chasse. Le même jour le prince d'Orange débarque à Scheveningue sous l'escorte d'une brigade de garde anglaise. Le 2 décembre, à La Haye, il est proclamé *Prince Souverain des Pays-Bas.*

II.

Le 14 novembre arrivait à Paris M. de Saint-Aignan, ministre de France à Weimar, beau-frère du maréchal de Caulincourt, duc de Vicence, chargé par les Souverains Alliés de proposer la paix à l'Empereur, sur les bases des limites naturelles de la France, c'est-à-dire du Rhin dans les Pays-Bas. Napoléon nourrissait encore l'espoir de conserver la Hollande, mais pour y réussir il fallait rester maître de son territoire afin de s'en prévaloir dans le Congrès qui allait s'ouvrir.

En même temps que l'Empereur apprenait la retraite de Molitor sur Utrecht, il n'ignorait pas que ce général n'avait à sa disposition que de faibles bataillons de conscrits et quelques corps étrangers. Les places du Waal n'étaient gardées que par des vétérans; Anvers même, dont la conservation avait une haute importance, était à peu près dégarnie de troupes. En lui annonçant des renforts, Napoléon prescrivit au général Molitor de manœuvrer entre Utrecht, Gorcum, Bréda et Anvers, afin de couvrir autant que possible la Belgique.

Le 17 novembre le général de division Lebrun, duc de Plaisance, aide de camp de l'Empereur et fils du prince Lebrun, ancien second consul et lieutenant-général en Hollande, qui en ce moment organisait une division de cavalerie à Metz, fut envoyé à Anvers afin d'y prendre le commandement supérieur et d'y rassembler toutes les forces qu'il trouverait sous la main : dépôts disséminés, marins de la flotte, gendarmes et douaniers revenus de la Hollande. Son commandement s'étendait sur Bréda, Bergen-op-Zoom, Willemstadt, les îles de Cadzand, Walcheren, Beveland et Goeroe ainsi que sur tous les forts qui en dépendent, avec ordre de se renfermer au besoin dans Anvers. Le général Rampont était envoyé avec 6000 gardes nationaux du Nord, pour garder Gorcum et assurer la retraite de Molitor(1).

Le général Roguet avec une division de la garde, le général Lefebvre Desnouettes avec 2000 hommes de cavalerie légère, la brigade Castex forte de 500 chevaux, reçurent l'ordre de se diriger sur Bruxelles pour y constituer un corps sous le nom d'*Armée de Hollande*, commandé par le général Decaen avec mission de garder à tout prix la ligne du Waal. Les esprits étant fort agités en Belgique, Napoléon prescrivit d'enlever de ces corps, tous les Belges et les Hollandais dont on craignait la désertion et le colonel de gendarmerie Henry, promu au grade de général, fut envoyé avec quelques centaines de gendarmes d'élite, pour surveiller le pays (2).

Des approvisionnements furent expédiés dans toutes les places mises en état de défense (3).

Le général Decaen, auquel le duc de Plaisance restait subordonné, avait reçu l'ordre de porter son quartier général sur le Waal, au moins à Geertruidenberg, pour s'y mettre en relation avec le général Molitor (4). En arrivant à Anvers le 4 décembre, le commandant de l'Armée de Hollande apprit le passage du Rhin par le général Bulow avec des forces imposantes et une nombreuse artillerie ; déjà les coureurs interceptaient les communications avec Gorcum ; les nouvelles les plus désastreuses se succédaient. Le général Ambert, établi à Bréda, tout en fesant connaître la marche en avant de Bulow, signalait sa position désespérée avec les forces dont il disposait pour défendre Bréda.

---

(1) *Corr.*, t. XXV, p. 3 ; t. XXVI, p. 442, 492, 498, 503.
(2) Id., t. XXVI, p. 468, 478, 482, 485.
(3) Id., t. XXVI, p. 484, 496, 498, 502, 503.
(4) Id., t. XXVI, p. 504.

Le général Bizanet écrivait de Bergen-op-Zoom que sa garnison se trouvait réduite par la désertion, de 4000 à 2700 hommes, alors qu'il lui en aurait fallu 12000. A Willemstadt, le colonel Legrand se trouvait dans une situation également difficile. Le général Lortet capitulait à Geertruydenberg, sous condition de pouvoir ramener en France, sa garnison qui ne se composait que de quelques vétérans. En présence de ces désastres, le général Decaen résolut de concentrer toutes les forces dispersées sur la Meuse pour défendre Anvers, qui ne pouvait manquer d'être attaqué, et où le duc de Plaisance n'avait encore pu rassembler plus de 7 à 8000 hommes. Il en informa le général Molitor par des émissaires, en l'invitant à venir le rejoindre aussitôt qu'il le pourrait, et prescrivit aux généraux Ambert, Bizanet, et au colonel Legrand, d'évacuer sans retard Bréda, Bergen-op-Zoom et Willemstadt. Le général Ambert, pressé par les forces russes, n'avait réussi à sortir de Bréda qu'en y laissant 200 malades. A son arrivée à Anvers, il fesait connaître au général en chef, que le 17 décembre le général Molitor, trompant la surveillance du corps de Bulow, qui le bloquait, avait réussi à s'échapper de Gorcum ; il avait franchi la Meuse à Crèvecœur et pris la direction de Venloo, où il rejoignit le corps de Macdonald.

L'annonce de ce désastre, l'abandon presque total de la ligne de la Meuse, fut pour Napoléon une profonde déception ; il n'avait cédé qu'avec beaucoup de réserve aux propositions que M. de Saint-Aignan était venu lui apporter de la part des Souverains alliés, et non seulement la Hollande était déjà abandonnée en grande partie par ses troupes, mais déjà la frontière de la Meuse était à demi conquise par ses adversaires! Dans son désespoir il accusa le général Decaen de faiblesse ; il lui prescrivit de se défendre à tout prix sur la Meuse et au besoin, si quelque place était évacuée, de la reprendre par la force. Le 14 décembre Napoléon écrivait au ministre de la guerre : « Monsieur le duc de Feltre, *écrivez au général Decaen qu'il a perdu la tête;* que je ne puis croire qu'il ait évacué sans mon ordre Willemstad, qui est une place forte. Si cela est, demandez lui compte d'une opération aussi folle. Rien que l'équipage de la flottille qui était à Willemstadt, suffisait pour défendre la place. Écrivez-lui qu'il paraît qu'on prend de son côté des peurs, bien légèrement ; que le général Roguet doit être rendu à Anvers, que de tous côtés des troupes se rendent en Belgique ; que lui-même doit avoir déjà réuni 4 à 5000 hommes ; que j'espère qu'il reportera le plus tôt possible son quartier général à Bréda.... Il est important qu'on reprenne Willemstad s'il est encore temps.... » Puis deux jours plus tard : « Comment a-t-on pu laisser 400 fusils et 700 malades ou blessés à Bréda? Toutes les mesures que prend le général Decaen sont funestes. Ce général me paraît n'avoir ni le caractère ni le talent nécessaire pour commander ; il donne des ordres à tort et à travers, sans connaître la situation ni l'importance des places. Il faut le rappeler ; le duc Charles de Plaisance le remplacera(1). »

A la réception de ces ordres à Anvers, le sacrifice était accompli, ainsi que nous l'avons vu pour Bréda et Gertruydenberg; le colonel Legrand avait évacué Willemstad où il laissait un matériel d'artillerie considérable. A Bergen-op-Zoom seulement, le général Bizanet put recevoir contr'-ordre et continua à se défendre(2).

Les Anglais attendaient anxieusement le moment de prendre une revanche de leur désastre de 1809 et de reprendre leurs tentatives sur Anvers. Un corps d'armée

---

(1) *Corr.*, t. XXVI, p. 508, 512.
(2) CARMICHAEL SMITH, *Histoire des Guerres des Pays-Bas*, p. 287.

était embarqué dans les ports d'Angleterre prêt à débarquer en Hollande, aussitôt que les opérations du général Bulow en indiqueraient la possibilité. Il était commandé par sir Thomas Graham, depuis lord Lynedoch. Aussitôt la nouvelle de l'évacuation de Willemstadt, à défaut de troupes hollandaises, la brigade anglaise qui avait accompagné le prince d'Orange à La Haye, reçut l'ordre d'aller occuper cette place. Puis le général Graham, remontant la Meuse, après avoir pris possession en passant, de l'île de Tholen et de Steenbergen, vint débarquer 9000 hommes d'excellentes troupes anglaises à Willemstadt. Il fallut se résigner à brûler les cannonières françaises prises à revers dans la Meuse. « Monsieur le duc Decrès » écrivait Napoléon le 16 décembre, au ministre de la marine, « l'amiral Missiessy a fait brûler ma flottille de Willemstadt. Comment cet amiral, qui connaît les localités, n'a-t-il pas représenté la folie qu'il y avait à évacuer Willemstadt ? Je viens de rappeler le général Décaen et j'ai ordonné une enquête sur l'évacuation de cette ville... Il paraît que l'amiral Missiessy s'abandonne totalement aux généraux de terre et que s'ils lui disaient de brûler la flotille, il le ferait sans ordre. Il y a dans tout cela bien peu de dignité et d'énergie. »(1)

III.

Sur la ligne de la Meuse, l'armée impériale ne possédait plus que Bergen-op-Zoom, défendu par une garnison insuffisante et déjà en quelque sorte bloqué par les anglais ; Gorcum, bloqué par les prussiens et défendu par des gardes

---

(1) *Corr.*, t. XXVI, p. 513.

nationales, Bois-le-Duc, Grave, Maestricht; au Nord, le Helder, gardé par l'amiral Verhuel, avec une garnison de 1500 prisonniers espagnols, qui, à la moindre alerte, faisaient craindre une révolte, Muyden, Naarden; au Sud, Flessingue à peine défendu par 2000 hommes, Bath, Anvers. Déjà Bréda avait été occupé par un détachement russe sous les ordres du prince Gargarine.

Aussitôt la réception de l'ordre de l'Empereur, le général duc de Plaisance prescrivit au général Roguet, dont la division forte de 6000 hommes et 800 chevaux venait d'arriver à Anvers, de se porter à marches forcées sur Bréda, afin de tenter de reprendre cette ville et ensuite d'ouvrir la communication avec Gorcum. Le général Lefebvre-Desnouettes établi avec 2000 cavaliers légers de la garde, devait le rejoindre et prendre le commandement de l'expédition, en vertu de son ancienneté de grade.

Bréda, occupé par les Russes, avait reçu un important renfort d'artillerie de Willemstadt, amené par les anglais. Lorsque les troupes françaises se présentèrent devant cette place, le 20 décembre, après avoir culbuté les avant-postes russes, commandés par le général Stall, elles y rencontrèrent la plus vigoureuse résistance. Force leur fut de se retirer; elles battirent en retraite en bon ordre, grâce à un épais brouillard. Afin de couvrir Anvers, le corps français prit position à mi-chemin entre Anvers et Bréda, à Hoogstraeten, depuis Wuestwesel jusqu'à Turnhout. « Il est très-fâcheux qu'on ait abandonné le blocus de Bréda, » dit l'Empereur, « si on n'y a pas été obligé; on aurait repris cette place puisqu'elle n'était pas encore armée et qu'elle n'avait pas de garnison. Il est de fait qu'il n'y a encore dans toute la Hollande que le corps de Bulow, qui n'a pas plus de 5000 hommes d'infanterie et qui est obligé d'avoir des troupes du côté de Grave et de Bois-le-Duc, pour tenir en échec le duc de Tarente. Puisque le général Lefebvre-

Desnouettes avait de la cavalerie pour s'éclairer, je ne vois pas ce qui l'a porté à se retirer (1). »

Peu de jours après les forces russes quittèrent Bréda, remettant cette ville aux Prussiens de Bulow, pour se diriger sur Namur.

III.

Un ordre du jour de l'armée du 21 décembre 1813 portait :

« Le général Maisons est nommé commandant du premier corps d'armée à Anvers; le major-général lui donnera l'ordre de partir demain pour se rendre dans cette place; le général Roguet et le général Lefebvre-Desnouettes seront sous ses ordres...

« Le premier corps commandé par le général Maisons sera composé de trois divisions, savoir :

« 1re division : 18 bataillons, commandée par le général Molitor.

« 2me division : 17 bataillons, commandée par le général Ambert.

« 3me division, 17 bataillons, commandée par le général Carra Saint-Cyr.

« L'artillerie de ce corps d'armée qui se forme à Douai, sera composée de six batteries de division, deux batteries de réserve et deux batteries à cheval, total dix batteries ou 60 bouches à feu. Un général sera désigné pour commander l'artillerie de ce corps.

« Un officier général ou supérieur sera nommé pour commander le génie et il y sera attaché trois compagnies de sapeurs.

« Il sera aussi désigné de concert entre le major-général et le ministre de la guerre, les généraux de brigade, adju-

---

(1) *Corr.*, t. XXVI, p. 534.

dants commandants, officiers d'état-major, l'ordonnateur, les commissaires des guerres, inspecteur et sous-inspecteurs aux revues, employés des administrations qui sont nécessaires pour compléter l'organisation du premier corps.

« Un bataillon des équipages militaires sera attaché à ce corps d'armée... (1) »

La division Barrois, forte de quatre régiments de la garde, de 12 bataillons et de deux batteries d'artillerie était à Bruxelles et la brigade de cavalerie Castex, à Lierre.

« Ainsi donc, » écrivait l'empereur le 24 décembre, « dans les premiers jours de janvier il y aura entre l'Escaut et la Meuse, quatre divisions d'infanterie de la garde, c'est-à-dire un corps d'armée de 30 ou 40,000 hommes, 70 à 80 pièces de canon et 6,000 chevaux....

« Quant aux opérations militaires, la première de toutes est de reprendre Bréda ; il faut ensuite préparer en avant d'Anvers, des camps dans lesquels une armée de 30 ou 40,000 hommes puisse se placer et baraquer, et en même temps tenir l'armée ennemie éloignée au moins de toute la portée des bombes... Vous devez donner au général Maisons pour instruction de ne laisser dans aucun cas couper son armée d'Anvers, afin de pouvoir venir toujours se placer sous la protection de ses redoutes en avant de la ville.... Écrivez aux généraux de la garde qu'ils doivent obéir au général Maisons. Le duc de Plaisance doit également être sous les ordres de ce général.... (2) »

Dans une *note sur la situation actuelle de la France*, datée de janvier 1814, Napoléon indique clairement l'état des forces qu'il croyait en présence. Il suppose trois attaques des alliés ; nous en extrayons, ce qui est relatif à l'attaque du Nord sur le territoire de la Belgique :

---

(1) *Corr.*, t. XXVI, p. 520.
(2) Id., t. XXVI, p. 528, 534.

Moyens des alliés : Il paraît que le général Bulow avec une division de milices anglaises que commande le général Graham, et un corps de cavalerie que commande le général Winzingerode, se réunit à Bréda. Le but de ce corps serait d'envahir la Belgique ou de prendre Anvers ; on ne suppose pas qu'il puisse avoir plus de 20,000 hommes.....

« L'armée de Bulow, si elle est de 20,000 hommes devra en laisser 4000 à Gorcum, indépendamment des milices hollandaises, 2000 vis à vis de Bergen-op-Zoom, et 2000 dans Breda. Il est donc probable qu'il ne lui restera que 12 à 15,000 hommes qui lui sont nécessaires pour observer Anvers. Il ne semble pas qu'on ait beaucoup à redouter de celui-ci, si ce n'est *des partis pour prêcher l'insurrection...*

Moyens de la France. Nous avons à Walcheren 4,400 hommes, dans les forts de Bath, Lillo et Liefkenshoek 1600 ; à Bergen-op-Zoom 3000 ; à Anvers 12,000 ; dans les places ouvertes 7400, total 29,400 hommes. (Savoir les marins et tout ce qu'on pourra procurer au premier corps?).

« Nous avons en outre dans les villes ouvertes, à Gand 2900 hommes, à Bruxelles 2200, à Tournay 900, à Mons 900, à Ath 500 ; total 7400 hommes.

« Le général Maisons sera donc disponible pour couvrir la Belgique avec la division Roguet, la division Barrois et la division de cavalerie de la garde, ce qui lui fera un corps mobile de 15,000 hommes, avec lequel il peut couvrir Bruxelles et, au pis aller, finir par aller couvrir les places du Nord.

« Nous avons dans les places du Nord savoir : Lille 9000 hommes ; à Dunkerque 800 ; à Bergues 600 ; à Douai 3100 ; à Condé 600 ; à Valenciennes 2200 ; à Maubeuge 800 ; à Landrecies 600 ; à Arras 2700 ; à Gravelines 1500 ; à Calais 700 ; à Saint-Omer 2200 ; à Bruges 2100 ; à Ostende 900 ; à ...(?)... 600 ; total 33,700 hommes.

« Le général Maisons pourra donc s'augmenter de beaucoup de troupes et être là supérieur à son ennemi... (1) »

Si l'opinion de Napoléon était fort pessimiste quant aux forces que les alliés avaient à lui opposer, elle était (ou voulait être) optimiste quant à celles dont il avait ordonné le rassemblement. Ce ne fut que fort réduites, ou dans le plus mauvais état, que les forces du général Maisons parvinrent à le rejoindre : « On fait venir les gardes nationales du nord à Anvers, » écrivait l'empereur, « et on les envoie à Gorcum, c'est-à-dire devant l'ennemi, sans habit et sans armes. Cela est absurde(2). » Le sénateur Pontécoulant fut nommé commissaire extraordinaire à Bruxelles, afin d'accélérer les levées de la conscription, l'habillement, l'équipement et l'armement des troupes, le complétement de l'approvisionnement des places, la levée des chevaux requis pour le service de l'armée, la levée et l'organisation des gardes nationales(3).

La flotte d'Anvers fut partagée en deux parties : l'une, la *flottille d'Anvers*, sous les ordres du vice-amiral Missiessy, qui conservait le commandement en chef et était chargé de la défense de l'Escaut jusqu'à Bath; quartier-général à Anvers. L'autre, la *flottille de Flessingue*, sous les ordres du vice-amiral Allemand, « le seul général de la marine qui ait encore fait quelque chose, » disait Napoléon. « Il a montré beaucoup d'énergie et de vigueur.... J'approuve que 150 bâtiments soient mis sous ses ordres et qu'il porte son quartier général à Flessingue, pour défendre tout l'Escaut et empêcher l'ennemi de passer d'une rive à l'autre, défendre l'île de Cadzand, la Zélande et aider à la reprise de tout ce que nous avons perdu(4). »

---

(1) *Corr.*, t. XXVII, p. 26.
(2) Id., t. XXVI, p. 492.
(3) Id., t. XXVI, p. 536.
(4) Id., t. XXVI, p. 516, 519, 526, 546.

Le 27 décembre, le général comte Maisons, qui avait déjà pris part à la défense d'Anvers en 1809, sous les ordres des maréchaux Bernadotte et Bessières, arriva à Anvers prendre le commandement de l'armée, qui désormais allait s'appeler l'*armée de Belgique*.

Dès lors le *Blocus d'Anvers* était commencé.

CINQUIÈME PARTIE.

Bombardement et blocus d'Anvers 1814.

I.

Le duc de Plaisance, appelé au commandement d'Anvers, ancien aide de camp du général Desaix mort dans ses bras à Marengo, avait été promu au grade de général de brigade sur le champ de bataille d'Eylau et se trouvait général de division depuis le 23 février 1812. Agé de 39 ans, c'était un brillant général de cavalerie d'avant-garde, plus disposé aux coups de main que préparé au rôle délicat et difficile de la défense d'une place, au milieu d'une population dont il ne connaissait ni les mœurs ni le caractère.

La position de son père comme Lieutenant de l'Empereur en Hollande, avait déterminé ce choix, dans le but de lui porter secours au besoin, mais déjà le prince Lebrun avait pris la fuite après les troubles d'Amsterdam.

L'opinion publique se trouvait fort divisée à Anvers, au sujet de l'occupation française. Tout en appréciant hautement les avantages que le développement des établissements maritimes avait créés pour son commerce, les améliorations considérables que la ville elle-même avait reçues par les ordres de l'Empereur, sous la sage administration du préfet M. d'Herbouville, chaque jour les partisans des français diminuaient en nombre, par les excès mêmes du gouvernement impérial et par la suspension des affaires, résultant du blocus continental.

Les officiers et employés français, logés en grand nombre chez les habitants et agissant comme en pays conquis plutôt que comme des compatriotes, excitaient de vives colères par leur arrogance et leur affectation à critiquer et à railler les usages du pays, qu'ils taxaient de ridicules et puérils. La susceptibilité flamande s'en trouvait vivement excitée.

A ces causes tout intimes se joignaient des abus d'autorité sans cesse répétés, des levées incessantes de troupes par la conscription, restée antipathique au peuple depuis *la guerre des paysans*. Ces levées s'étendaient jusque dans les collèges et les lycées, où elles atteignaient toutes les classes. Il était peu de familles qui n'eussent des parents fugitifs, cachés dans les campagnes pour échapper à la charge du service militaire, et souvent, hélas! incorporés ensuite comme réfractaires. Le service n'était plus considéré comme un devoir rendu à l'Etat, mais comme une charge très-lourde, imposée par l'ambition sans borne du chef de l'Etat. La conscription n'atteignait pas seulement la classe mâle ; par un abus excessif du pouvoir, elle s'étendait jusqu'aux femmes. Le préfet était chargé de faire connaître à l'Empereur le nom des jeunes filles riches à marier ; par des moyens ingénieux et oppressifs, il réussissait à les faire enlever à leurs parents, pour les marier à ses généraux afin de constituer une fortune à ceux-ci.

La population se sentait menacée même dans sa liberté de conscience. En 1809 plusieurs curés de la ville avaient été arrêtés et emprisonnés pour s'être refusés à chanter aux offices, le *Domine salvum fac imperatorem*, lors de l'excommunication de l'Empereur par le Pape. Depuis encore, la Grande Maîtresse de l'institution si populaire du Béguinage avait été destituée sur le rapport du préfet de police Bellemare, personnage d'une moralité douteuse désireux de montrer beaucoup de zèle, et le béguinage avait été transformé en caserne.

Le bons sens pratique des Anversois se révoltait contre le spectacle des destructions de marchandises anglaises, qu'on lui offrait chaque jour. Quoique les corsaires armés dans le port rapportassent fréquemment de riches bénéfices à leurs armateurs, la population n'assistait pas sans frémissement à l'anéantissement des marchandises saisies, que l'autorité fesait brûler journellement de 10h. du matin à 4h. de l'après-midi, sur la place verte et sur la place du bourg. « Ce spectacle » dit un témoin oculaire, « aussi cruel qu'inouï auquel personne n'osait s'opposer, soulevait au plus haut point l'opinion publique des habitants. La place était entourée de soldats. On n'entendait que les imprécations et les malédictions contre Napoléon, qu'on représentait comme le plus cruel des tyrans(1). » Envain le préfet M. Voyer d'Argenson, successeur de M. d'Herbouville, avait-il proposé d'employer les étoffes anglaises pour habiller les prisonniers espagnols et les ouvriers employés aux travaux des digues, qui vivaient dans la plus profonde misère, Napoléon, poursuivant impitoyablement son système contre l'Angleterre, avait ordonné de tout brûler.

Un fait surtout eut un grand retentissement à Anvers et passionna les esprits : l'arrestation du maire Werbroeck, au sujet de la conduite duquel il est encore très-difficile de fixer son opinion.

La contrebande se fesait sur une grande échelle à Anvers, comme en Hollande, favorisée par les magistrats communaux et tolerée même par le préfet. Napoléon en avait été informé

---

(1) GENARD, *Anvers à travers les âges*, p. 366.

et vainement avait cherché à y mettre un terme (1). Il résolut de frapper haut pour faire un exemple.

Jean Etienne Werbroeck, négociant opulent et considéré, remplissait les fonctions de Maire depuis 1800 ; à diverses reprises Napoléon lui avait témoigné sa satisfaction pour la manière dont il accomplissait son mandat et l'avait même fait chevalier de la légion d'honneur, distinction dont on se montrait alors très avare. En 1811, le commissaire spécial de police Bellemare signala quelques irrégularités dans son administration et l'accusa même de concussion au sujet de l'octroi. Une enquête, dirigée par trois conseillers d'état, fût ordonnée et démontra tout au moins des irrégularités administratives tendant à masquer les abus de la fraude. Le rapport en fut remis à Napoléon à Flessingue, lorsqu'il se trouvait à bord du *Charlemagne*. Lors de son passage à Anvers il en entretint le préfet Voyer d'Argenson, qu'il trouva disposé à pallier les faits, les considérant comme des exagérations de la police. M. Werbroeck n'en fût pas moins traduit en cour d'assises à Bruxelles et acquitté par le jury, sur la plaidoirie de M. Berryer. Très mécontent de la tournure qu'avait prise cette affaire, Napoléon, voyant dans le jugement du jury de Bruxelles une véritable conspiration nationale belge, ordonna de frapper de séquestre les biens de l'inculpé. Le préfet s'y refusa, affirmant que la mesure était illégale ; il fût traduit devant une commission du conseil d'état et obligé de donner sa démission. M. Savoye-Rollin le remplaça et consentit à frapper de séquestre. Werbroeck en rentrant à Anvers, avait été fêté par la population qui voyait en lui une victime de la tyrannie impériale. Napoléon apprenant ces faits à Dresde, ordonna aussitôt au grand juge Regnier, de faire remettre en juge-

---

(1) *Corr.*, t. X, p. 348, 409, 428 ; t. XVI, p. 82. etc.

ment le maire d'Anvers, en dépit de la loi, et jusqu'aux membres du jury, si cela devenait nécessaire pour faire respecter les décisions de son gouvernement. Un despote comme Napoléon ne pouvait évidemment accepter avec sérénité un jugement faussé par l'esprit de parti et une hostilité non déguisée à son gouvernement. Le sénat saisi de l'affaire, s'appuyant sur un article oublié des constitutions de l'Empire, rendit un sénatus-consulte du 23 août 1813 par lequel le jugement de la Cour d'assises de Bruxelles fut cassé et le maire traduit devant la Cour de Douai, qui devait cette fois *juger sans le jury;* Werbroeck fut arrêté de nouveau et mourût de chagrin peu après, dans la prison de Douai (16 décembre 1813)(1).

La *Correspondance de Napoléon* prouve qu'il ne se dissimulait nullement l'impopularité qui, en Belgique, s'attachait à sa personne. Dans sa campagne de France, alors qu'il s'efforçait de multiplier les moyens d'augmenter le nombre de ses soldats, il prescrivit d'éliminer des corps, tous les belges et les hollandais, qui ne lui inspiraient pas confiance. Le 21 février 1814, voulant faire un effort suprême pour amener les belges à lui prêter leur concours, c'est l'Impératrice qu'il charge de rédiger une proclamation à ce sujet, espérant encore dans les souvenirs que pouvait évoquer la petite-fille de Marie Thérèse (2).

II.

Le général Lebrun à son arrivée à Anvers, loin de ménager l'esprit public et de se concilier le bon vouloir de la population, chez laquelle il eût trouvé un utile concours pour

---

(1) THYS, p. 292.
(2) *Corr.*, t. XXVII, p. 143, 214.

accomplir sa mission, se borna à prescrire brutalement et avec une raideur toute militaire, les mesures qu'il jugeait devoir appliquer dans les circonstances. Il mobilisa la garde nationale qui fût aussitôt astreinte aux devoirs rigoureux du service actif, il reconstitua les corps militaires en y incorporant même tous les employés civils de l'arsenal, et parvint ainsi à former une garnison improvisée de 11,500 combattants (1). L'administration communale fût requise de fournir de nombreuses brigades de travailleurs pour les remparts et pour préparer les batteries, sous la direction du colonel d'artillerie Hulot : « Il faut savoir où sont les magasins de la marine, » écrivait Napoléon, « et demander les moyens de les mettre à l'abri de la bombe ; avec les moyens reconnus qu'a la marine, cela doit être aisé. On ne fera point cela dans ce moment, mais on arrêtera le projet et on tiendra les moyens tout prêts (2). »

Selon la coutume, le Gouverneur prescrivit au colonel du génie Sabatier de détruire les habitations et les plantations extérieures, qui pouvaient gêner le tir de l'artillerie et de tendre les inondations, dont les eaux remontèrent dans les vallées du Schyn au-delà de Deurne. Cette résolution, poursuivie avec rigueur, fût considérée comme un désastre par les habitants et provoqua de vives protestations. Elle ne fut compensée en 1822, que par une indemnité de un million, sur l'expertise de l'administration (3).

Enfin le Gouverneur ordonna à l'amiral Missiessy et au préfet maritime Kersaint de retirer tous les navires de la flotte dans les bassins, en les protégeant par des blindages contre un bombardement. « Le ministre écrira à l'ingénieur de la marine à Anvers », avait dit Napoléon, « sous le plus

---

(1) *Mémoires de Carnot par son fils*, t. II, p. 294.
(2) *Corr.*, t. XXVI; p. 496.
(3) KUMMER, *Essai sur les Travaux de fascinages*, p. 58.

grand secret, de faire un projet pour mettre es vaisseaux à l'abri de la bombe. *Il lui fera comprendre que cela n'arrivera pas*, mais on arrêtera le projet et on le tiendra prêt(1). »

Tout e exécutant ponctuellement les ordres, on n'ignorait pas que le duc de Plaisance était capable de grande imprudence. C'est ainsi qu'il voulut faire évacuer le bagne, s'exposant dans ces temps troublés, à éparpiller les forçats dans toute la France. « Ne désorganisez pas la marine, » lui écrivait-on. « N'exigez d'elle que ce qui est indispensable. Je donne des ordres pour qu'elle n'adhère qu'à ce qui serait trop pressant pour qu'elle ne pût pas demander des ordres et attendre la réponse... Les forçats seront replacés comme ils étaient. J'ai cependant ordonné qu'on enverrait dans un autre port, les forçats hollandais et belges ; si vous avez renvoyé les prisonniers étrangers vous avez bien fait ; mais si ce sont des officiers de marine prisonniers de guerre, vous avez très mal fait ; ils sont utiles à l'arsenal(2). »

La municipalité fût requise de fournir un approvisionnement de vivres pour la garnison pendant trois mois, et les habitants dûrent pourvoir à leurs moyens de subsistance pendant le même temps(3). Le 10 janvier la police visita toutes les habitations bourgeoises, afin de s'assurer de l'observation de ces mesures, et les habitants qui avaient négligé de s'y conformer furent arrêtés et expulsés sur la rive gauche du fleuve, comme bouches inutiles. En même temps on accordait toute facilité aux paysans des environs, pour vendre leurs provisions en ville. On raconte que journellement les expulsés rentraient dans Anvers, par la porte des Béguines et la porte St-Georges, portant de petits paniers de pom-

---

(1) *Corr.*, t. XXVI, p. 496.
(2) Id., t. XXVI, p. 513.
(3) Id., t. XXVI. p. 496, 498.

mes de terre qui suffisaient à les faire admettre(1).

Une contribution extraordinaire fût imposée à la ville pour faire face aux besoins.

Indépendamment de l'hôpital militaire, rue du Prince, de l'hôpital de la marine, place de Meir (établi dans le couvent des Minimes), on organisa des hôpitaux supplémentaires dans la citadelle et dans le couvent des Récollets (aujourd'hui Musée), pour recevoir les blessés(2). L'Abbaye de St-Bernard à Schelle fût transformée en hôpital; quoique placée hors des murs, on prescrivit de Paris de conserver provisoirement cette abbaye en l'entourant de palissades pour le mettre à l'abri des cosaques (3).

On renonça à défendre les ouvrages de la rive gauche, à peine ébauchés et indéfendables, mais on résolut de déblayer le terrain occupé à l'est de la place, par les importants faubourgs de Borgerhout et de Berchem, dont les nombreuses maisons gênaient le feu des remparts. La réalisation de ce projet, d'ailleurs parfaitement justifié par des raisons militaires, eût été désastreuse pour Anvers devenu insuffisant pour sa population (4). Nous verrons par

---

(1) MERTENS et TORFS. *Geschiedenis van Antwerpen*, t. VII, p. 117.

(2) Id., t. VII, p. 125.

(3) *Corr.*, t. XXVI, p. 514.

(4) Le maréchal de Saxe, le premier, tenta de réagir contre cette coutume barbare et souvent peu intelligente, de détruire les faubourgs, sans que la nécessité en fut clairement démontrée. En 1746, il se disposait à attaquer Bruxelles où s'étaient retirés le prince de Kaunitz-Rittberg, ministre plénipotentiaire d'Autriche et beaucoup de généraux autrichiens, lorsqu'il apprit que le comte de Lannoy, gouverneur de Bruxelles, avait ordonné de démolir les faubourgs. Il écrivit au Prince de Kaunitz : " J'ai cru que V. Exc. ne désapprouverait pas la liberté que je prends de lui écrire pour l'engager à conserver un si bel ornement à la ville de Bruxelles. Les destructions des faubourgs d'Ypres, Tournay et Ath n'en ont point rendu

suite de quelles circonstances la destruction put être évitée en partie.

---

la prise plus difficile, et c'est une erreur de croire que les bâtiments au-delà du glacis, puissent être de quelque avantage aux assiégeants ; ils ne peuvent nuire à une place que dans le cas de surprises contre lesquelles il y a d'autres moyens de se garantir.... V. Exc. ne doit pas soupçonner cette lettre d'artifice; si Elle veut se souvenir de ce que j'ai fait pratiquer moi-même à Lille, l'avant-dernière campagne ; l'armée combinée était campée dans la plaine de Cisoin; mon premier soin fut de défendre à l'officier général, commandant à Lille, d'en brûler les faubourgs, et assurément je n'aurais pas pris sur moi une démarche si contraire à l'usage, si je n'avais cru pouvoir en prouver l'abus ». Avant même que la démolition ordonnée par le comte de Lannoy ait pu être réalisée, l'armée du comte de Saxe enveloppait Bruxelles et l'obligeait à capituler (SAINT RÉNÉ TAILLANDIER, *Maurice de Saxe* — Revue des deux mondes, 15 octobre 1864, p. 833) ».

Carnot, s'est évidemment inspiré de ces idées de Maurice de Saxe, lorsque dans son traité de la *Défense des Places*, publié en 1812, il s'élève contre le système de démolition des faubourgs encore généralement pratiqué. On sait que Carnot a préconisé un système de défense rapprochée, basé sur le jeu alternatif de sorties qui tendent à attirer l'ennemi à leur poursuite sur les glacis, et de feux courbes qui détruisent ces rassemblements de troupes à bonne portée du feu. Il attachait peu d'importance à la défense éloignée qui ne retarde l'ennemi que fort peu de temps et par conséquent aux avantages des faubourgs, au-delà des glacis, pour faciliter ses approches.

Il importe de rappeler textuellement l'exposé de ce système, (évidemment trop exclusif) de Carnot, qui permet de se rendre un compte exact de l'application habile qu'il en fit à Anvers, ainsi que nous le verrons :

« On ne doit point démolir les faubourgs des places menacées d'un siége. Je regarde les faubourgs comme des postes avancés qu'on peut défendre très-longtemps, et dont la prise, quand elle a lieu, ne conduit pas l'ennemi à quelque chose de bien important.

« En effet quel mal peut faire à l'assiégé l'existence d'un faubourg? Je n'en vois pas d'autre que celui d'avancer de quelques jours, l'ouverture de la tranchée et d'abréger un peu la marche des sapes, jusqu'à l'établissement de la troisième parallèle. Mais ce n'est

Le terrain occupé par le faubourg de Borgerhout, avait une extrême importance pour la défense de la place et joua

---

qu'à l'établissement de la 3me parallèle que commence la vraie défense de la place ; tout le reste n'est qu'un préliminaire qui peut durer seulement 3 ou 4 jours de plus ou de moins, pendant lesquels l'assiégeant ne perd personne. Je me demande si c'est là ce qui doit décider de la plus ou moins bonne défense de la place?.... La vraie défense est la défense rapprochée, celle qui s'opère sur le glacis même, lorsque l'ennemi est sous le feu des pierriers et sous l'influence des coups de main à l'improviste et répétés à chaque moment. Alors que feront 4 jours de plus ou de moins sur les défenses éloignées? Faut-il pour cela brûler un faubourg qui souvent vaut mieux que bien des villes, et ruiner une infinité de familles?

« Mais voyons s'il n'y aurait pas de mesures à prendre, pour que non seulement la conservation du faubourg n'abrégeât pas le siège, mais pour qu'au contraire elle en allongeât la durée. Je vois d'abord qu'il n'y a qu'à l'envelopper d'un rempart en terre..... Les habitants du faubourg, intéressés à la conservation de leurs maisons, auront bientôt construit eux-mêmes ce retranchement, et on peut croire qu'il sera bien fait. Alors l'ennemi attaquera ces remparts, ou les laissera subsister. Dans le premier cas, ce rempart jouera le rôle d'un camp retranché ordinaire ; il faudra que l'ennemi en fasse le siége en règle, après quoi il aura encore celui de la ville à faire ; ainsi, au lieu de perdre 3 ou 4 jours sur la défense, on en gagnera au moins 15. Dans le second cas, le faubourg sera sauvé et servira d'agrandissement à la place, agrandissement toujours utile aux villes assiégées, où l'on se trouve toujours trop resserré.

« Supposons, par exemple, une grande ville comme celle de Lille, où il y a cinq riches faubourgs. L'ennemi s'approche, il faut brûler ces cinq faubourgs : quelle énorme perte? Et pourquoi faire? pour retarder de 4 jours la prise de la place, on commence par faire plus de mal que l'ennemi lui-même n'en ferait.... tandis que si on avait enveloppé chacun de ces faubourgs par une enceinte, on les aurait sauvés tous, hors un, celui que l'ennemi prendra, si toutefois il en prend un ; car dans ce cas, il est à présumer que pour éviter d'avoir deux siéges à faire, il attaquera la place dans l'intervalle d'un faubourg à l'autre, et alors il tombera dans un autre inconvénient, c'est qu'il faudra qu'il chemine dans un rentrant, où ses tranchées un grand rôle dans les opérations préliminaires du siège. Nous nous arrêterons un instant pour le décrire.

Le Schyn, qui prend sa source près de Westmalle, descend vers Anvers en passant au sud de Schilde, de Wyneghem, de Deurne et se déversait, soit dans les fossés de la place, au nord de la ville, près du Dam, soit dans l'Escaut à l'écluse dite *des Renards*. A partir du château d'Immerseel, les Anversois avaient creusé en 1431, un canal de dérivation du Schyn (achevé en 1531) connu sous le nom de *canal des Brasseurs* ou d'*Herenthals* qui rejoignait les fossés de la place au sud, près de la Porte St-Georges. Dans l'espace triangulaire compris entre ces deux cours d'eau, qui avait pour base les remparts de la place d'Anvers de l'est, et dont le sommet se trouvait un peu en amont de Deurne, s'élevait le populeux faubourg de Borgerhout, protégé au nord par le cours boueux et inondé du Schyn, au sud par les rives endiguées du canal des Brasseurs. En 1579 les troupes d'Anvers commandées par le brave La Noue et le colonel Norris, y avaient soutenu le 2 mars, non sans succès, un combat contre le prince de Parme, avant qu'il se rendît au siège de Maestricht. A la suite de ce combat, en 1580, les avantages de cette position se trouvant bien démontrés, les anversois la transformèrent en un véritable camp retranché, qu'ils nommèrent *Buytenwerken*, *Buytenschansen* (ouvrages ou forts extérieurs) et plus familièrement *Buytenien* (les choses extérieures). A cet effet, on avait profité pour former son enceinte, des digues du Schyn et du canal des Brasseurs renforcées. Ses principaux accès étaient défendus par des tours en maçonnerie, véritables portes de ville avec pont-levis, qui furent qualifiées du titre un peu ambitieux d'*avenues et forts extérieurs*

---

seront prises à revers par les deux camps retranchés (CARNOT, *Défense des places*, p. 513). »

(*advenuen en buyten schansen*), au pont de Dam (Dambrugge), au pont de Deurne, au *pont du Paysan* (Boerbrug) au Luysbekelaer, séparées par des bâtiments défensifs ou *blockhaus*(1). Le cours marécageux d'un ancien ruisseau, coupé par le canal des Brasseurs, désigné sous le nom de *Vuylbeke*, parallèle à la base du triangle (qui avait arrêté l'attaque du Prince de Parme en 1579) divisait Borgerhout en deux parties; l'une formant la paroisse de St-Willebrord, comprise entre le Vuylbeke et le rempart, servait de réduit à la partie avancée, plus spécialement nommée Borgerhout (actuellement paroisse de St-Marie), qui était un hameau dépendant de la commune rurale de Deurne. Les traces de ces fortifications, en quelque sorte improvisées, pour lesquelles on avait profité, non sans quelque habileté, des formes du terrain, ont subsisté jusqu'à nos jours. En 1814 toutes les digues d'enceinte existaient encore quoique les forts ou portes eussent disparu. Nous même, à une époque récente, nous avons constaté l'existence des substructions de la porte de Dambrugge.

La vallée du Schyn, comprise entre la place et le plateau de Merxem, était à un niveau assez bas pour recevoir les eaux des inondations des polders d'Austruweel. Pour la soustraire à ces inondations, on construisit à la suite du siége de 1584-85, une digue, depuis la digue de mer jusqu'à Merxem, qu'on nomma *digue Ferdinand* en l'honneur du cardinal-infant Ferdinand d'Autriche, gouverneur général des Pays-Bas; depuis l'achèvement de cette digue en 1638, le bassin du Schyn était séparé de celui d'Austruweel et pouvait être inondé, soit par le polder d'Austruweel en coupant la digue Ferdinand, soit directement et d'une

---

(1) V. V. G. (VICTOR VAN GRINSBERGEN). *Verzameling van oorkonden aengaende het concept van vergrooting der stadt Antwerpen van het jaar 1580.* p. 1 et 5.

manière indépendante, en fermant l'écluse du Dam et ouvrant l'écluse des Renards, soit encore au moyen des eaux douces du Schyn, accumulées en conservant ces deux dernières écluses fermées.

Deux routes partaient d'Anvers et traversaient ce triangle : l'une, au nord, partait de la porte Rouge, traversait l'inondation au moyen d'une route-digue (Dam), franchissait le Schyn au *pont de Dam*, gagnait Merxem, après avoir détaché à gauche un embranchement vicinal qui traversait la digue Ferdinand vers Eeckeren, puis se bifurquait au Donck, vers Eeckeren, Cappellen, Calmpthout, Esschen, Rosendael, Oudenbosch, Klundert et Brasschaet, Wuestwezel, Zundert, Rysbergen, Breda.

L'accès d'Anvers par cette route n'était possible qu'à la condition de traverser le pont et de suivre la digue de Dam, entre deux inondations. Autrefois, après la destruction de la *porte de Dambrugge*, un fort nommé *fort de Dam* (plus tard *fort Pereyra*), avait été construit pour défendre ce pont et n'avait été détruit que d'après le conseil de Vauban qui le jugeait inutile(1).

La seconde route partait de la porte Kipdorp, traversait le faubourg de Borgerhout et St Willebrord, puis inclinant à gauche, franchissait le Schyn au pont de Deurne, se dirigeait par Wyneghem, St Antoine, sur Westmalle et Oostmalle où elle bifurquait, d'une part suivant Ryckevorsel, Hoogstraeten, Minderhout, Meerle, Ginneken, Breda, d'autre part vers Vosselaer et Turnhout. De Borgerhout partait encore un embranchement qui, après avoir franchi à droite le canal des Brasseurs, au *pont du Paysan* près de Luisbeeklaer, se dirigeait par Borsbeek et Vremde, vers Lierre.

Au sud de ce camp retranché de Borgerhout, se trouvait

---

(1) *Mémoire de Vauban sur Anvers.* Autographie du Major Mockel.

l'important faubourg de Berchem, traversé par la route partant de la porte St Georges, qui se bifurquait à Mortsel, vers Bouchout et Lierre, et vers Contich, Waerloos, Waelhem et Malines.

III.

Combat d'Hoogstraeten (11 Janvier). Le général Bulow et le général Graham concertèrent un mouvement pour déloger les français de leur position à Hoogstraeten et les refouler sur Anvers. Trois routes partent de Breda vers Anvers. La première à droite, ainsi que nous l'avons déjà dit, passe par Zundert, Westmalle, Brasschaet et se relie au Donck à la route venant de Rosendael. La seconde au centre passe par Meerle, Hoogstraeten, Westmalle et Oostmalle Wyneghem, et aboutit à Deurne et à Borgerhout. Une troisième route à gauche, passe par Chaam, Baarle-Duc, et aboutit à Turnhout, d'où l'on peut rejoindre la seconde à droite vers Oostmalle, ou bien se rendre à Lierre par Casterlee, Herenthals et Nylen.

Nous avons laissé les français établis à cheval sur ces routes, la division Roguet en première ligne à Hoogstraeten, entre Wuestwesel et Turnhout, la cavalerie Lefebvre-Desnouettes en seconde ligne à Ryckevorsel et la division Amberts en réserve à Brasschaet. Nous ne pouvons faire mieux que de reproduire le récit si lucide que le général de Vaudoncourt a donné des actions engagées[1].

« Le premier corps de l'armée française était en position en avant d'Anvers. Le général Roguet occupait avec la brigade Flament, le bourg de Hoogstraeten ; deux bataillons étaient à Wuestwesel et Loenhout ; la brigade Aymar à

---

(1) VAUDONCOURT. *Histoire des campagnes de 1814 et 1815.*

Turnhout; la division Lefebvre-Desnouettes, entre Turnhout et Brecht. Le général Ambert, avec quatre bataillons et 200 chevaux à Donck et Brasschaet; la division Castex à Lierre; la division Barrois à Bruxelles.

« Le général Bulow ayant décidé son mouvement, se fit précéder le 9 janvier par des partis de cavalerie dans la direction de Turnhout, Ruremonde et Venloo. Lui-même mit son corps en mouvement le 10, sur trois colonnes.

« Celle de gauche, composée de la division Borstel, s'avança par la route de Hoogstraeten; celle du centre, composée de la division Thümen, se dirigea par la grande route sur Wuestwesel; celle de droite, composée de la division Kraft et d'une partie de la cavalerie de réserve, sous les ordres du général Oppen (suivant la seconde), devait de Zundert, appuyer à droite et gagner les derrières de Wuestwesel : cette opération fut combinée avec le général Graham, qui devait déboucher par Rosendael sur Anvers.

« Cependant le général Maisons, trompé par le mouvement de la cavalerie légère prussienne, qui se présentait sur son flanc, et par un faux rapport, crut que Bulow se dirigeait par la Campine sur Diest et Louvain. Le 11 il donne l'ordre aux divisions Barrois et Castex de se réunir à Lierre.

« Le même jour à 8 heures du matin, la division Borstel déboucha de Meerle en deux colonnes, dirigées sur Hoogstraeten et Wortel. Le général Roguet, tenu en alerte par le mouvement des troupes légères alliées sur sa droite, était en mesure; ses troupes étaient sous les armes et il avait porté un bataillon de tirailleurs dans le cimetière de Minderhout. Ce bataillon soutint longtemps tous les efforts des alliés qui tentèrent en vain de pénétrer à Hoogstraeten. A la gauche, la division Thümen s'avança, également en deux colonnes, sur Wuestwesel et Loenhout. Le général Roguet, attaqué de front par environ 14,000 hommes, apprit en même temps qu'une troisième colonne prussienne tournait à gauche et que le général Graham s'avançait avec 4,000 hommes de Rosendael sur Anvers.

« Se voyant au moment d'être enveloppé, il ordonna la retraite, qui se fit en bon ordre et en disputant chaque fossé. Les troupes de Hoogstraeten prirent position le soir à Oostmalle, et celles de Wuestwesel, à Westmalle. La brigade Aymar, coupée à Turnhout par la colonne ennemie qui s'était dirigée par Wortel, se replia sur Lierre. »

(La colonne Oppen n'avait pu prendre part au combat, les routes ayant été rendues impraticables par la gelée.)

« Les alliés s'arrêtèrent à la hauteur de Brecht; leur perte s'éleva à 500 hommes, celle des français à 300. »

« Le 12 le général Roguet se replia sur Anvers; la brigade Flament occupa Deurne : deux bataillons étaient à Wyneghem. La division Ambert occupait Merxem. Le général Bulow fit avancer la division Thümen à Brasschaet; la division Borstel vint à Saint-Antoine; la colonne Oppen, au centre, à S'Gravenwesel. Le général Graham était à Eeckeren. »

IV.

Combat de Merxem (13 janvier). Le général Maisons, toujours trompé par l'apparition de la cavalerie des alliés vers Herenthals, et croyant que le mouvement sur Anvers n'était qu'une démonstration, mais résolu à tenir la campagne et à ne pas se laisser bloquer, sortit d'Anvers avec 1000 fantassins, une batterie d'artillerie légère et deux batteries à pied, et alla, le 13, se mettre à Lierre à la tête de la cavalerie de Castex et de la division Barrois arrivée de Bruxelles à marches forcées. Parvenu à Lierre, il fit partir la brigade Aymar, pour renforcer la garnison d'Anvers. Son intention était de se porter lui-même sur Diest, afin de rencontrer la colonne qu'il supposait en marche vers Louvain.

« Le 13 janvier, le général Bulow résolut de tenter une nouvelle attaque. La division Thümen et la colonne du général Oppen devaient former la première ligne, la division Borstel marcher en réserve. A 8 heures du matin le général Thümen déboucha de front sur Merxem que défendait le général Avy avec cinq bataillons. Ce village fut en même temps attaqué en flanc par le général Graham.

« Le général Oppen dirigea une colonne sur Deurne, que défendait la brigade Flament. Les alliés firent sur ce point les plus grands efforts, afin de couper les troupes qui étaient à Wyneghem ; ce dernier village fut en même temps attaqué par une partie de la colonne du général Oppen et par la division Borstel. Après une canonnade très-vive, les deux bataillons qui le défendaient furent forcés et perdirent une pièce de canon. Mais le général Flament les ayant fait appuyer, les alliés furent refoulés sur Wyneghem et la pièce reprise.

« A gauche, la mort du général Avy, tué à la tête du 4ᵉ léger, entraîna la perte de Merxem, malgré l'appui d'un bataillon que le duc de Plaisance, gouverneur d'Anvers, y envoya. Les troupes françaises se rallièrent dans le faubourg de Dam et les alliés, maîtres de Merxem, jetèrent des obus dans la place d'Anvers.

« Cependant le général Bulow voyant l'inutilité de ses efforts contre les portes de Wyneghem et de Deurne, et craignant d'être attaqué à dos par les troupes qui étaient du côté de Lierre, cessa le combat vers le soir et se disposa à la retraite. Le général Bulow se retira avec la division Kraft et la cavalerie sur Breda ; la division Thümen occupa Rysbergen et les deux Zundert ; la division Borstel, Hoogstraeten, Wuestwesel et Loenhout. Le général Graham retourna à Oudenbosch, laissant une arrière-garde à Rosendael.

« Si le général Maisons n'eût pas été entraîné dans un faux mouvement, le combat du 13 aurait pu être bien dangereux aux alliés, qui déjà fortement engagés avec le général Roguet, n'auraient pu résister à une attaque de flanc. Le combat de Wyneghem coûta plus de 800 hommes aux alliés et près de 500 aux troupes françaises.

« Après le combat de Wyneghem, le général Maisons laissa les divisions Roguet et Ambert devant Anvers et vint s'établir à Louvain, avec les divisions Barrois et Castex ; ces deux dernières détachèrent deux bataillons et 100 chevaux à Bruxelles et autant à Malines. »

V.

« Le duc de Saxe-Weimar commandant le 3e corps d'Allemagne, venait d'être chargé du commandement en chef des troupes coalisées dans la Belgique ; son corps s'approchait du Rhin, et lui-même était arrivé à Breda, le 24 janvier. Le général Bulow devait quitter la Belgique pour rejoindre l'armée de Silésie, dès qu'il serait remplacé par les troupes allemandes, dont il couvrait l'arrivée dans la position qu'il avait prise. A peu près vers le même temps, les anglais envoyèrent un renfort de quelques milliers d'hommes en Hollande et y firent passer le duc de Clarence, (depuis Guillaume IV) chargé d'engager les généraux coalisés à concourir au bombardement d'Anvers. Cette opération qui intéressait singulièrement le gouvernement anglais, devait être faite le plustôt possible. Le corps du duc de Saxe-Weimar étant encore au-delà du Rhin, le général Bulow s'en chargea, d'autant plus que ce mouvement en avant, le mettait dans la direction qu'il devrait suivre. »

Combat de Deurne (1er février). « Le 30 janvier, le général

Bulow réunit son corps à Wuestwesel. Le 31, il vint à Westmalle et ses premières troupes formèrent l'investissement d'Anvers. La division Borstel fut envoyée à Lierre pour observer le corps du général Maisons. Un corps d'environ 5000 anglais parti d'Oudenbosch, vint par Rosendael jusqu'à Esschen.

Le duc de Plaisance, gouverneur d'Anvers, ne tenait sur ces routes que des postes d'avertissement; il avait seulement envoyé à Lierre un bataillon et un escadron. Ce dernier détachement se trouvant tout-à-coup en présence de la division Borstel, ne put être sauvé qu'en se repliant sur Berchem, où le ramena son chef, le colonel Vautrin.

« Le duc de Plaisance, averti du mouvement, fit occuper Brasschaet et Schooten par la division Ambert; la division Roguet fut repliée de Wyneghem, au château Arens (château d'Ertbrugge) à moitié chemin de Deurne. Le pont du canal des Brasseurs (*pont du Paysan*) sur le chemin de Lierre fut occupé. La brigade Flament resta en réserve à la tête du faubourg de Borgerhout.

« Le 1ᵉʳ février l'attaque des coalisés se développa sur quatre colonnes. A gauche le général Oppen devait déboucher par la route de Lierre et attaquer le pont du canal. Au centre, la division Thümen et une partie de la division Kraft, devaient attaquer Wyneghem. Le restant de cette division devait s'emparer de Schooten. Les anglais étaient destinés à l'attaque de Brasschaet et Merxem.

« A 8 heures du matin la division Thümen, ayant dépassé Wyneghem, s'engagea avec la brigade Aymar en avant du château Arens; trois assauts successifs sur les retranchements que défendaient nos troupes, furent repoussés, et ce ne fut qu'après six heures de combat, que le duc de Plaisance fut obligé de faire replier la brigade Aymar; se retirant pied à pied, elle évacua peu à peu Deurne et prit position à la tête du faubourg.

« L'ennemi voulut suivre ce mouvement et passer le pont du Schyn ; mais, chargé en tête par un escadron de lanciers (commandant Bricqueville), et sur les flancs par deux bataillons, il fut culbuté au-delà de Deurne ; ses tirailleurs coupés (traversant le Schyn qui paraissait gelé), furent en partie noyés dans les marais. La division Thümen qui venait de recevoir cet échec, n'osa pas tenter une nouvelle attaque et resta jusqu'au soir inactive sous le feu de nos troupes.

« Le général Kraft aborda Schooten, défendu par trois bataillons, qui se replièrent à Merxem. Les Anglais débusquèrent également les trois bataillons qui étaient à Brasschaet ; mais ils se replièrent en bon ordre sur Merxem, où la division Ambert réunie, contint l'ennemi.

« Le général Oppen fut également arrêté court au pont du canal des Brasseurs. »

Le lendemain, 2 février, au point du jour, le feu recommença sur toute la ligne. Le général Ambert résista à un premier assaut, mais vers 10 heures, il fut chassé de Merxem par les Anglais et repoussé jusque sous le canon de la place. Les prussiens ne purent forcer les ponts du Schyn et du canal des Brasseurs ; leurs tentatives furent constamment déjouées par le général Roguet.

Cette courte expédition coûta aux français environ 80 morts, 420 blessés et une centaine de prisonniers. On ignore les pertes des Anglo-Prussiens.

VI.

Loin de rester sur la défensive avec les troupes médiocres dont il disposait, selon le conseil prudent donné à Bernadotte en 1809 par Napoléon, le duc de Plaisance avait jusqu'alors constamment pratiqué l'offensive, au risque de compromettre les forces militaires dont on avait tant de peine à le pourvoir pour assurer la défense d'Anvers. On n'ignorait pas à Paris, le mauvais effet qu'avait produit à Anvers, ses allures cassantes et par trop cavalières; avec le mauvais esprit qui régnait dans la population, contre l'occupation de la France, cette conduite peu politique pouvaient offrir de graves dangers. Aussi fut-il résolu dans un conseil secret tenu aux Tuileries, de le remplacer par un général plus prudent et d'une plus haute réputation militaire. Plusieurs noms furent successivement mis en avant : Grouchy, Exelmans,.... lorsque tout-à-coup le général Bertrand prononça le nom de son camarade du génie Carnot, dont la réputation comme ingénieur était universelle. Ce fut comme un trait de lumière pour Napoléon[1].

Carnot vivait alors à Paris dans une profonde retraite uniquement occupé de travaux de sciences. Chaque jour il se rendait à la bibliothèque de l'Institut, pour y lire les journaux qui racontaient les malheurs de la France, le passage du Rhin par les alliés. Ces événements l'avaient vivement impressionné; la France avait évidemment le droit de demander le concours de tous ses enfants pour sa défense. Aussi, mettant de côté ses anciennes rancunes contre l'Empereur, Carnot résolut de lui offrir ses services dans une lettre remarquable datée du 24 janvier 1813 :

« Sire, » écrivait-il, « aussi longtemps que le succès a couronné vos entreprises, je me suis abstenu d'offrir à Votre Majesté des services que je n'ai pas cru lui être agréables. Aujourd'hui que la mauvaise fortune met votre constance à une rude épreuve, je ne balance plus à vous faire l'offre des faibles moyens qui me restent. C'est peu de chose sans doute que *l'effort d'un bras sexagénaire*; mais

---

[1] LE POITTEVIN DE LA CROIX, p. 373.

j'ai pensé que l'exemple d'un soldat dont les sentiments patriotiques sont connus, pourrait rallier à vos aigles, beaucoup de gens incertains du poste qu'ils doivent prendre, et qui pourraient se laisser persuader que ce serait servir leur pays que de les abandonner.

« *Il est encore temps pour vous, Sire, de conquérir une paix glorieuse et de faire que l'amour d'un grand peuple vous soit rendu*(1). »

Il y avait eu au début de leur carrière, une certaine analogie d'opinion entre Carnot et Napoléon Bonaparte; tous deux avaient fait preuve d'un grand esprit d'indépendance et avaient cherché à réagir contre la routine qui régnait dans l'armée, avant la révolution. Napoléon n'était pas sans se faire quelques reproches sur sa conduite vis-à-vis de Carnot, auquel il avait peine à pardonner l'opposition qu'il avait faite à son élévation à l'Empire, mais dont il respectait la noble indépendance de caractère. Il est probable que le général Bertrand, confident intime des pensées de l'Empereur, n'ignorait par son opinion sur Carnot et avait connaissance de la lettre que ce dernier venait d'écrire, lorsqu'il prononça son nom au conseil. Cette lettre produisit une profonde impression à l'Empereur et quelque sévère que fût la dernière phrase, il feignit de ne pas y faire attention. — « Tout autre que vous » disait le lendemain le général Clarke à Carnot, « ne l'aurait pas écrite impunément. » — Nul mieux que Carnot ne convenait au rôle politique et militaire que devait remplir le gouverneur d'Anvers; il avait à la fois, les connaissances pratiques nécessaires pour diriger la défense d'une place de guerre, la sagesse, la modération et la fermeté de caractère, l'indépendance d'esprit propre à rallier des populations disposées à la révolte. « Dès que Carnot m'offre ses

---

(1) LE POITTEVIN DE LA CROIX, p. 273.

services » s'empressa de dire Napoléon au ministre de la guerre, « il sera fidèle au poste que je lui indiquerai. Je le nomme gouverneur d'Anvers. Expédiez-moi ses pouvoirs sur le champ et dites-lui bien que je lui confie la première place de France. »

« Une appréciation équitable du mérite de Carnot, » dit le Commandant de Villenoisy, « et de la part qui lui revient dans les victoires de nos armées, est encore à faire. Il a été vanté outre mesure par des amis qui ont voulu faire de son nom un drapeau. Jugé sévèrement, sous le rapport de la capacité par des hommes compétents, tels que le général Jomini et le maréchal Gouvion Saint-Cyr, et l'a été avec une rigueur extrême par l'Empereur, dont les paroles prises à la lettre, obligeraient à lui refuser tout talent. L'histoire impartiale s'écartera sans doute de ces opinions extrêmes(1). » Si Napoléon refuse de reconnaître à Carnot les talents militaires, la note dictée à Sainte-Hélène marque bien les sentiments de haute estime qu'il avait pour le caractère du vieil ingénieur dont un auteur moderne a dit : « qu'on pouvait l'appeller *le Vauban de la France libre*, parce que sa vie retrace la même illustration militaire, la même austérité de mœurs et le même dévouement à la patrie, que celle du maréchal de Vauban(2). » Nous reproduirons en entier cette note de Napoléon, qui nous apprend à connaître Carnot (3).

---

(1) COSSERON DE VILLENOISY, *Essai historique sur la fortification*, p. 305.

(2) DAIRE. *Notice historique sur la vie et les travaux du maréchal de Vauban* en tête des *Économistes financiers du XVIIIe siècle*, p. 24.

(3) Carnot a tracé lui-même son portrait dans sa réponse au rapport présenté le 28 avril 1798 (8 floréal, an VI) au conseil des Cinq Cents par le député J. Ch. Bailleur, au sujet de la conjuration du 18 fructidor. « Il s'en trouverait, parmi ceux qui m'ont connu antérieurement à la Révolution, négligé, solitaire, distrait, préoccupé, ce

« Carnot était entré très-jeune dans le génie; il soutint dans ce corps, le système de Montalembert. Il passait pour un original parmi ses camarades. Il était chevalier de Saint-Louis à la révolution, qu'il embrassa chaudement. Il fut nommé à la Convention et membre du comité de Salut-Public, avec Robespierre, Barère, Couthon, Saint-Just, Billaud-Varennes, Collot d'Herbois. *Il montra constamment une grande exaltation contre les nobles*, ce qui lui occasionna plusieurs querelles singulières avec Robespierre, qui, *sur les derniers temps en protégeait un grand nombre*. Il était *travailleur sincère dans tout ce qu'il fesait, sans intrigue et facile à tromper*. Il était près de Jourdan comme commissaire de la Convention au déblocus de Maubeuge; il y rendit des services importants. Au comité de Salut Public, *il dirigea les opérations de la guerre*, où il fut utile sans mériter les éloges qu'on lui a donnés. *Il n'avait aucune expérience de la guerre*, ses idées étaient fausses sur toutes les parties de l'art militaire, même sur l'attaque et la défense des places et sur les principes de la fortification qu'il avait étudiés dans son enfance. Il a imprimé sur ces matières, des ouvrages qui ne peuvent être avoués que par un homme qui n'a aucune pratique de la guerre. *Il montra du courage moral*. Après thermidor, lorsque la Convention mit en arrestation tous les membres du comité de Salut-Public, excepté lui, il voulut partager leur sort. *Cette conduite fut d'autant plus noble*, que l'opinion publique était violemment

---

qu'on appellerait un espèce de philosophe, c'est-à-dire un original, qui voulussent se persuader que je suis devenu un courtisan, un ami des rois, et que partageant la gloire d'avoir fondé la plus majestueuse des Républiques, j'ai voulu m'amuser à la démolir.... Mon extérieur n'annonce pas un ultra-révolutionnaire. J'ai vu des personnes qui ne revenaient pas de leur surprise en me voyant et ne pouvaient comprendre que ce fût là, le terrible membre du comité de Salut-Public, cet associé de Robespierre...... »

prononcée contre le comité, et qu'effectivement Collot-d'Herbois et Billaud-Varennes, avec qui il voulait s'associer, étaient des hommes affreux. Il fut nommé membre du Directoire après vendémiaire. Mais depuis le 9 thermidor, il avait l'âme déchirée par les reproches de l'opinion publique, qui attribuait au comité, tout le sang qui avait coulé sur les échafauds. Il sentit le besoin de plaire, il se laissa entraîner par les meneurs du parti de l'étranger; alors il fut porté aux nues, mais il ne mérita pas les éloges des ennemis de la France; il se trouva placé dans une fausse position et succomba au 18 fructidor. Après le 18 brumaire il fut rappelé et mis au ministère de la guerre par le Premier Consul: il y montra peu de talent et eut beaucoup de querelles avec le ministre des finances et le directeur du trésor, dans lesquelles il eut souvent tort. Enfin il quitta le ministère persuadé qu'il ne pouvait plus aller faute d'argent. Membre du Tribunat *il parla et vota contre l'Empire, mais sa conduite toujours droite ne donna point d'ombrage au gouvernement.* L'Empereur lui accorda une retraite de 20,000 francs. Tant que les choses prospérèrent il ne dit mot, et se mit dans son cabinet; mais après la campagne de Russie, *lors des malheurs de la France, il demanda du service. La ville d'Anvers lui fut confiée; il s'y comporta bien*(1). »

Dans l'intérêt de la vérité, à ces détails biographiques il est utile d'en ajouter d'autres, que l'Empereur avait d'excellents motifs de passer sous silence :

Lazare Carnot est né à Nolay (Côte d'Or) le 13 mai 1753. Il entra à l'école du génie de Mézières en 1771 et fut nommé lieutenant du génie le 1er janvier 1773. En 1784 il publia un *Éloge de Vauban*, qui fut couronné à l'académie de Dijon, en présence du prince Henri de Prusse, frère de

---

(1) *Corr.*, t. XXIX, p. 59. — *Mémorial de Ste-Hélène*, t. IV. p. 155.

Frédéric-le-Grand. Simple capitaine du génie, nommé à l'ancienneté il eut l'audace, grande à cette époque, d'adopter les idées nouvelles émises par le marquis de Montalembert sur la fortification, rompant avec toutes les traditions d'école du corps auquel il appartenait. Cette conduite lui valut la disgrâce de M. de Fourcroy, premier inspecteur-général du génie, esprit absolu, rancunier et exclusif. Celui-ci profita de la première occasion qui se présenta pour lui nuire. Une querelle et un duel avec un officier supérieur en grade, au sujet d'une demoiselle que tous deux courtisaient, fut le prétexte. Carnot fut puni de prison dans la citadelle de Béthune. Le prince Henri étant venu en France, demanda Carnot, pour lequel il avait conçu une grande estime, pour l'accompagner dans ses visites des fortifications de ce pays. Carnot fut rendu à la liberté et ne put dissimuler au prince son mécontentement et le dégoût du service qu'il éprouvait ; le prince Henri lui offrit du service en Prusse. Carnot refusa noblement, résolu à vouer sa vie à son pays (1). L'acte arbitraire dont il avait été victime contribua à le lancer dans la politique. En 1791 il fut élu membre de l'Assemblée Législative. En 1792, il fut réélu membre de la Convention et vota la mort de Louis XVI : « Louis XVI, » a-t-il écrit, « a commis le plus grand des crimes dont un Roi puisse se rendre coupable, celui de livrer son pays à l'étranger.... Jamais devoir, » dit-il en prononçant son vote, « ne pesa sur mon cœur que celui qui m'est imposé....(2). » En 1793 il fut nommé membre du comité de Salut-Public, où il s'occupa exclusivement des affaires militaires. Malgré « l'inexpérience de la guerre » dont l'accuse Napoléon, il y conquit le beau titre d'*organisateur de la victoire*. Le 11 mai 1795, Carnot

---

(1) DREYFOUS. *Les trois Carnot*, p. 15 et 19.
(2) *Mémoires de Carnot*, t. I, p. 291 et 293.

fut nommé chef de bataillon du génie à l'ancienneté (1) ».

« Carnot » a dit Napoléon « était le plus honnête des hommes qui ont figuré dans la Révolution. Il a quitté la France sans un sou (2) ».

En 1795 Carnot fut élu député au conseil des Anciens par quatorze départements ; puis peu après, au mois de novembre, Directeur avec Laréveillière-Lepeaux, Rewbell, Letourneur, Barras.

Comme membre du Directoire il était chargé des affaires militaires et se fit assister de Clarke et Dupont, chargés de la correspondance, et de Allent, ancien officier du génie, comme secrétaire. Il entretenait des relations fréquentes avec le général Bonaparte, commandant de l'armée de l'intérieur et ayant reconnu son remarquable mérite, proposa au Directoire sa nomination comme général en chef de l'armée d'Italie en remplacement de Schérer ; nomination dont on a fait honneur à Barras. « Ce n'est pas Barras qui a proposé Bonaparte pour le commandement de l'armée d'Italie, *c'est moi* » dit Carnot, « ..., si Bonaparte eût échoué, c'est moi qui étais le coupable, j'avais choisi un jeune homme sans expérience, un intrigant, j'avais évidemment trahi la patrie... Bonaparte est triomphant alors c'est Barras qui l'a fait nommer, c'est à lui seul qu'on en a l'obligation ; il est son protecteur, son défenseur contre mes attaques... (3). »

---

(1) *Mémoires de Carnot*, t. I, p. 560. — Le 26 octobre 1794, déposant ses pouvoirs à la Convention, Carnot rendait compte en ces termes, de son administration :

« Dix-sept mois de campagne ; 27 victoires dont 8 en batailles rangées ; 120 combats ; 80,000 ennemis tués ; 90,000 prisonniers ; 116 places ou villes importantes occupées ; 230 forts ou redoutes enlevés ; 3,800 bouches à feu, 70,000 fusils, 1,900 milliers de poudre et 90 drapeaux tombés en notre pouvoir. »

(2) O'Meara, *Napoléon en exil*, t. II, p. 388.

(3) *Mémoires de Carnot*, t. II, p. 27. — Jourdan et Hoche durent également leur nomination de généraux en chef, à Carnot.

On raconte que se rendant à l'armée d'Italie, Bonaparte fit une halte en Bourgogne, chez le général d'artillerie Gassendi, qui le reçut à sa table. Un colonel du génie, qui était du dîner, écrivit le lendemain à son cousin Prieur (de la Côte d'Or) — Qu'est-ce que ce petit rodomont qui se vante de balayer les ennemis en six semaines? — Prieur alla interroger Carnot et transmit sa réponse : — Ne vous y trompez pas, ce petit homme (il avait 26 ans) est de première force et capable de bien tenir sa parole (1) ».. Les rapports les plus affectueux s'établirent entre le Directeur et le général en chef : « J'ai eu toujours à me louer, mon cher Directeur, » lui écrivait le général Bonaparte le 28 janvier 1797, « des marques d'amitié que vous m'avez données, à moi et aux miens et je vous en aurai toujours une vraie reconnaissance (2) ».

Le Directoire était combattu par les Conseils et lui-même profondément divisé; Barras et Rewbell soutenus par Laréveillière étaient disposés aux coups d'état contre les Conseils, tandis que Carnot très-austère dans sa conduite, très-opiniâtre dans ses vues, soutenu par Barthélémy qui avait succédé à Letourneur, voulait observer strictement la loi. « Carnot » dit Napoléon « avait l'âme brisée depuis le 9 thermidor par l'opinion qui accusait le Comité de Salut Public de tout le sang versé sur les échafauds; il avait besoin de considération publique.... (3) ». Le 4 septembre 1797 (18 fructidor, an V) le triumvirat l'emporte; Barthélémy, un grand nombre de députés au conseil des anciens et de journalistes sont condamnés à la déportation, à Cayenne; Carnot n'y échappa que par la fuite et déguisé. Il chercha un refuge en Suisse et en Allemagne.

---

(1) *Mémoires de Carnot*, t. I, p. 26.
(2) Tissot. *Mém. hist. et milit. sur Carnot*, p. 242.
(3) *Corr.*, t. XXIX, p. 295.

Le 9 novembre 1799 (18 brumaire, an VIII) le général Bonaparte, nommé Premier Consul, après avoir renversé le Directoire, rappella Carnot de l'exil. Afin de lui donner une position officielle il le nomma *inspecteur en chef aux revues;* peu de temps après il remplaça au ministère de la guerre le général Berthier, appelé aux fonctions de chef d'état-major de l'armée d'Italie (2 avril 1800). Il contribua au succès de la campagne de Marengo et mit beaucoup d'ordre dans l'organisation du ministère où régnaient de nombreux abus. Berthier l'a avoué lui même : « Les conscrits étaient sans armes, » écrivait-il, « les soldats sans habits, les magasins sans approvisionnements, l'armée en quelque sorte à créer. » Mais bientôt, mécontent du Premier Consul, qui voulait le faire consentir à des actes de népotisme que sa conscience réprouvait, il résolut de quitter le ministère. — « Je me suis toujours laissé gouverner par les circonstances, » disait Napoléon à Sainte-Hélène. — Carnot donna sa démission malgré l'insistance des Consuls pour le conserver. On l'invita à reprendre ses fonctions d'*inspecteur aux revues*, mais il s'y refusa, trouvant injuste de déposséder de cette fonction, le général Montchoisi qu'il avait lui-même désigné pour le remplacer, sans esprit de retour(1). Il rentra dans la vie privée.

Carnot n'était encore que *chef de bataillon du génie*, malgré les hautes positions qu'il avait occupées; il avait *oublié* son propre avancement. Le général Lacuée dans un rapport aux Consuls (28 vendémiaire, an IX) proposa de rectifier cet oubli. « Il est des hommes dont il serait superflu de rappeler les services, » disait-il, « tel est le citoyen Carnot. Les annales de la République disent assez ce qu'il a fait pour la gloire, la prospérité et l'indépendance nationales, mais ce qui n'est point assez connu, parce qu'il a dépendu

---

(1) *Mémoires de Carnot*, t. II, p. 228. — BONNAL, *Carnot*, p. 332.

de sa modestie d'en voiler le mérite et l'éclat, c'est qu'avant d'être un grand administrateur, il était un habile ingénieur, un savant mathématicien et qu'au sein des orages politiques, au milieu des fonctions les plus importantes, il conserva les mœurs, pratiqua les vertus, cultiva les sciences, et par un noble désintéressement, sût, à côté de son courageux dévouement à la République, maintenir dans toute leur pureté ces goûts simples qui, trop tôt sans doute, l'amènent aujourd'hui à une retraite philosophique...

« Capitaine du génie en 1783, le citoyen Carnot n'est que chef de bataillon de cette arme ; il l'est depuis l'an III. Une loi de fructidor, an V, le rayait de la liste des officiers de l'armée. Cette loi de proscription a été rapportée.... La liste des généraux de division de l'armée française va être formée, j'ai cru utile d'y placer Carnot, non pour récompenser les services d'un citoyen recommandable, mais pour l'attacher à la science militaire et à l'arme du génie, qui l'une et l'autre le réclament et tiennent à honneur d'obtenir, pour l'arracher à la retraite précoce et rendre utile autant qu'il peut, l'un des militaires les plus savants et les plus modestes(1). » Bonaparte gardait rancune à Carnot de sa retraite du ministère, qu'il considérait comme une défection, après ses vives instances pour l'y conserver et ne signa pas sa nomination de général de division.

Membre du Tribunat, Carnot vota contre l'Empire, mais il se soumit à la loi et continua à y siéger jusqu'à la suppression de ce corps politique. Il fût aussi un des 38 opposants à l'institution de la *légion d'honneur* et lorsqu'en 1804 Bonaparte procéda à la première distribution des croix, Carnot, par une distinction puérile, ne fut porté comme tous les membres du Tribunat, que sur la liste des simples légionnaires, tandis que le fondateur de l'ordre prodiguait

---

(1) Tissot, *Mém. hist. et milit. sur Carnot*, p. 274.

les titres à ses courtisans. Fidèle à sa règle de conduite Carnot évita l'éclat d'un refus, qui aurait fait de lui un centre de ralliement à l'opposition. « Peut-être, » dit son fils, « éprouvait-il quelque satisfaction secrète à porter ce modeste ruban, au milieu de ses collègues chamarrés de brillants colifichets(1). »

Carnot vivait à Paris dans la retraite, livré à ses études de science et n'ayant pour toute ressource que l'héritage paternel, considérablement allégé pendant les années de la révolution. Un abus de confiance le réduisit à un état voisin de la misère. Maret, duc de Bassano, bourguignon comme lui, avec lequel il avait conservé des relations, informa de cette situation Clarke, l'ancien employé de Carnot, devenu ministre de la guerre; celui-ci fit connaître la situation à l'Empereur alors à Vienne. Napoléon eût un bon mouvement et écrivit de Schoenbrun le 17 juin 1809 à Clarke : « Je réponds à votre lettre relative au sieur Carnot et à la connaissance qu'il vous a donnée de l'état fâcheux de ses affaires. N'aurait-il que contribué au déblocus de Maubeuge, il aura toujours des droits à ma reconnaissance et à mon intérêt. Comme ministre de la guerre, il a droit à une pension de retraite; présentez-moi un projet pour en fixer la quotité. Il est bon à beaucoup de choses. Je ne ferai point de difficulté à l'employer selon son désir. Enfin faites-moi connaître la nature de son embarras et ce qu'il faut faire pour l'en tirer entièrement(2). » Clarke proposa une pension de 10,000 francs et le décret fut signé(3).

Il restait à faire accepter le bienfait(4) à une âme

---

(1) *Mémoires de Carnot*, t. II. p. 235.
(2) *Corr.*, t. XIX, p. 119.
(3) *Mémoires de Carnot*, t. II, p. 257.
(4) Le 22 mars 1815 l'Empereur fit Carnot *Comte*, et l'archichancelier Cambacérès s'empressa de faire connaître cette faveur à Carnot. Celui-ci affecta de ne pas répondre à sa lettre, même pour le remer-

fière. L'Empereur eut à ce sujet une pensée ingénieuse :

Napoléon était exaspéré de la facilité avec laquelle Flessingue s'était rendu; dans une lettre adressée au ministre de la guerre, il traçait le programme d'un ouvrage destiné à rappeler les devoirs des gouverneurs et des troupes chargés de la défense des places fortes. Il voulait réagir contre l'axiome devenu traditionnel dans le corps du génie, que : « toute place assiégée est condamnée à être prise. » — « Je crois que Carnot serait très-propre à s'en charger, » disait-il « le but de l'auteur doit être de faire sentir de quelle importance est la défense des places et d'exciter les jeunes militaires par un grand nombre d'exemples (1). » — Carnot avec son indépendance d'esprit était seul propre à réagir contre des traditions regrettables nées d'une trop grande admiraration pour la méthode d'attaque de Vauban qu'on représentait comme infaillible. « Vauban, » dit Carnot, « créa un nouvel art des attaques; aucune place ne put tenir contre ses procédés; toutes succombèrent au terme à peu près (qu'il avait indiqué).... M. de Vauban lui-même, semble croire que la place doit toujours être prise et que l'assiégé ne peut se promettre autre chose que de retarder plus ou moins la marche de l'ennemi. Ce préjugé pouvait en quelque sorte paraître légitime chez un homme accoutumé à ne trouver jamais d'obstacle insurmontable; mais son influence n'en a pas moins été nuisible en ce qu'elle a détourné les idées du noble but qu'on doit se proposer qui

---

cier. Carnot, qui était alors ministre, subit cette nomination avec déplaisir car elle froissait des sentiments intimes souvent exprimés, mais il la subit comme une obligation de sa position; jamais il n'ajouta son titre à son nom, ni n'en retira le brevet à la chancellerie. Un jour, travaillant avec l'Empereur, il saisit un prétexte pour lui notifier très-explicitement cette abstention volontaire. Napoléon affecta de laisser tomber le propos.

(1) *Corr.*, t. XIX, p. 540.

est la levée du siége (1) ». Carnot accepta avec enthousiasme cette tâche patriotique et écrivit en quatre mois, son célèbre *Traité de la défense des places.*

Au retour de l'Empereur à Paris, Carnot alla le remercier aux Tuileries. Il fut parfaitement accueilli, au grand étonnement des courtisans. Dans un long entretien, Napoléon lui offrit de reprendre son service. Carnot s'en excusa en alléguant son âge. L'Empereur froissé, crut voir poindre de nouveau l'opposition d'autrefois. Aussi la pension ne fut-elle jamais payée et lorsqu'il fut présenté au Sénat Conservateur par les électeurs de la Côte d'Or, l'Empereur l'effaça de la liste (2).

Cependant Napoléon avait une telle confiance dans le caractère de Carnot, que lorsque la police le lui représenta en 1812 comme affilié à la conspiration du général Mallet, il refusa de l'écouter et l'éconduisit en disant : « Carnot est sans doute un mécontent, mais jamais il ne sera un conspirateur; vous pouvez vous dispenser de le surveiller. (3) »

Telles étaient les relations de l'Empereur avec le Gouverneur d'Anvers, au moment de sa désignation pour ce poste de confiance.

« Quand on voulut rédiger les lettres patentes du nouveau Gouverneur, les commis de la guerre se trouvèrent fort

---

(1) CARNOT, *Défense des places*, — Discours préliminaire, p. XI et XVII. — « Je n'ai point substitué mes opinions personnelles aux volontés de l'Empereur, » dit Carnot, « ainsi qu'ont affecté de le répandre quelques personnes intéressées apparemment à le faire croire.... Je déclare formellement que je n'aurais point entrepris cet ouvrage, si ses principes n'eussent été de tous temps les miens et si je n'eusse regardé comme une indispensable nécessité de seconder l'intention prononcée de S. M., d'abolir un préjugé si nuisible aux intérêts de l'Etat » (page 60).

(2) *Mémoires de Carnot*, t. II, p. 270.

(3) TISSOT, p. 149.

déroutés. A leur extrême surprise, l'homme qui avait organisé et dirigé les armées de la République, nommé les généraux en chef et Bonaparte lui-même, n'avait d'autre grade que celui de chef de bataillon du génie, grade auquel il était arrivé par ancienneté, après sa sortie du comité de Salut Public. On se souvint que pendant le temps qu'il avait présidé l'administration de la guerre, il n'avait jamais songé à se signer un diplôme d'officier général, ne fut-ce que par respect pour la hiérarchie militaire. Par bonheur Carnot avait rempli les fonctions d'inspecteur-général aux revues, qui donnaient le rang de général de division. On écrivit donc ce titre sur son brevet, en dépit de l'irrégularité.

« Carnot partit pour sa destination sans avoir vu l'Empereur (1).

« Parti de Paris le 30 janvier et voyageant avec célérité, il se dirigea d'abord vers Bruxelles, où il espérait rencontrer le général Maisons. Cette ville était déjà occupée par l'ennemi. Maisons effectuant sa retraite sur la droite, avait aussi évacué Gand; il n'y restait plus aucune autorité française civile ou militaire. Les cosaques parcouraient la campagne du côté de Termonde. Cette route dangereuse était pourtant la seule accessible. Carnot se décida à la prendre sans escorte, traversa la nuit la ville de Gand, pendant que le conseil municipal délibérait, dit-on, s'il le ferait arrêter, et parvint heureusement à Anvers le 2 février, vers 11 heures du matin par la Tête de Flandre. Les glaçons que « charriait l'Escaut, rendirent le passage difficile (2). »

---

(1) *Mémoires de Carnot*, t. II, p. 289. — La nomination de Carnot fut décidée dans la soirée du 24 janvier et l'Empereur quitta Paris le 26, à 7 heures du matin, pour rejoindre l'armée à Châlons. (*Journal de l'Empire*.)

(2) *Mémoires de Carnot*, t. II, p. 293.

VII

Bombardement (3 février). Depuis la veille les alliés, maîtres de Merxem, installaient des batteries afin de détruire les navires dans les bassins. « Quoique les Anglais ne disposassent point des moyens nécessaires pour assiéger une place telle qu'Anvers, » dit le colonel Carmichael-Smyth, « et que la saison ne fût pas favorable à une semblable entreprise, leur dernière expédition pourtant leur avait donné l'espoir de pouvoir détruire la flotte française, qui consistait en treize vaisseaux de ligne, mouillés dans les bassins... Il fallut réunir le nombre de mortiers voulu, afin de pouvoir jeter une quantité suffisante de bombes, et les balles incendiaires destinées à produire le résultat qu'on avait en vue. La rigueur permanente de l'hiver et les glaces du Biesbosch rendirent très-difficile l'arrivée et le déchargement des bâtiments de transport, qui amenèrent l'artillerie à Willemstadt. On put à peine rassembler 17 mortiers, dont 13, trouvés sur les remparts de Willemstadt, étaient français ou hollandais. On ne devait pas espérer que les artilleurs anglais, qui n'étaient nullement au fait de l'exécution ni des propriétés de ces dernières pièces, en tirassent le meilleur parti possible. Cependant le projet valait bien qu'on le tentât(1). »

Deux batteries, l'une de 6 mortiers de 6 1/2 pouces, l'autre de 4 mortiers de 10 pouces et 2 canons-obusiers Howitzers de 8 pouces, furent établies sur la digue Ferdinand en avant du chemin d'Eeckeren. Deux autres batteries, l'une de 3 mortiers de 12 pouces, l'autre de 4 mortiers de 11 pouces et 2 canons de 24, furent construites à droite et

---

(1) CARMICHAEL-SMYTH, *Guerre dont les Pays-Bas ont été le théâtre*, p. 289.

à gauche du village de Merxem, en avant duquel on établit encore une batterie de 3 canons de 24.

« Le 3 février, à deux heures de l'après-midi, le nouveau Gouverneur d'Anvers, après avoir reçu les autorités civiles et militaires, monta à cheval et fit le tour des fortifications. Il reconnut bientôt que les anglais se disposaient à bombarder l'escadre renfermée dans le bassin à flot, et résolut de ne pas leur laisser achever leurs préparatifs. » (Il prescrivit au général Roguet de retirer toutes ses troupes dans la place, afin de prévenir les désordres et d'éteindre le feu où il se manifesterait, ne laissant à Borgerhout et à Berchem que des avant-postes. Il ordonna aux navires dans l'Escaut de s'embosser devant les digues du Nord pour contrebattre les batteries anglaises. Il ordonna de tirer sur une maison qui lui paraissait suspecte. Cette maison masquait en effet des batteries en train de s'élever. Dès que l'ennemi se vit découvert, il fit pleuvoir sur les bassins une grêle de projectiles incendiaires : bombes, obus, boulets rouges et fusées, mais avec peu de résultats. Le feu fut éteint partout aussitôt qu'allumé et les vaisseaux n'éprouvèrent que des avaries insignifiantes.

« La nuit fut employée par les assiégeants à établir de nouvelles batteries; ils s'étaient logés derrière la digue Ferdinand, dont l'élévation les couvrait contre les feux directs de la place.

« Mais le Gouverneur et l'amiral n'avaient pas non plus perdu leur temps; ils avaient complété les mesures de précaution usitées en pareilles circonstances; des blindages avaient mis les ponts des vaisseaux à l'abri de l'incendie, et la terre dont on avait rempli leurs cales, amortissait l'effet des bombes. Quelques projectiles anglais allèrent frapper le *César*, le *Charlemagne* et le *Conquérant*, une bombe éclata même dans la soute aux poudres du *Commerce de Lyon*, tout cela sans grand effet; les voiles, le gréement, les toiles de bastingage, tous les objets susceptibles de propager l'incendie avaient été mis à l'abri, et des dispositions avaient été prises pour entretenir de l'eau et faciliter le jeu des pompes.

« D'ailleurs les canons de la place se trouvèrent dès le matin du 4, en état de répondre vigoureusement à ceux de l'ennemi, qui vit démonter un assez grand nombre de pièces. Comme on ne pouvait pas l'atteindre de plein fouet, on se servit avec succès, des feux verticaux et du tir à ricochet. Carnot animait tout de sa présence, écrit M. Ransonnet (son aide de camp), fesait diriger le feu avec une telle vivacité et une telle justesse que l'on voyait à chaque instant, les assiégeants occupés à réparer leurs dommages ». La redoute Ferdinand (fort du Nord) qui agissait de flanc et d'enfilade sur l'ennemi, l'incommoda surtout et l'obligea, pendant l'action, d'élever en grande hâte et avec beaucoup de pertes, des traverses et des épaulements en terre pour se couvrir.

« La première journée avait coûté 12 soldats aux assiégés ; ils n'en perdirent que quatre le lendemain. Les pertes de l'ennemi furent évaluées à 400 hommes, sans compter les blessés. La garnison d'Anvers au reste n'a eu que 27 soldats tués par le feu de l'ennemi, pendant toute la durée du siége et du blocus qui lui succéda.

« Le bombardement dura trois jours, pendant lesquels 40 bouches à feu envoyèrent 1500 bombes et 800 boulets rouges. Mais ce jeu parut sans doute aux assiégeants, trop dispendieux pour être prolongé : le 6 février au matin, lorsqu'on pouvait croire à des efforts redoublés de l'ennemi, les batteries gardèrent le silence. Dans la nuit suivante, il évacua ses positions, abandonna les ouvrages considérables qu'il avait élevés pour fortifier le village de Merxem et se retira, les Anglais dans la direction de Rosendael, les Prussiens dans celle de Lierre, laissant 20,000 sacs à terre, tous leurs outils, quelques mortiers et quelques affûts enfoncés dans le sable. Le siége actif fut en ce moment transformé en blocus.

« Carnot n'eut qu'à féliciter ses frères d'armes de leurs services : « Les troupes de terre et celles de la marine, ont rivalisé de zèle, dit-il, les nouveaux soldats se sont montrés dignes des anciens(1) ».

VIII.

Les traditions d'Anvers conservent encore d'une manière toute puissante, le souvenir des horreurs dont la ville fut le théâtre, sous la domination espagnole au XVI° siècle. Il n'est pas de foyer où de temps à autre, on ne rappelle avec une terreur rétrospective, le nom exécré du terrible proconsul de Philippe II, le duc d'Albe, le *Duc de fer*, où l'on ne remémore les crimes de la *Furie espagnole* et l'héroïsme des Anversois lors de la *Camisade d'Alençon*. Ces récits se trouvent au fond de tous les romans populaires et ont fait en partie la réputation du romancier flamand Henri Conscience. Il en était résulté à Anvers, sous la menace d'un bombardement prochain des anglais et peut être de toutes les horreurs d'un siége en règle, une sorte de crainte instinctive pour les procédés *soldatesques*, que les allures cassantes et autoritaires du duc de Plaisance avaient contribué à raviver. Cette manière de faire imprudente fut cause de la popularité immédiate de Carnot dont on connaissait le caractère droit et bienveillant. « Les habitants d'Anvers, » dit M. Ransonnet, son aide-de-camp, « furent rassurés par l'arrivée du général Carnot dans leurs murs. Rien ne saurait exprimer l'heureux effet de sa présence. Partout

---

(1) *Mémoires de Carnot*, t. II, p. 296.

on se disait : *Nous sommes sauvés!* Cette confiance était naturellement inspirée par la haute réputation militaire de Carnot et aussi par ce qu'on savait de son caractère. Mais il serait injuste de méconnaître ce que le duc de Plaisance avait fait pour la ville. Cet officier général, doué des plus nobles qualités, aurait brillé dans une position moins difficile et hors de parallèle avec un homme aussi supérieur que Carnot. Celui-ci le sentait et n'en parlait qu'avec bienveillance et courtoisie(1). »

« Cet homme de guerre, qui sut être à l'occasion indomptable et inexorable » dit un écrivain français à propos de Lazare Carnot, « était l'homme le plus tendre pour les siens, le plus affable pour les étrangers. Il se plaisait à dire que le dernier mot de la connaissance des hommes c'était : *Bienveillance*. Sa bonté allait jusqu'à la candeur; c'est ce qui avait fait dire à Napoléon : — « Carnot est facile à tromper. » — Napoléon se flattait et Carnot ne fut jamais sa dupe. Il n'en est pas moins vrai que l'optimisme, le désir de croire à la bonté d'autrui, était un des traits invariables de sa famille. On raconte qu'un de ses oncles allait sans cesse répétant : — « Les Bourguignons sont tous d'honnêtes gens. » — Cela ne l'empêcha pas d'être trompé par un compatriote, mais il s'en tira en alléguant que le trompeur n'était pas un bourguignon pur sang(2) ».

Carnot arrivant à Anvers, se retrouvait, se croyait encore dans sa vieille patrie bourguignonne. L'opposition constante qu'il avait faite à l'Empereur n'était un mystère pour personne; elle établissait une sorte de courant sympathique entre lui et ses nouveaux administrés. Dès son arrivée à Anvers, il sembla que le nouveau Gouverneur n'était pas un étranger. La simplicité, l'honnêteté de ses mœurs répondait à

---

(1) *Mémoires de Carnot*, t. II, p. 295.
(2) *Une famille républicaine : Les Carnot (1753-1887)*, p. 7.

celle de la population elle-même. Au lieu d'arriver à la tête d'un état-major brillant et arrogant, comme son prédécesseur, il arriva modestement accompagné seulement de son aide de camp Joseph Ransonnet, capitaine de corvette (fils du brave général Jean Pierre Ransonnet, de Liége, tué à la défense du petit St. Bernard) que Carnot traitait comme son fils adoptif. Sa suite se composait d'un secrétaire (ancien secrétaire du maréchal Ney), d'un domestique et de sa *cuisinière*, la fidèle Joséphine Briois dont le nom mérite d'être cité, car après avoir élevé ses enfants, elle fut sa consolatrice jusque dans les douleurs et l'isolement de l'exil ; elle n'avait pas hésité à accompagner son vieux maître, au milieu des périls d'un voyage accompli dans un pays occupé par l'ennemi (1).

La simplicité de cet équipage, qui répondait aux mœurs du pays, contribua à lui gagner tous les cœurs.

Ce fut avec un véritable plaisir que l'on vit Carnot, aussitôt son arrivée, se récrier contre le luxe de l'hôtel Cornelissen, place verte (appartenant aujourd'hui à M. Van den Abeele)(2), que la municipalité lui avait assigné comme habitation, et réduire au strict nécessaire les réquisitions que son personnel pouvait faire pour l'organisation de sa maison, qu'il voulait établir sur le pied d'une maison bourgeoise. « Je suis très étonné, » écrivait-il au maire, le 10 février, « que la personne chargée de faire l'état des meubles et des effets de ma maison ne se soit pas bornée au strict nécessaire. Je désire que les demandes qui seront faites pour mon compte, n'aient pas le caractère d'une réquisition forcée. Tous les effets détaillés dans la note ci-jointe sont inutiles (3). »

Carnot tenait beaucoup aux formes parlementaires, et

---

(1) *Mémoires de Carnot*, t. II, p. 290.
(2) Thys, p. 268.
(3) *Mémoires de Carnot*, t. II, p. 303.

loin de se réserver le commandement absolu de la place, il eut soin, dès son arrivée, d'instituer un conseil de défense qui se composait de l'amiral Missiessy commandant de la flotte, du préfet maritime Kersaint, de M. Savoye-Rollin préfet du département, des généraux Roguet commandant de la garde impériale, Ambert commandant de l'infanterie de ligne, Fauconnet commandant la place, et de plusieurs autres officiers supérieurs, auxquels s'adjoignit le duc de Plaisance, retenu à Anvers par l'occupation du territoire par l'ennemi. Cette institution, qui transformait le gouvernement d'Anvers en une autorité reposant, non sur l'obéissance aveugle, mais sur des convictions raisonnées (1), sembla déjà aux Anversois un retour vers leurs anciennes libertés communales, chères aux belges. C'était une maxime constante de la Convention, que Carnot continua à pratiquer, de prendre partout le peuple lui-même, comme point d'appui des opérations militaires.

Sans mentir à ses convictions de soldat, Carnot sut habilement tirer parti de sa popularité. Il importe de le dire, pour les Anversois la défense de leur ville n'était nullement œuvre nationale; que leur importait d'appartenir aux français, aux prussiens, aux anglais, tous étrangers ne parlant pas leur langue, aussi longtemps qu'ils ne pouvaient être belges! Ce qui les préoccupait, c'était surtout de sauver leurs propriétés en attendant des temps meilleurs, et ces propriétés étaient menacées par les démolitions que le duc de Plaisance avait ordonnées hors des murs et qui se poursuivaient avec activité (2). Les habitants du faubourg de Borgerhout et de St-Willebrord, leur curé en tête, vinrent solliciter Carnot d'épargner cet important centre

---

(1) *Mémoires de Carnot*, t. II, p. 296.
(2) MERTENS et TORFS, *Geschiedenis van Antwerpen*, t. VII, p. 125.

d'habitations. Ce n'était qu'en tremblant qu'ils s'adressaient à l'ancien collègue du farouche Robespierre, qu'on leur représentait comme un ennemi de la religion. Carnot les reçut avec beaucoup de bienveillance et leur promit d'aller visiter lui-même leur faubourg. « Tranquillisez-vous, Monsieur le curé, » dit-il, « j'aime le bon Dieu autant que vous et je ferai ce que je pourrai pour ne pas démolir sa maison. »
Il visita le faubourg, suivi de la population qui l'acclamait, et reconnut bientôt tout le parti militaire qu'on en pouvait tirer. Déjà ses défenses improvisées avaient arrêté avec succès les attaques des alliés dans les derniers jours; il suffisait de les perfectionner pour en tirer un parti encore bien plus considérable, comme excellent ouvrage avancé de la ville. En rétablissant l'ancien *fort de Dam*, il était possible de prendre des revers sur la position de Merxem et d'empêcher le retour d'une attaque des Anglais sur les bassins. « Les ignorants, » écrivait Carnot en 1793, lors de la défense de Dunkerque, « sont grands destructeurs de faubourgs, grands noyeurs de campagne, tandis que les gens instruits sont conservateurs ; au lieu de détruire des faubourgs, ils en font des postes avantageux à la défense même de la ville (1). » Carnot résolut de conserver le faubourg, malgré l'avis contraire qui prévalut au conseil de défense. En cédant aux habitants de Borgerhout, il n'obéissait qu'à des convictions militaires. Carnot était incapable de céder à d'autres, mais il se garda de l'avouer, et y mit pour condition, l'obligation de fournir les travailleurs nécessaires pour achever les retranchements, et de former un bataillon pour les garder. Ces conditions furent acceptées avec joie et reconnaissance par les habitants ; une conduite moins prudente les eût transformées en une charge et Carnot

---

(1) *Une famille républicaine : Les Carnot*, p. 155.

est encore considéré comme le bienfaiteur du faubourg(1).
— « La politique est ce qui ne se dit pas, » disait un publiciste contemporain de beaucoup d'esprit, Fiévée, rédacteur au *Journal des Débats*. — On commença aussitôt la construction d'une lunette de revers à l'emplacement de l'ancien fort de Dam, à laquelle Carnot donna le nom de *Lunette Avy*, en souvenir du jeune général glorieusement tué à Merxem, le 13 janvier ; elle a depuis reçu le nom de *Lunette Carnot*.

En décidant la conservation du faubourg de Borgerhout, le Gouverneur obéissait si peu au désir de se créer une popularité, ou à des sentiments de faiblesse, ainsi qu'on l'a insinué depuis, que l'on continua les démolitions autour de la ville sur tous les points où il n'y avait pas de motifs sérieux pour les suspendre. « Qu'on ne croie pas, » dit M. Génard, « qu'oubliant ses devoirs militaires, Carnot ait conservé St-Willebrord dans le seul but d'être agréable aux habitants. Bien des auteurs ont, suivant nous, mal interprété les intentions du Gouverneur français : au faubourg du Kiel, du Markgravelei et jusqu'à celui de Berchem, il fit abattre toutes les plantations et démolir tous les édifices qui auraient nui à la défense de la place ; trois jours après la reddition de Paris, les soldats de la marine minèrent et rasèrent l'église St-Laurent, dont le maintien présentait un danger pour la citadelle(2). »

Aussitôt le départ des anglais, Carnot fit démolir leurs retranchements. Merxem et le Dam furent mis en état de défense. On travailla activement à perfectionner toutes les défenses de la ville. « Le Gouverneur trouva dans ces travaux une occasion d'occuper les ouvriers privés de ressources par la guerre ; il les invita à travailler aux retranchements en

---

(1) *Mémoires de Carnot*, t. II, p. 312.
(2) GÉNARD, p. 374.

leur offrant les prix des tarifs ordinaires. Le nombre de ceux qui répondirent à l'appel fut considérable. Carnot fut admirablement secondé par les colonels d'artillerie et du génie Bergier, Hulot et Sabatier (1). »

« Chaque jour le Gouverneur montait à cheval pour passer des revues, visiter les fortifications, l'arsenal, les chantiers de la marine, les magasins, les hôpitaux; ces derniers établissements surtout (encombrés des blessés des derniers combats), le voyaient souvent. Son activité et sa prévoyance se manifestaient par un industrieux emploi des ressources, par une attention excessive aux plus petits détails... Invitation fut adressée aux particuliers d'envoyer du linge de pansement et de la charpie pour les blessés; M. Fleury, médecin en chef de la marine, que le Gouverneur avait mis en tête des hôpitaux, dirigeait ce service avec un zèle extrême; 80 forçats, extraits du bagne pour être transformés en infirmiers, s'acquittèrent très-bien de cet emploi (2). »

Afin de suppléer à l'effectif très-insuffisant de la garnison dont il disposait, Carnot enrôla dans l'infanterie les ouvriers des chantiers de marine; des soldats de la ligne et 200 ouvriers furent exercés aux manœuvres des canons, 200 ouvriers furent envoyés au fort de Lillo pour remplacer la garnison de 611 hommes, affaiblie par les maladies (3).

Des placards dont le style trahissait l'origine anglaise, avaient été affichés dans les campagnes et dans la ville. Ils menaçaient de réduire cette dernière en cendres au moyen de fusées à la congrève et rappelaient aux Anversois le massacre des bourgeois par les Français, sous le duc d'Anjou. Afin de gagner le bon vouloir de la population, ils affirmaient que durant le bombardement, les Anglais avaient

---

(1) *Mémoires de Carnot*, t. II, p. 299.
(2) Id., t. II, p. 310 et 311.
(3) Id., t. II, p. 310.

soigneusement ménagé les habitations de la ville et les églises, pour ne s'adresser qu'aux vaisseaux de l'empire français. Aux soldats et aux marins, ils promettaient le renvoi dans leurs foyers en cas de désertion ; en cas de résistance, la perspective de l'exil en Sibérie. Ces tentatives n'eurent que peu de succès, la garnison demeura fidèle, mais Carnot prescrivit de faire bonne garde(1). On brisa tous les jours la glace dans les fossés gelés, afin d'éviter les surprises ; on doubla les postes(2).

Le matériel d'artillerie français ne possédant pas de fusées à la congrève pour répondre au tir de ces engins, que les anglais avaient employés, Carnot en fit confectionner par le colonel du génie Sabatier et les fit essayer devant lui ; tous les forts furent également pourvus de fours à rougir les boulets(3).

Pour augmenter l'approvisionnement des vivres de la place, le Gouverneur invita les habitants de la campagne à en apporter en ville, promettant le paiement argent comptant. Ils affluèrent bientôt, même en traversant les lignes ennemies, trouvant plus de bénéfice à vendre les vivres à la garnison qu'à les laisser enlever en réquisition par l'ennemi. Carnot fit entreprendre devant lui des essais de dessication des denrées alimentaires et de distillation des eaux salées ou vaseuses pour les rendre potables. Durant tout le blocus, de petites expéditions furent organisées pour enlever les approvisionnements de vivres et de fourrages dans toutes les communes des environs. Grâce à ces sages précautions, la ville d'Anvers n'eut jamais à subir de pénurie de vivres, ni même leur renchérissement(4).

---

(1) *Mémoires de Carnot*, t. II, p. 304.
(2) Id., t. II, p. 310.
(3) Id.
(4) Id., t. II, p. 311.

IX.

Sous le gouvernement du duc de Plaisance, l'administration avait été fort négligée ; uniquement préoccupé des combats extérieurs, il n'avait pas formé de réserve de finances. « La détresse des officiers était telle qu'ils vendaient leurs meubles ou leurs effets de valeur, pour se couvrir et se chausser. Les matelots n'avaient pas de quoi payer leur tabac ; les soldats mendiaient dans les rues ; plus de trois mois de solde étaient arriérés. Carnot pressa la rentrée des contributions, en accordant des délais aux cotes inférieures à 30 francs (13 février). » Bientôt les besoins devinrent si pressants, que le Conseil de défense résolut de décréter un emprunt d'un million et demi, à souscrire par les capitalistes avec hypothèque sur le produit des contributions et les matériaux de la marine, évalués à 300 millions.

Dans les circonstances où l'on se trouvait, la couverture de l'emprunt était précaire, car si l'ennemi parvenait à s'emparer de la ville, son premier soin devait être de saisir le gage offert ; aucune souscription ne répondit à l'appel. Carnot prit alors le parti extrême de taxer les habitants notables et d'une richesse reconnue pour parfaire l'emprunt dans un délai fixé ; 20 banquiers des plus importants furent imposés de 18,000 francs ; 20 de 13,000 francs ; 20 de 9,000 francs ; 20 de 5,000 francs (14 mars). Ces ressources ne suffisant pas, peu de jours après (26 mars), 6 familles furent encore imposées de 6,000 francs ; 41 de 4,500 francs ; 63 de 2,500 francs (1). Beaucoup se récrièrent contre l'acte arbitraire du Gouverneur ; ils refusèrent de payer. Vingt-six des habitants les plus notables, furent arrêtés et conduits à la citadelle, où ils furent traités avec beaucoup

---

(1) MERTENS et TORFS. t. VII, p. 128. — Total, 1,278,000 fr.

d'égards[1]. On leur avait permis de faire meubler le logement qui leur était assigné et de s'y faire servir par leur domesticité; ils ne furent privés que de leur liberté. Bientôt leur résistance fut vaincue et on s'empressa de les relâcher. Cet emprunt forcé, qu'ils acceptaient avec beaucoup de mauvais vouloir, malgré qu'il n'eût d'autre but que d'éviter de cruelles souffrances à la ville, fut en réalité pour eux une affaire des plus fructueuses, car, ainsi que nous le verrons plus loin, à la fin du siége on leur restitua le montant de leur souscription en marchandises de l'arsenal, avec un très-beau bénéfice; au moment de cette liquidation, Carnot prescrivit d'être généreux; ce qu'on leur donnait était soustrait à l'ennemi. Plusieurs de ces *victimes* de Carnot devinrent ses amis et lui donnèrent des marques de sympathie dans son exil.

Tout en veillant au bien-être des troupes, Carnot ne cessait pas de se préoccuper des besoins de la population civile. Au moment du bombardement des Anglais, un grand nombre d'habitants s'étant réfugiés dans leurs caves et y ayant transporté leurs lits, on donna des instructions sur les moyens de désinfecter les réduits mal aérés afin de prévenir les épidémies. On donna aux habitants des instructions pour se préserver des effets des bombes. D'après les conseils de Carnot, les habitants s'étaient organisés en garde urbaine et en corps de pompiers. On les familiarisa avec la chute des projectiles et des boulets rouges, et les moyens de s'en préserver ainsi que leurs habitations. Leurs troupes circulaient en ville pendant le bombardement et n'eurent que fort peu de victimes, qui, presque toutes, payèrent leur imprudence ou leur curiosité. D'ailleurs nulle confusion et à peine quelques rassemblements dissipés sans effort. Partout où la flamme se déclarait on s'en ren-

---

(1) *Mémoires de Carnot*, t. II, p. 313.

dait maître promptement. Des affiches détaillées sur les mesures de précaution à prendre contre l'incendie, avaient été placardées dans toutes les rues (1).

Nous avons dit que Carnot s'était efforcé de donner de l'ouvrage à tous les ouvriers que la guerre laissait sans emploi. Il fit de plus appel à la charité publique pour procurer des secours aux plus nécessiteux. Ces appels n'eurent d'abord que fort peu d'écho. La facilité qu'il accordait aux paysans pour introduire leurs denrées en ville, donna même lieu à des abus. Les habitants des campagnes, peu favorables à la cause française et la croyant perdue, servaient ses ennemis comme espions et distributeurs de proclamations, ou agents provocateurs de désertion. Ils répandirent les bruits les plus extravagants. « Tantôt on parlait de la marche rapide et victorieuse des alliés sur Paris, tantôt on affirmait que ceux-ci quittaient la France ; on assurait que l'armée autrichienne était rappelée en Hongrie par une invasion des Turcs ; tantôt Napoléon était mort et prisonnier, tantôt il était triomphant. Ces bruits recueillis avec avidité et grossis de bouche en bouche, agitaient les esprits. Ce qui était plus grave encore, les paysans délivrés des contraintes de la police, arrêtaient les convois destinés à l'approvisionnement (2). »

Pour mettre un terme à cette situation, Carnot publia le 6 février, une proclamation menaçante :

« *Habitants d'Anvers* », disait-il, « l'ennemi est à vos portes. Une de ses plus folles espérances est d'entretenir parmi vous des idées fausses et des incertitudes sur votre situation. Vous serez défendus d'une manière digne de l'affection que vous porte l'Empereur et de l'importance qu'il attache à votre conservation. Méfiez-vous des séductions

---

(1) *Mémoires de Carnot*, t. II, p. 300.
(2) Id., t. II, p. 310 et 320.

par lesquelles on chercherait à ébranler votre fidélité. Vous en seriez les victimes.

« C'est à la négligence que vous avez mise à vous approvisionner, que je juge des mauvais conseils et des erreurs que l'ennemi a fait répandre parmi vous. D'après les règles ordinaires de la guerre, cette imprévoyance devrait déjà être retombée sur vous, car il était de mon devoir d'expulser sur le champ de la ville, la partie de la population qui n'avait pas pourvu à son approvisionnement.

« Il m'a paru plus conforme aux vœux de Sa Majesté et aux sentiments de mon cœur, d'écouter la vive sollicitude de M. le Préfet du département, qui m'a fait entrevoir la possibilité de remédier à cette négligence. Ce magistrat ne s'était pas flatté sans raison que les personnes riches de cette ville s'empresseraient de venir, par une abondante souscription, au secours de la classe indigente du peuple. Cette honorable entreprise est assez avancée pour qu'on puisse s'en promettre le succès. Au moyen de cette souscription, l'on a l'espérance de procurer des subsistances pendant la durée du siége à 15,000 individus pauvres. Mais ce bienfait ne pourrait s'étendre à ceux qui sont étrangers à la ville d'Anvers et qui n'y ont pas acquis droit de cité. A l'égard de ceux-ci, il est indispensable que des mesures soient prises immédiatement.

« Ce serait détourner le cours naturel de la bienfaisance que de faire participer des étrangers au détriment des compatriotes, à la souscription ouverte par les soins de M. le Préfet.

« Si c'est remplir les intentions paternelles de l'Empereur que de se prêter ainsi à tous les ménagements qui sont compatibles avec la défense de la bonne ville d'Anvers, c'est aussi un devoir pour les habitants de se soumettre à un cours d'événements que leurs inquiétudes et leur impatience ne peuvent ni changer ni modifier. Le besoin de l'ordre et du calme feront certainement préférer à toutes les autres dispositions, les mesures qui tendront à dégager la ville, d'une grande surabondance de population et de bouches inutiles. Si donc par humanité les autorités civiles et militaires consentent à supporter l'inconvénient, elles en seront sans doute consolées par la bonne conduite, la confiance et le patriotisme de la population qui restera dans les murs.

« *Habitants d'Anvers*, vous vous imposerez à vous-mêmes l'obligation de maintenir l'ordre et la tranquillité, ou bien elle vous sera imposée. Aucun cri de mécontentement ou d'impatience ne s'élèvera impunément parmi vous. A dater de ce jour, toute espèce de rassemblement extérieur de plus de cinq personnes, sera dissipé par la force armée et ceux qui l'auront composé, seront à l'instant même conduits hors des portes de la ville sans pouvoir y rentrer avant la fin du siége. »

« *Le Gouverneur*,
« Carnot (1). »

En même temps que Carnot prescrivait ces mesures rigoureuses, il cherchait à porter remède à la lourde charge que les habitants supportaient par les logements militaires ; il promit d'en délivrer la ville, si celle-ci donnait les locaux et les fournitures nécessaires pour loger des soldats. La municipalité s'empressa de satisfaire à cette réquisition, au grand contentement des Anversois et au profit du bon ordre (2).

---

(1) Le Poittevin de la Croix, p. 376.
(2) *Mémoires de Carnot*, t. II, p. 311.

X.

En 1793, dans ses instructions envoyées au général Valence, commandant en chef de l'armée des Ardennes, Carnot disait : « Livre de fréquents combats, aguerris les troupes, entretiens-y avec fermeté la discipline et l'exercice ; ne les fatigue point, mais tiens-les perpétuellement en haleine ; oblige les officiers généraux à les visiter chaque jour, à leur donner l'exemple de la moralité, de l'activité et du désir de vaincre. Ne compromets pas le sort des armées françaises ; attaque chaque jour, tantôt un poste, tantôt un autre, mais toujours avec des forces supérieures, à l'improviste et avec célérité. Change fréquemment de position pour déranger les combinaisons de l'ennemi. Harcèle l'ennemi, vis à ses dépens ; grossis les forces dans l'opinion, pour enflammer le courage de nos soldats et intimider les ennemis ; ne te plains pas sans cesse comme la plupart des généraux, car *on est à moitié vaincu quand on manifeste de la crainte et de la défiance de soi-même*. Monte une espionnage qui s'instruise de tout ; jette la terreur chez les ennemis, poursuis les sans cesse, ne te laisse jamais prévenir par eux, fais des coups de main qui demandent de l'audace, frappent de stupeur. Sois toujours prêt à profiter des fautes de l'ennemi.... Un revers n'est pas un crime, lorsqu'on a tout fait pour mériter la victoire ; ce n'est point par les événements qu'il faut juger les hommes, mais par leurs efforts et leur courage (1). » Tel fut le système de défense que Carnot établit à Anvers.

La division de la garde, formant la partie la plus solide et la mieux exercée de la garnison, fut soigneusement conservée

---

(1) *Une famille républicaine* : *Les Carnot*, p. 87, 90.

à l'abri du feu et dans les mains du Gouverneur, pour les coups de main, tandis que la surveillance des remparts demeura confiée aux troupes que l'on avait improvisées et par conséquent moins manœuvrières. Ce système fut assez vivement critiqué : « C'est *apoltronir* votre garnison, » disait-on « que de la tenir sous les blindages et des voûtes, loin du péril. » Carnot, dans son traité de la *Défense*, avait déjà répondu : « A ce paradoxe extravagant, contentons-nous d'opposer ces paroles du maréchal de Saxe, qui *n'apoltronisait* point ses soldats : *Il faut toujours réserver ses meilleures troupes pour les coups de main et ne pas leur permettre seulement de mettre le nez sur les remparts*(1). »

Afin d'aguerrir les troupes et d'assurer l'exécution de ses ordres, Carnot prescrivit de fréquentes sorties par de petits détachements chargés de surveiller les abords de la place et d'enlever, dans les villages environnants, les dépôts d'approvisionnements dont l'ennemi pouvait s'emparer et que la cupidité des paysans y retenait.

Le 9 février une petite sortie de 24 hommes, fut essayée par la garnison du fort de Liefkenshoek, contre les anglais ; trop peu nombreuse, elle fut enveloppée et faite prisonnière avec l'officier qui la commandait(2).

Le 10 février une forte reconnaissance d'anglais fut signalée à Berchem ; la garnison prit les armes mais la journée se passa sans incident.

Le 15 février les anglais se portèrent de nouveau en grand nombre sur Berchem. Le général Fauconnet en avertit le Gouverneur, qui montant à cheval, se mit à la tête d'un détachement de la jeune garde, pour les repousser. Quelques coups de fusil furent échangés et les anglais se retirèrent.

---

(1) CARNOT, *Défense des places*, p. XX et 495.
(2) *Mémoires de Carnot*, t. II, p. 308.

Le même jour un courrier venant de Lille apporta la nouvelle de la défaite de Blücher par l'Empereur, à Brienne, à Champaubert et à Sezanne.

Le 18 février un parlementaire apporta une lettre du général Bulow engageant Carnot à cesser sa défense et lui indiquant d'une manière insidieuse, le grand rôle qu'il pourrait jouer pour la pacification de la France, avec le concours des alliés.

« *Monsieur le général,*

« J'avais appris par des lettres interceptées de Paris, que Votre Excellence devait remplacer le duc de Plaisance et j'en félicitais d'avance la ville d'Anvers. La confiance nationale vient donc réparer le tort qu'un monarque ambitieux avait commis; elle ramène à une place importante l'homme qui ne devait jamais en occuper une autre. Votre Excellence connaît l'état de sa patrie aussi bien et mieux peut-être que moi; elle vient de l'intérieur et son œil exercé aura observé les maux qui menacent la France. Les grandes armées sont à 15 lieues de Paris, le général Wellington avance de Bayonne, les généraux Blücher et Winzingerode ont dépassé Châlons et Reims; Bois-le-Duc est rendu; Gorcum vient de capituler; de nombreux renforts de troupes allemandes et hollandaises m'arrivent tous les jours; le Prince Royal de Suède avec l'armée du Nord, arrive au Rhin et partout, au cœur de la France même; l'esprit du peuple nous prouve que nous sommes les bien venus. Il n'est pas douteux que l'empire tyrannique d'un souverain qui a fait le malheur de la France et de l'Europe tire à sa fin. Ce ne sont point les français que nous combattons : Votre Excellence le sait, elle s'en sera persuadée par l'esprit de modération qui distingue les proclamations des souverains alliés; elle s'en sera convaincue par l'équité qui a dicté les mesures de tous les généraux pour ménager un peuple malheureux dans ce moment. Aujourd'hui il ne s'agit point de partager la France et d'en forcer les habitants à accepter contre leur gré, un nouveau souverain ; il s'agit de finir les maux de vingt années de guerre et de malheurs ; il s'agit de les finir aussitôt que possible. Voilà, mon Général, le point de vue d'où il faut partir pour nous juger, le seul, peut-être le plus beau qui ait jamais existé. Les peuples de l'Europe doivent tous être rendus à la paix, au bonheur, au repos.

« Votre Excellence, dont les talents, comme militaire et comme homme de cabinet, sont également connus, dont le caractère juste et loyal ne s'est jamais démenti, Votre Excellence se trouve aujourd'hui dans une situation à pouvoir effectuer un bien infini, si elle le veut. Qu'elle se mette à la tête d'un peuple qui brise ses fers, qu'elle organise ses moyens, qu'elle prépare le bien futur de la France, qu'elle fasse un effort courageux et qu'elle s'immortalise en formant un parti décidé à délivrer sa patrie. Je me ferai un devoir de la soutenir de toute manière. Je jouirai d'une satisfaction particulière à pouvoir contribuer au bien de la France par les français eux-mêmes.

« Quelle que puisse être la résolution de Votre Excellence, elle ne changera rien aux sentiments de la profonde estime et de la haute considération, etc.

COMTE DE BULOW. »

Quartier général de Bruxelles.
11 février 1814.

Carnot s'empressa de lui faire parvenir la réponse suivante, aussi froide que digne :

« *Monsieur le Général,*

« J'ai trop à cœur de conserver l'estime dont vous me donnez le témoignage par votre lettre, pour ne pas défendre par tous les moyens qui sont en mon pouvoir le poste honorable que m'a confié Sa Majesté l'Empereur des Français.

« Plus nous avons essuyé de malheurs, plus nos offerts sont nécessaires pour les réparer ; j'ai le bonheur de commander dans une place aussi bien *armée contre les séductions* que contre la force ouverte, et la loyauté de ma nombreuse garnison est égale à son courage.

« Nos vœux sont pour une paix honorable, que nous savons ne pouvoir obtenir que par des victoires, et celles que nous venons de célébrer nous donnent l'espoir qu'elle ne se fera pas attendre longtemps.

« Croyez, Monsieur le Général, que les défenseurs d'Anvers ne gâteront pas l'ouvrage si heureusement commandé par leur Souverain et veuillez agréer etc.

Le Général de Division, Gouverneur,
CARNOT. »

Anvers, 18 février 1814.

Les victoires de Brienne, Champaubert et Sezanne avaient été célébrées à Anvers par un *Te Deum* à la cathédrale et un grand banquet ; le soir le Gouverneur s'était rendu au théâtre où il avait été fort acclamé ; la ville fut illuminée. Le chef d'escadron Briqueville, qui fut envoyé en parlementaire porter la réponse de Carnot, se fit un malin plaisir de raconter aux avant-postes alliés, que si l'on entendait la canonnade, c'était la fin des fêtes qui célébraient le triomphe de l'Empereur.

La froide réponse faite par Napoléon aux propositions que M. de St-Aignan avait été chargé de lui présenter, et les succès des alliés avaient aggravé le désastre de la France au point qu'au Congrès de Châtillon, le 5 février, les alliés proposèrent de conclure la paix sur le pied des limites de 1792. « L'Empereur de Russie » dit le général Jomini, « voulait rendre à Napoléon la visite de Moscou,

et aider à la conquête d'Anvers pour qu'on lui cédât Varsovie. L'Autriche épousa les intérêts de l'Angleterre, quoiqu'il lui importât peu que Napoléon conservât les établissements maritimes d'Anvers, mais elle consentait à conquérir Anvers pour être sûre de ressaisir Milan tout en gardant Venise (1). »
Dans la situation désespérée où il se trouvait, Napoléon avait accordé *carte blanche* au maréchal Caulaincourt, duc de Vicence, pour traiter sur cette base, lorsque tout-à-coup la victoire de Champaubert lui rendit l'espérance et, le 17 février, il révoqua les pouvoirs illimités donnés à son plénipotentiaire pour reprendre les conditions de Francfort.
A Ste-Hélène Napoléon, revenant au superbe établissement d'Anvers, remarquait que cette place était l'une des grandes causes qu'il fut à Ste-Hélène ; que la cession d'Anvers était un des motifs qui l'avaient déterminé à ne pas signer la paix de Châtillon ; si on eut voulu la lui laisser peut-être eut-il conclu (2). La ferme attitude de Carnot à Anvers répondait complètement aux vues de Napoléon et des encouragements lui furent adressés pour y persévérer, en accentuant sa résistance par des actions plus énergiques encore.

L'occasion s'en présenta bientôt. Le Gouverneur apprit qu'un convoi de vivres des alliés passait à portée de la place. Le 27 février le général Roguet sortit à la tête des lanciers et de plusieurs bataillons de la garde, par la porte Rouge ; il se dirigea vers Mortsel, où il eût un brillant engagement avec les alliés et ramena 18 prisonniers, enlevant la caisse des officiers saxons.

Le 6 mars cinq embarcations anglaises tentèrent de surprendre Liefkenshoek en se cachant le long des rives. Un chaloupe canonnière commandée par l'aspirant Leprêtre les héla du bord. Les anglais tentèrent de l'aborder de force,

---

(1) JOMINI, *Vie politique et militaire de Napoléon*, t. II, p. 358.
(2) *Mémorial de Sainte-Hélène*, t. VII, p. 58.

mais ils furent repoussés à coups de piques et de pistolets, au moment de l'abordage et périrent dans l'Escaut.

Les anglais s'étaient emparés du fort Fréderic-Henri et de ce point bombardaient Lillo. Carnot ordonna au navire *l'Anversois* de descendre l'Escaut pour détruire ces batteries, en même temps que des troupes les abordaient par terre. Les anglais furent obligés de se retirer.

XI.

En ce moment le général Maisons, après avoir quitté Anvers le 12 janvier, où il laissait la division Roguet, poursuivait son étonnante campagne de Belgique, dont Napoléon se plaint à diverses reprises dans sa correspondance, mais qu'ensuite, mieux informé, il loue dans le *Mémorial de Ste-Hélène* : « ses manœuvres autour de Lille, dans la crise de 1814, avaient attiré mon attention et l'avaient gravé dans mon esprit(1) » dit-il. — « Le général Maisons, » dit Thiers, « après avoir jeté à la hâte quelques bataillons de dépôt et quelques vivres dans les places de Bergen-op-Zoom, d'Ostende, de Dunkerque, de Valenciennes, de Maubeuge, de Condé, de Lille, couvrait avec 5 à 6000 hommes l'une de ces places, dégageant tantôt celle-là, tantôt celle-ci, détruisant de temps en temps de gros détachements ennemis, et occupant par une guerre d'embuscade, le prince de Saxe-Weimar qui, avec 40 ou 50,000 hommes, n'était pas parvenu à déloger les français du labyrinthe de leurs forteresses. Tandis que le général Maisons exécutait ainsi de véritables prodiges de hardiesse et se couvrait de gloire, en résistant avec une poignée d'hommes à des attaques

---

(1) *Mémorial de Ste-Hélène*, t. VI, p. 328.

formidables, le général Bizanet, réduit à défendre avec 2,700 hommes la place de Bergen-op-Zoom, qui aurait exigé une garnison de 12,000 hommes, n'avait pu empêcher les soldats de Graham, favorisés par un mouvement populaire, de s'élancer à l'escalade et d'entrer victorieux dans la ville (7 mars). Mais sans se troubler, il avait fondu sur les colonnes anglaises, les avait culbutées l'une après l'autre, leur avait tué 1,500 hommes et leur en avait pris 2,500. — Le prince de Saxe-Weimar ayant fait une tentative semblable sur Maubeuge, défendue par le colonel d'artillerie Schouller, à la tête d'un millier de gardes nationaux et de douaniers, avait vu son artillerie démontée, ses soldats rejetés hors des ouvrages et son entreprise déjouée de la manière la plus humiliante (19 mars). »

« Le général Maisons (qui n'avait pas plus de 6000 hommes pour occuper la Flandre), qui cherchait les moyens d'attirer à lui la division Roguet, saisit l'occasion que lui offrait la tentative manquée contre Maubeuge, pour se porter à Anvers à travers les masses ennemies. Réunissant les deux divisions Barrois et Solignac, fortes de 6000 fantassins, la division de cavalerie Castex, comprenant 1600 chevaux, il sortit de Lille..., culbuta les détachements qui occupaient Courtrai (5 mars), feignit de les poursuivre sur Audenaerde, afin de se porter sur Gand(1) » pour y donner la main à la division Roguet qui avait été prévenue du mouvement à Anvers. Le général Maisons fut arrêté à Audenaerde, pourvu de bonnes fortifications et défendu par le colonel Hobe, au secours duquel se porta le général Borstel. Le général Penne chargé de se porter sur Gand et d'y entrer par surprise au point du jour, ne put y réussir. Le comte Maisons se retira après une courte canonnade,

---

(1) THIERS, *Histoire du Consulat et de l'Empire*, t. XIX, p. 8.

sur Courtrai (6 mars), sans autre perte qu'une douzaine d'hommes(1).

Carnot informé du mouvement du général Maisons avait ordonné le 7 mars, au général Aymar de passer l'Escaut avec 1800 hommes de la jeune garde et 2 pièces de canon, pour aller s'établir à Beveren et pousser des avant-postes vers Gand, afin de se mettre en relation avec le général Maisons. Le but avoué de l'expédition était de recueillir en Flandre des approvisionnements pour Anvers. Le 8 le général Aymar occupait Beveren, où il se retranchait, tandis que le colonel Bardin avec les tirailleurs de la garde s'emparait le 9 mars de St-Nicolas dont il chassait les cosaques. En même temps le colonel Bignon se portait sur Hulst où il frappait une forte contribution de guerre. Le 10 mars le colonel Bardin se portait de St-Nicolas sur Waesmunster et mettait en fuite le régiment de dragons du prince Guillaume de Prusse, fesant 20 prisonniers. Le colonel Bardin y reçut avis du mouvement manqué du général Maisons et rentra à Beveren. Le général Aymar continua à occuper Beveren, tout en fesant entrer à Anvers un important convoi de vivres et d'argent recueillis en Flandre(2), et aussi d'importantes nouvelles de France : le gain de la bataille de Craône le 6 mars par Napoléon et la reprise de Bergen-op-zoom.

Le 10 mars le Gouverneur d'Anvers, afin de pourvoir au service journalier de la garnison et aux difficultés du commerce de détail, ordonna la fabrication d'une *monnaie obsidionale* en cuivre, en pièces de 5 et 10 centimes, valeur intrinsèque du métal. M. Walschot, fondeur de la marine, fut chargé de cette fabrication au moyen du cuivre de l'arsenal et de débris de canons et de vieilles feuilles de

---

(1) *Victoires et Conquêtes*, t. XXIII, p. 47.
(2) Suivant le *Journal de l'Empire*, il ramenait aussi 600 prisonniers alliés.

doublage des navires hors de service; on en fabriqua pour une valeur de 18,507 francs qui fut versée à la caisse du payeur général(1).

Les forces du général Maisons rassemblées à Courtrai le 6 mars, furent obligées de se replier sur Lille devant les forces supérieures du duc de Saxe-Weimar. Celui-ci se dirigea sur Maubeuge et le général Maisons reprenant son projet, sortit de nouveau de Lille, le 25 mars, sous prétexte de porter secours à Maubeuge, entra dans Courtrai et pour mieux abuser l'ennemi, en lui persuadant qu'il se proposait de marcher sur l'Escaut, il le fit poursuivre pendant quelques heures sur la route d'Audenaerde. Après un temps de repos, la brigade Penne avec de la cavalerie et de l'artillerie légère, se dirigea de Courtrai vers Deynze et Gand. Cette place était occupée par un pulk de cosaques et le noyau d'un régiment insurgé belge de nouvelle levée; ses portes étaient défendues par de l'artillerie. Elle fut enlevée en un instant par les troupes de Maisons, qui frappa la ville d'une importante contribution destinée à acquitter la solde arriérée de ses troupes.

Maître de Gand le 26 mars, le général Maisons apprit que les coureurs russes se montraient aux environs de Lokeren; il détacha le colonel Vilatte avec 50 lanciers et une compagnie de voltigeurs, avec ordre d'entrer en relation avec Anvers et de porter des dépêches au général Carnot(2).

---

(1) Cette monnaie portait sur la face ou avers, l'N impérial entouré d'une couronne de lauriers avec ANVERS, 1814 en exergue; au revers la valeur de la pièce de monnaie et pour exergue MONNAIE OBSIDIONALE. Après la proclamation de Louis XVIII, le fondeur, pour faire preuve de royalisme et sans attendre l'assentiment de Carnot, substitua à l'N impérial, le double LL royal. D'après l'arrêté du Gouverneur, 40 pièces de 10 centimes ou 80 pièces de 5 centimes, devaient peser un kilogramme.

(2) *Victoires et conquêtes,* t. XXIII, p. 338.

Le colonel Vilatte atteignit sans encombre le général Aymar à Beveren.

« Monsieur le Gouverneur, » écrivait de Gand le 26 mars, le comte Maisons à Carnot, « l'intention de Sa Majesté est que je retire toutes les troupes de ligne ou de la garde impériale qui se trouvent à Anvers, que je prenne également 2000 hommes de la garnison de Bergen-op-Zoom et que je renforce d'autant mon corps d'armée. Sa Majesté pense qu'il restera 3000 marins à Anvers pour la défense de la place. Pour remplir les intentions de l'Empereur je vous prie de mettre en marche demain matin, pour se rendre à St-Nicolas et après demain de bonne heure à Termonde, la division du général Roguet, ses sapeurs, ses 14 pièces, ses caissons à cartouches, les gibernes des soldats complètes, de faire partir également pour Termonde tous les lanciers et chasseurs de la garde, moins 25 chevaux de chaque arme que vous garderez et qui seront commandés par deux officiers. Faites également partir un demi bataillon du 28e que vous avez, un du 58e et un du 4e léger, ainsi qu'une compagnie d'artillerie à pied du 8e régiment. Il faut que toutes ces troupes soient rendues ici ou à Termonde le 28 dans la journée, ou du moins vers le soir, les opérations dont je suis chargé ne souffrant aucun retard. Je sais ce qu'un pareil ordre a de fâcheux pour vous, mais je prends beaucoup sur moi en vous laissant la majeure partie des troupes de ligne(1). »

Ces ordres causèrent à Carnot un véritable désespoir, car il voyait s'anéantir, faute de troupes, tous les efforts qu'il avait faits pour assurer la conservation d'Anvers. Il ordonna néanmoins à la division Roguet de passer l'Escaut pour rejoindre la brigade Aymar à Beveren. Ces troupes réunies

---

(1) *Mémoires de Carnot*, t. II, p. 321.

devaient prendre leurs dispositions pour forcer le passage à Lokeren et de là rejoindre le corps de Maisons.

Toutefois, il envoya à franc-étrier, une estafette au général Maisons, afin de lui exposer la difficulté de sa position : « En obtempérant aux ordres de l'Empereur, » lui disait-il, « je suis obligé de vous déclarer, Monsieur le Général en chef, que ces ordres *équivalent à celui de rendre la place*.... L'enceinte est immense et il faudrait au moins 15,000 hommes de bonnes troupes pour la défendre. *Il ne reste donc plus ici qu'à se déshonorer ou à mourir. Je vous prie de croire que nous sommes tous décidés à ce dernier parti.*

« Je crois, Monsieur le Général en chef, que si vous pouvez prendre sur vous de me laisser au moins la troupe de ligne et l'artillerie, vous rendrez à Sa Majesté un très grand service. Mais tout sera prêt à partir demain, si je ne reçois contre-ordre, que j'attendrai avec la plus grande impatience et la plus grande anxiété. »

L'Amiral Missiessy joignait à cette lettre un état du personnel de l'escadre, chargée désormais à peu près exclusivement de la défense de la place, en même temps que de la garde des navires et du service à bord des petits bâtiments employés à assurer les communications avec les forts de l'Escaut : 2,500 hommes tout compris, états-majors, infirmes et surnuméraires(1).

L'estafette emportait avec la dépêche au général Maisons, une *lettre ouverte* adressée au maréchal Clarke duc de Feltre, renfermant la copie des pièces précédentes auxquelles Carnot ajoutait :

« Quand j'ai offert mes services à l'Empereur, *j'ai bien voulu lui sacrifier ma vie, mais non point mon honneur.* Vous savez, Monsieur le duc, que je ne suis pas dans

---

(1) *Mémoires de Carnot*, t. II, p. 322.

l'usage de dissimuler la vérité, parce que je ne cherche pas la faveur. *La vérité est que l'état où vos ordres me réduisent est cent fois pire que la mort, puisque je n'ai de chance, pour sauver le poste qui m'est confié, que la lâcheté de l'ennemi*(1). »

L'estafette fit diligence, et dès le même jour elle rapportait du général Maisons la réponse suivante : « Je reçois les lettres que vous m'avez fait l'honneur de m'écrire ce matin. Ce que vous me dites, je l'ai écrit et senti dès longtemps moi-même. Vous avez pu voir par ma première lettre que j'appréciais les embarras et la peine que vous deviez éprouver. Quelque chose qui puisse arriver, je ne me sens pas le courage de vous laisser dans la position où vous seriez en vous ôtant les troupes que vous réclamez. Gardez donc toute l'artillerie et l'infanterie. Je connais Anvers : cette place immense a des parties qu'on ne peut défendre qu'avec beaucoup de troupes. Je souhaite que celles que je vous laisse suffisent pour repousser les tentatives de l'ennemi (2). »

Le 27 mars la division de la garde impériale du général Roguet, déjà rassemblée à Beveren, à laquelle se joignit le duc de Plaisance qui saisit cette occasion pour quitter Anvers, se porta sur Termonde et passa l'Escaut, feignant de se diriger sur Bruxelles. A la faveur de ce mouvement elle fit sa jonction avec le général Maisons à Gand, lui amenant un renfort de 4000 fantassins, 250 chevaux et 14 bouches à feu. « Le général Maisons, » dit Thiers, « disposant alors de 12000 combattants, vit les nombreuses colonnes de l'ennemi se détourner du blocus des places pour marcher sur lui, et notamment le prince de Saxe-Weimar qui s'apprêtait

---

(1) *Mémoires de Carnot*, t. II, p. 323.
(2) Id.

à lui fermer la retraite avec une masse de 30000 hommes. Il ne perdit pas un instant, revint sur Courtrai, passa sur le corps de Thielman, auquel il tua ou prit environ 1200 hommes, et à la suite d'une expédition de six jours, rentra victorieux à Lille(1) »

L'âme énergique de Carnot était capable de supporter les plus fortes épreuves. Encouragé, réconforté en quelque sorte par le concours loyal de Maisons, il reprit sa ferme sérénité, un instant ébranlée par les mesures que le ministre de la guerre avait ordonnées pour la garnison d'Anvers, et afin d'atténuer l'effet de sa lettre précédente, il adressa au ministre un rapport général sur la situation, que le général Roguet fût chargé de lui faire parvenir.

« Notre situation actuelle est très-bonne. Je fais des sorties fréquentes pour tenir l'ennemi en échec et me procurer des vivres. J'en ai pour plus de trois mois. La place est dans le meilleur état de défense ; l'artillerie des remparts est formidable. La terre et la marine s'accordent parfaitement. On me seconde bien. Bulow m'a fait une espèce de sommation à laquelle j'ai répondu comme je devais le faire. *La ville d'Anvers est la plus heureuse de toute la Belgique, peut-être de toute la France.* Les habitants me témoignent une grande confiance, quoique je leur fasse donner beaucoup d'argent et d'objets de tout genres, nécessaires à la garnison. J'ai fait battre une monnaie obsidionale de cuivre qui a cours sans difficulté. J'ai fait raser les faubourgs jusqu'à 300 toises, *sauf les points qui m'ont paru plutôt utiles que nuisibles à la défense*, et les habitants de ces faubourgs m'ont presque remercié de ne leur avoir fait que le mal inévitable (2).

---

(1) THIERS, T. XIX, p. 9.
(2) *Mémoires de Carnot*, t. II, p. 312.

XII.

Pour comprendre l'étrange manœuvre qui avait eu pour résultat de réduire la garnison d'une place en état de siége, précisément au moment où elle se trouvait aux prises avec l'ennemi, il importe de rappeler les faits qui se produisaient à l'extérieur, dont, sans aucun doute Carnot fut informé par ses communications avec le général Maisons et qui créaient au Gouverneur d'Anvers, des responsabilités nouvelles.

L'Empereur, en laissant le général Maisons en Belgique, n'avait eu d'autre but que de contenir Bulow et de l'empêcher de rejoindre le gros de l'armée alliée qui s'avançait en Champagne(1). Mal informé des événements en Belgique, au milieu des agitations et des déplacements incessants de son quartier-général, il voyait sans cesse croître autour de lui les adversaires, et accusait Maisons de faillir à sa mission; il le supposait demeurer dans l'inaction et ne cessait de le pousser à l'offensive : « Je suis mal servi dans le Nord, » écrivait-il, « le général Maisons est un homme qui a l'esprit étroit et peu d'énergie; faites-lui renouveler l'ordre, par le ministre de la guerre, de sortir des places et d'attaquer l'ennemi en tombant séparément sur ses quartiers.... » Dans son excitation il devenait dur : « Je suis mécontent du général Maisons *qui fait des bêtises*. Que le ministre de la guerre lui demande de ma part *s'il a peur de mourir*, qu'il lui donne l'ordre de réunir les garnisons des places et de tomber sur l'ennemi.... » (2).

— « Est-ce en s'enfermant dans Lille » écrivait-il, « *en y dormant et y recevant des repas*, que le général Maisons

---

(1) *Corr.* T. XXVII, p. 175.
(2) *Id.*, t. XXVII, p. 50, 58, 234, 272, 279, 282, 296.

croit répondre à ce que j'attendais de lui? Ecrivez-lui ferme et fort, et que douze heures après, son quartier-général soit à plusieurs lieues en avant de sa position actuelle. S'il marchait sur Anvers et qu'il réunît à ses forces tout ce qui se trouve dans les petites garnisons des places de Flandre, il disposerait très-facilement d'une armée de 15000 hommes, avec laquelle il pourrait se porter sur les derrières de l'ennemi et le faire trembler (1). »

Tous les efforts de l'Empereur tendent à provoquer la levée en masse de la population. Publiez sans retard, écrivait-il, les violences commises par les alliés; « il faut que les villes qui ont été occupées par l'ennemi envoient des députés à Paris pour y faire le récit de ce qu'ils ont vu et appris, de ce qui s'est passé chez eux ; il faut qu'il y ait là des écrivains pour recueillir ce qu'ils disent. L'ensemble de ces faits produira *la rage et l'indignation*. C'est alors que chacun sentira la nécessité de courir à sa défense, plutôt que de voir sa femme ou sa fille violée, que d'être accablé de coups de bâton, que d'être pillé, volé et accablé de tous les genres d'outrages.... » — « Avez-vous la tête si dure? Pourquoi ne vouloir pas me comprendre, » écrit-il à Savary ministre de la police, « ce n'est pas des extraits de lettres qu'il faut publier, mais les lettres tout entières, avec le nom de la personne qui écrit et celui de la personne à qui la lettre est adressée.... Toutes les fois qu'on se bornera à faire des extraits, à faire des tableaux, le public n'y croira pas (2). » — Il menace de mort les maires qui n'obéiront pas à cette impulsion : — « Nous avons décrété que tout les maires, fonctionnaires publics et habitants qui, au lieu d'exciter l'élan patriotique du peuple, le refroide-

---

(1) *Corr.*, t. XXVII, p. 230.
(2) *Id.*, t. XXVII, p. 246, 247, 279.

ront, ou dissuaderont les citoyens d'une légitime défense, seront considérés comme traitres et traités comme tels (1). »
— Levées en masse de la garde nationale : — « Les compagnies seront habillées de l'*habit gaulois* ou blouse bleue, et auront des schakos et buffletteries noires. Par ce moyen, chaque ouvrier, chaque bourgeois met sa blouse et se trouve en uniforme. » Il ajoute, singulière préoccupation en un semblable moment : « Ce vêtement me paraît si commode que peut-être un jour je l'adopterai pour les troupes de ligne (2). » — L'Empereur recourt aux expressions les plus violentes : « Je préférerais qu'on égorgeât mon fils, plutôt que de le voir élever à Vienne comme un prince autrichien (3). »

Dans la lutte homérique de l'immortelle campagne de France, Napoléon, profitant de tous les faux mouvements de l'ennemi pour lui porter des coups terribles, avec une fécondité de ressources, une présence d'esprit, une fermeté indomptables dans sa situation désespérée, toujours vainqueur et toujours obligé de reculer, usant peu à peu les vaillantes phalanges, qui sous sa direction, fesaient des prodiges de valeur, Napoléon en arriva à la frénésie. Il voulait sacrifier avec lui jusqu'aux dernières ressources de la France. Après avoir blâmé les généraux qui, devant des forces supérieures, avaient évacué les places qu'ils étaient impuissants à défendre, il n'hésite plus à sacrifier ces places elles-mêmes, à appeler à lui pour grossir son armée épuisée, la garnison des places de l'Ardenne, de Mayence, de Maestricht, de Venloo, de Wesel, de Grave, de Strasbourg et d'Anvers même : « Réitérez l'ordre au général Maisons, et donnez-en avis à

---

(1) *Corr.*, t. XXVII, p. 289.
(2) Id., t. XXVII, p. 292.
(3) Id., t. XXVII, p. 133, 262.

Carnot, de réunir les forces des garnisons, y compris celles d'Anvers, et de tenir la campagne. L'ennemi néglige mes forces-mortes et mes places pour Paris. » — « Envoyez un officier au général Maisons pour lui faire comprendre combien je trouve ridicule son inertie et son peu d'activité dans un moment aussi important. Puisque l'ennemi se dissémine et ne voit que Paris, le général Maisons pourrait dégager Gorcum et en réunir la garnison à ses troupes en abondonnant la place... (1) »

L'excitation fiévreuse d'une lutte sans pareille, justifie les excès ; mais ils dépassèrent la mesure et Maisons blessé de ces accusations injustes, refusa de reprendre du service plus tard, aux *Cent jours* (2). Des patriotes tels que Maisons et Carnot, plus calmes que Napoléon et le jugeant perdu, songeaient encore à réserver les dernières ressources de la France.

Les mouvements du général Maisons sur Anvers avaient obligé les anglais à se concentrer, dans la crainte d'une attaque, et à s'éloigner de la place. Bientôt ils apprirent le départ d'une partie de la garnison ; ils se hâtèrent de resserrer de nouveau le blocus avec l'espoir de profiter de quelque moyen de surprise ou de quelque trahison. Toutes les routes qui entouraient Anvers, furent coupées afin d'empêcher la garnison de sortir de la place.

Des tentatives de corruption furent faites sur les officiers. Un jour, le général Ducos, qui avait le commandement de la citadelle, vint dénoncer au Gouverneur, l'offre de 500,000 francs, puis d'un million, qui lui avait été faite pour livrer son poste ; offre repoussée avec dignité.

« Il fallait redoubler de surveillance et de précautions. Carnot désigna un *officier du génie* chargé exclusivement de

---

(1) *Corr.*, t. XXVII, p. 203, 272, 279, 282, 289, 318, 319.
(2) Id., t. XXVIII, p. 107, 111.

visiter chaque jour toutes les parties de l'enceinte fortifiée, pour reconnaître les points faibles ou dégradés ; il fit condamner toutes les poternes et lever les planches des ponts dormants, inutiles désormais, puisque toutes les sorties étaient devenues impossibles par l'absence de cavalerie. Pour ne pas harasser de fatigue sa phalange si peu nombreuse, il distribua le service des patrouilles de nuit entre la ligne et la gendarmerie, les marins et les ouvriers militaires, la garde urbaine et la compagnie administrative de la marine, qui mérita par son zèle et son dévouement, les félicitations particulières du Gouverneur(1). »

Des nouvelles alarmantes répandues avec soin par les anglais au sujet des événements qui s'accomplissaient autour de Paris, commençaient à pénétrer en ville, et jetaient un grand trouble dans la garnison et la population. Déjà les vieux soldats parlaient de trahison et disaient qu'il fallait quitter les drapeaux portés par des traîtres. On était convaincu que le Gouverneur devait être informé de la situation et on se demandait les motifs qui l'engageaient à la céler au public. Dans les premiers jours d'avril, le major-général anglais Mackensie, informa le Gouverneur de la reddition de Paris, après une action dans laquelle l'armée française avait été totalement défaite sous les murs de la capitale. Le Gouverneur, mis en défiance, lui répondit laconiquement : « Vos nouvelles sont fausses : l'Empereur est victorieux. » Mais comme les mauvaises nouvelles se succédaient, Carnot estimant que la plus sage des politiques pour conserver la confiance de la population, était de lui dire exactement la vérité, se décida à lui faire connaître par une proclamation, l'état réel des choses.

« Le bruit se répand que la grande armée des alliés est

---

(1) *Mémoires de Carnot*, t. II, p. 324.

entrée dans Paris. Cette nouvelle est peu vraisemblable, puisque tout indique au contraire qu'ils ont éprouvé des échecs considérables. Mais fût-il vrai qu'ils occupent la capitale, nous devons être sans alarmes sur le sort de la patrie; cette capitale deviendrait leur tombeau.

« Isolés comme nous sommes du théâtre de tant d'événements, de crimes et de dévastations, conservons jusqu'à la fin l'attitude qui convient à un peuple loyal et fidèle, captivons par notre persévérance, par notre sagesse, par le dévouement que nous devons à nos lois toujours existantes, l'estime de nos ennemis mêmes. L'état de choses actuel ne peut subsister : la crise est trop forte pour que la paix puisse être différée; bientôt elle terminera les malheurs de l'Europe et fixera notre destinée nécessairement honorable(1). »

Loin de relâcher sa surveillance, Carnot redoubla de précautions, afin de bien marquer son intention de continuer la résistance. Ayant appris que les habitants d'Hoboken avaient ouvert l'écluse des inondations du sud, il ordonna aussitôt de boucher cette écluse et menaça de rompre toutes les digues de l'Escaut et d'inonder toute la contrée, si on s'avisait de la déboucher encore.

Le 10 avril les nouvelles prirent un caractère plus positif. Un parlementaire suédois vint apporter à Carnot une lettre du prince Royal de Suède, avec lequel Carnot avait eu autrefois des relations assez suivies, lorsqu'il portait encore le nom de Bernadotte.

« Monsieur le général Carnot, j'envoie auprès de vous mon aide-de-camp général, l'amiral Gyllenskold, qui a toute ma confiance et qui vous mettra au fait des derniers événements qui ont eu lieu à Paris. Vous verrez par les communications

---

(1) *Mémoires de Carnot*, t. II, p. 325.

que cet officier général est chargé de vous faire, que l'Empereur Napoléon est déchu du trône et que le Sénat Conservateur va offrir la couronne à Louis XVIII, après avoir posé les bases d'une constitution libérale et répondant parfaitement aux principes que vous connaissez. En vous proposant de remettre la forteresse dont vous avez le commandement, et de joindre vos troupes à celles que je mène à la conquête de la paix, je témoigne de mon désir de conserver à la France un homme qui peut encore lui être si utile par ses talents si distingués, et je vous donne la preuve la plus solennelle de l'estime et de la considération que je vous ai toujours portées. Sur ce je prie Dieu, etc.

CHARLES-JEAN.

De mon quartier-général,
    8 avril 1814.

Cette lettre d'un ancien camarade, comblé de faveurs par Napoléon et combattant contre la France, causa une impression douloureuse à Carnot; il résolut cependant d'y répondre d'une manière courtoise, tout en se donnant la satisfaction d'adresser une censure déguisée à l'ancien officier-général français. — « Aux yeux du vieux conventionnel », dit un écrivain français, « c'était une déchéance pour un homme, étant citoyen français, de devenir Roi : Carnot ne dépouilla jamais cette fière opinion (1). »

« Prince,

« C'est au nom du gouvernement français que je commande dans la place d'Anvers; lui seul a le droit de fixer le terme de mes fonctions. Aussitôt que ce gouvernement sera définitivement et incontestablement établi sur ses bases

---

(1) *Une famille républicaine : Les Carnot*, p. 158.

nouvelles, je m'empresserai d'exécuter ses ordres ; cette résolution ne peut manquer d'obtenir l'approbation d'un prince, né français, et qui connaît si bien les lois que l'honneur prescrit.

« Les habitants d'Anvers ne souffrent pas ; la paix règne chez eux, plus peut-être que sur aucun autre point de l'Europe. Ils sentent tous, comme moi, la nécessité d'attendre que l'ordre politique ait pris son assiette, et sans doute nous ne tarderons pas à recevoir directement les instructions que nous devons suivre.

« Agréez, Prince, l'hommage de mon estime respectueuse.
CARNOT. »

Anvers, le 10 avril 1814.

Paris était occupé depuis le 30 mars ; la déchéance de l'Empereur avait été prononcée par le Sénat Conservateur le 2 avril. Déjà le gouvernement de fait était exercé depuis le 1er avril, par un Gouvernement Provisoire composé du prince de Talleyrand, du comte de Beurnonville, du comte de Jaucourt, du duc de Dalberg et de l'abbé de Montesquiou, ayant pour secrétaire Dupont (de Nemours). Il avait nommé comme ministres le baron Louis aux finances, le général Dupont à la guerre, Beugnot à l'intérieur, Henrion de Pansey à la justice, Malouet à la marine et de Laforest aux affaires étrangères. Mais Napoléon était encore à Fontainebleau, disputant les derniers débris de sa couronne. Avec un tel homme tout était à craindre, et l'Empereur de Russie avait laissé entrevoir à Bernadotte un grand rôle à remplir si, à l'aide de ses relations avec la France, il parvenait à s'assurer le concours des français. La réponse loyale de Carnot avait déjoué cette tentative.

A Lille, le général Maisons, ancien aide-de-camp de Bernadotte, et peu attaché à l'Empereur, était entouré d'agents envoyés par le prince Royal de Suède ; il avait dû menacer de les faire fusiller pour s'en débarasser (1). Carnot fut entouré d'agents semblables. « On a fait circuler des propos étranges, » dit son fils, « on a été jusqu'à nommer les sommes fabuleuses offertes à Carnot pour obtenir de lui une reddition anticipée de quelques jours seulement. On a parlé de 4, de 8, de 10 millions. Il faut considérer ces chiffres comme une appréciation de l'intérêt immense que les anglais surtout attachaient à la prise de possession de cette place importante, et surtout de la flotte, avant qu'un règlement de partage soit effectué, et comme une mesure des obstacles qu'ils s'attendaient à trouver dans la loyauté du Gouverneur. Mais en fait de loyauté, une mesure si grande qu'elle soit est encore une offense (2). »

Le 11 avril, arrivèrent à Anvers les premiers courriers depuis la capitulation de Paris, porteurs de journaux remplis de détails. Carnot fidèle au système de loyauté qu'il avait pratiqué vis-à-vis de la population, s'empressa d'inviter le Préfet à faire connaître ces nouvelles par la voie d'affiches :

« De grands événements viennent de se passer. Nous en ignorons encore les résultats. Jusqu'à ce qu'ils nous soient authentiquement connus, les autorités qui représentent le gouvernement français à Anvers, continueront d'y faire respecter et exécuter les lois qu'elles sont chargées de défendre. Elles ne cesseront de remplir leur devoir en maintenant l'ordre public, en protégeant les citoyens, en garantissant enfin la ville d'Anvers de recevoir des conditions particulières de la force armée qui environne ses murs, quand son sort doit être le noble fruit d'une pacification générale (3). »

---

(1) THIERS, t. XIX, p. 10.
(2) *Mémoires de Carnot*, t. II, p. 327.
(3) Id., t. II, p. 323.

Le 12 avril arriva dans la soirée M. Ferrandin-Gazan, aide-de-camp du général Dupont, ministre de la guerre du Gouvernement Provisoire, avec « une dépêche officielle du *7 avril*, notifiant la déchéance de Napoléon, prononcée par le Sénat, et demandant à la garnison d'Anvers son adhésion aux actes *émanés de l'autorité nationale.* » A cette lettre le ministre en joignait une autre personnelle pour Carnot, dans laquelle il annonçait l'abdication de *Bonaparte*(1).

---

(1) Tandis que les nouvelles que Carnot recevait des malheurs de la France et des désastres de Paris, fesaient saigner le cœur du vieux patriote, celles au contraire qui lui venaient de sa famille étaient de nature à le remplir d'un légitime orgueil. Son fils aîné était élève à l'Ecole Polytechnique. Né en 1796 à l'époque où Carnot était encore Directeur, il lui avait donné le nom du poëte persan Sadi ou Saadi, dont les poésies empreintes d'une douce philosophie, d'enjouement et d'élévation, l'avaient charmé. Le jeune Sadi Carnot, inspiré par la conduite de son père, entraîna ses camarades de l'Ecole Polytechnique à demander des armes pour combattre l'invasion. En leur nom, il adressa à l'Empereur la lettre suivante :

« *Sire*,

« La patrie a besoin de tous ses défenseurs ; les élèves de l'Ecole Polytechnique, fidèles à leur devise, demandent de voler aux frontières pour partager la gloire des braves qui se dévouent au salut de la France. Le bataillon, fier d'avoir contribué à la défaite des ennemis, reviendra dans cette enceinte cultiver les sciences et se préparer à de nouveaux services. »

Le bataillon de l'Ecole Polytechnique fut en effet envoyé à Vincennes pour y servir l'artillerie. Un instant enveloppé par la cavalerie ennemie, il se défendit avec un grand courage et ne fut dégagé que par la garde nationale. J'ai souvent entendu raconter ce fait par l'un des élèves qui fesait alors partie de l'Ecole, mon vieux et respectable chef, le général Chapelié, qui se rappelait avec bonheur son premier fait d'armes. Sadi Carnot comme tous ses compagnons, se conduisit en vaillant soldat. Son père lui écrivit d'Anvers pour l'en féliciter :

« Mon cher Sadi, j'ai appris avec un plaisir extrême que le

Carnot rassembla aussitôt le conseil de défense pour lui soumettre ces actes importants et en délibérer. Après une longue discussion on en vint à constater l'extrême irrégularité des actes communiqués.

1° Pouvait-on regarder comme réguliers des actes d'un gouvernement établi dans une capitale occupée par l'ennemi ?

2° Aucun acte n'indiquait d'une manière certaine l'abdication de l'Empereur. En effet la lettre du général Dupont, datée du 7, mentionnait la déclaration remise par l'Empereur à Fontainebleau le 4 avril, aux maréchaux Ney, Caulaincourt et Macdonald, par laquelle il se disait prêt à descendre du trône de France en réservant les droits de son fils (1), mais sans abdiquer formellement. On sait depuis qu'il avait ensuite fait redemander cette déclaration par son aide-de-camp, le colonel Gourgaud, alors qu'elle avait déjà été livrée aux souverains alliés à Paris. Les journaux communiqués à Anvers ne fesaient pas mention de ces circonstances, et l'abdication demeurait incertaine.

3° En admettant l'abdication (qui ne data réellement que du 11 avril (2)) on ignorait les droits qui avaient été réservés

---

bataillon de l'Ecole Polytechnique s'est distingué et que tu as fait tes premières armes d'une manière honorable. Lorsque je serai rappelé, je serai fort aise que le ministre de la guerre t'accorde la permission de venir me chercher. *Tu apprendras à connaître un beau pays, et une belle ville, où j'ai eu la satisfaction de me maintenir tranquillement pendant les désastres qui ont accablé tant d'autres endroits....* »

Sadi Carnot (oncle du Président actuel de la République française), fut en effet autorisé à rejoindre son père à Anvers et rentra avec lui en France. Il mourut du choléra en 1832.

(1) *Corr.*, t. XXVII, p. 258.
(2) Id.; t. XXVII. p. 361.

par l'Empereur à son fils, sous la régence de l'Impératrice.

4° La délibération du Sénat Conservateur avait été prise par une partie seulement de ses membres réunis à Paris ; la majorité ne s'était-elle pas rassemblée ailleurs, pour prendre une décision opposée ?

5° Enfin la même objection était présentée pour le Corps Législatif.

La personnalité du général Dupont, le vaincu de Baylen, qui depuis 1808 avait été victime de la colère de l'Empereur pour sa malheureuse capitulation et emprisonné à Dreux, que le gouvernement provisoire venait seulement de mettre en liberté, inspirait une juste défiance.

Les tentatives de corruption se multipliaient. On apprenait en effet du commandant du fort de Bath, Roqueret, que le général hollandais, baron Sweerts, anticipant sur l'abdication, l'avait invité à lui remettre le fort avec tout le matériel qu'il contenait, le menaçant, en cas de refus, de le dénoncer au Gouvernement Provisoire comme partisan de *l'usurpateur*. Le brave militaire avait refusé se référant au Gouverneur.

Le conseil de défense résolut d'envoyer à Paris, avec un sauf-conduit, un général et un officier supérieur pour s'enquérir de la situation exacte. Ils étaient porteurs d'une lettre de Carnot adressée au général Dupont, qui résumait les délibérations du conseil, rappelant les démarches insidieuses faites près de lui par le général Bulow et le prince Royal de Suède, conçue d'ailleurs dans des termes très modérés et très fermes.

« La place d'Anvers est si importante... » disait-il, « par son objet, sa force, sa position, sa population, son influence sur toute la Belgique, qu'une fausse démarche de notre part, entraînerait infailliblement les plus grands malheurs. *C'est à l'Empereur Napoléon que nous avons fait notre serment de fidélité; nous devons le tenir jusqu'à ce qu'il nous soit démontré que son gouvernement a cessé d'être légitime* (1). »

En remettant cette lettre à l'aide-de-camp du ministre, qui devait accompagner les députés à Paris, Carnot lui fit remarquer combien avait été imprudente sa démarche, appuyée par des pouvoirs insuffisants et évidement irréguliers. « Monsieur, vous vous exposiez à être fusillé comme porteur de fausses nouvelles, » lui dit-il.

Un officier anglais, qui avait accompagné l'envoyé du ministre à Anvers, proposa au Gouverneur, en attendant le retour des envoyés, de conclure une suspension d'armes, demandant comme garantie la remise du fort de Bath. Le Gouverneur lui répondit en riant, qu'il croyait avoir moins besoin d'une suspension d'armes que les anglais, et qu'il ne l'achèterait à aucun prix.

XIII.

Une grande agitation régnait à Anvers depuis l'arrivée de l'aide-de-camp du ministre, qui portait la cocarde blanche. Les adhésions prématurées au nouveau gouvernement se multiplaient; les journeaux commençaient à produire des diatribes contre l'Empereur; les désertions augmentaient tous les jours, provoquées par un arrêté du Gouvernement Provisoire, inséré dans les journaux, qui promettait aux conscrits le renvoi dans leurs foyers. Dans une lettre au ministre, Carnot se plaignit en termes d'une extrême vivacité de ces actes, qui avaient donné lieu à des désordres : « Il est évident, » disait il, « que le Gouvernement Provisoire ne fait que transmettre les ordres de l'Empereur de

---

(1) *Mémoires de Carnot*, t. II, p. 333.

Russie. Qui nous absoudra jamais d'avoir obéi à de pareils ordres? Quoi! vous ne nous permettez pas seulement de sauver notre honneur! Vous devenez vous-même fauteur de la désertion, provocateur de la plus monstrueuse anarchie! Les leçons de 1792 et 1793 sont perdues pour les nouveaux chefs de l'Etat. Ils cherchent à surprendre notre adhésion, en nous affirmant que Napoléon vient d'abdiquer et aujourd'hui ils nous disent le contraire. Après nous avoir donné un tyran au nom de l'anarchie, ils remettent l'anarchie à la place du tyran. Quand verrons-nous la fin de pareilles oscillations(1). »

Le Gouverneur suspendit et mit aux arrêts un officier supérieur pour avoir envoyé son adhésion au gouvernement à son insu. Il traduisit les déserteurs devant le conseil de guerre en réservant seulement l'exécution des jugements. Enfin, il défendit en attendant le retour de ses envoyés à Paris, d'arborer la cocarde blanche, malgré l'avis contraire du conseil municipal. Une proclamation fit connaître ces actes à la population et à l'armée:

« Le Gouverneur défend qu'il soit rien innové dans la forme des actes publics civils et militaires, non plus que dans les uniformes et costumes, jusqu'à ce qu'il en ait donné l'ordre ou l'autorisation; et il improuve la conduite de ceux qui se seraient permis de reconnaître individuellement aucune autorité contraire à celle qui était en vigueur lors de son arrivée dans cette place. C'est à lui seul qu'il appartient de donner le signal des changements qui pourraient survenir.

« Les lois sur les déserteurs, et les provocateurs à la désertion, seront observées dans toute leur rigueur; la discipline la plus exacte sera maintenue dans tous les corps; la

---

(1) *Mémoires de Carnot*, t. II, p. 336.

police intérieure de la ville et principalement celle des portes, s'exercera avec une nouvelle surveillance ; tout ce qui portera le caractère d'attroupements sera sur-le-champ dispersé par la force armée (1). »

La position de Carnot était vraiment cruelle. Fort peu sympathique à Napoléon, auquel il reprochait ses abus de pouvoir, mais qu'il avait accepté comme le seul capable de sauver son pays au milieu du déchaînement des passions, il se voyait amené par la force des circonstances à reconnaître le gouvernement de la légitimité, qu'il avait combattu dans sa jeunesse, n'ignorant pas la haine qu'il inspirait à celui-ci, à cause de son passé.

Ce n'était pas la première fois que Carnot se trouvait aux prises avec une situation aussi délicate. Esprit sincèrement libéral, il s'était toujours imposé de faire la part des circonstances, d'obéir à sa raison plutôt qu'aux suggestions de ses sentiments. — « Il s'était opposé vivement à l'établissement du Directoire, » dit Granier de Cassagnac, d'ailleurs très malveillant pour la mémoire de Carnot, « et fut l'un des cinq premiers Directeurs. — Il s'était opposé à l'établissement de l'Empire et en fut l'un des ministres et le pensionnaire. (Nous avons dit comment!). — Il s'était opposé vivement à l'établissement de *l'ordre de la légion d'honneur* et il fut l'un des premiers décorés. — Il s'était opposé vivement à l'établissement de la noblesse de l'Empire et reçut de l'Empereur le titre de *comte*. — Il avait affiché son républicanisme et proclama en 1814, les droits du descendant de Henri IV au trône de ses pères (2). » — Ces déceptions, subies avec résignation et honnêteté, sont précisément l'enseignement moral que nous donne la vie de Carnot.

---

(1) *Mémoires de Carnot*, t. II, p. 325.
(2) Granier de Cassagnac, *Histoire du Directoire*, t. I, p. 380.

Comme un marin habile, loin de forcer le courant et de le remonter, au risque de perdre son navire, il transige avec la force supérieure, qu'il serait puéril de chercher à dominer, et subit son empire ; il s'efforce de vaincre par son habileté prudente et persistante, sans faire le sacrifice d'aucune de ses convictions. Le système absolu et anti-libéral de l'intransigeance, a toujours été mauvais conseiller. Nul homme n'a peut-être mieux que Carnot, justifié cet aphorisme : « L'homme absurde est celui qui ne varie jamais ! » La rigueur d'un raisonnement mathématique a guidé toutes ses actions.

Dans l'armée d'Anvers, deux partis bien tranchés poussaient Carnot à des résolutions extrêmes, auxquelles il répugnait également. Le moindre éclat pouvait provoquer la révolte de la population, sollicitée par les alliés. Son patriotisme lui inspira une résolution supérieure à ses propres sentiments ; fesant abnégation de lui-même, il sut contenir les uns et les autres, s'efforçant de les amener sans secousse à l'ordre de choses nouveau, qui lui semble inévitable et ne se dissimulant pas le peu d'accueil qu'il recevrait de ceux auxquels il se dévoue malgré lui. Rôle ingrat, digne d'une grande âme, qui exigeait beaucoup de prudence et qui ne pouvait que lui valoir la haine de tous, à cause de la tiédeur de sentiments qu'il fallait conserver pour ménager les passions surexcitées. Ce rôle Carnot sut le remplir comme nous le verrons.

Le 1r avril, le général Maisons écrivit à Carnot, que son corps d'armée et la France entière avaient reconnu Louis XVIII comme souverain ; il l'engageait à envoyer sa propre adhésion. Le conseil de défense était fort divisé sur l'opportunité de cet acte, craignant une violente opposition des bonapartistes. Carnot passa outre, en vertu de ses pouvoirs dictatoriaux, et procédant avec prudence, rassembla le 17 mai les troupes dans une grande parade, place de Meir, où il fit lire la proclamation suivante, dans laquelle il insistait d'abord sur la nécessité de se soumettre aux lois.

« *Soldats,*

« Nous sommes restés fidèles à l'Empereur Napoléon jusqu'à ce qu'il nous ait lui-même abandonnés. Il vient de renoncer à un pouvoir dont il avait si longtemps abusé ; il vient d'abdiquer un empire dont il ne pouvait plus tenir les rênes ; nous sommes à son égard déliés du serment de fidélité.

« Quant au nouveau souverain, qui doit être proclamé, on ne peut raisonnablement douter que ce soit Louis XVIII. L'ancienne dynastie va reprendre ses droits ; les descendants de Henri IV vont remonter sur le trône de leurs pères.

« Dans ces circonstances importantes, la garnison ne doit pas perdre de vue, qu'elle n'a aucun vœu à émettre. *La force armée ne délibère pas ; elle obéit aux lois, elle les fait exécuter.* Elle serait coupable si elle se prononçait spontanément ou individuellement, parce que c'est l'unité qui fait sa force et qu'elle ne doit jamais s'exposer à une divergence d'opinion.

« Le moment approche, sans doute, où nous devrons prêter un nouveau serment à celui qu'aura désigné pour Roi l'assentiment général de la nation ; mais nous devons prévenir tout désordre, éviter toute secousse, obéir unanimement. L'instant précis sera donc fixé par nous ; il sera consacré par une solennité. Jusqu'alors nous ne nous permettrons aucun changement, aucun acte partiel ; nous serons fermes à notre poste ; nous garderons religieusement le dépôt sacré qui est entre nos mains et nous attendrons en soldats fidèles et incorruptibles, l'heure de le remettre au souverain légitime. »

Carnot, qui avait conclu une suspension d'armes avec les anglais, reçut des félicitations du général Graham pour les nobles pensées qu'il venait d'exprimer : « Il est des circonstances » lui écrivit-il, « qui permettent à peine d'offrir les sentiments qu'on éprouve ; j'espère pourtant, général, que vous me permettrez de vous faire parvenir les témoignages de mon admiration sincère pour votre ordre du jour d'hier, que le hasard m'a procuré ; *il est tellement juste et sage dans ses principes, qu'il vous assure l'approbation des soldats de tous les pays*(1). »

La déclaration du 17 mai ayant été acceptée par les troupes sans provoquer aucun incident, et Carnot ayant reçu de Paris l'avis de la prise de possession du gouvernement par le Comte d'Artois, en qualité de lieutenant-général du royaume au nom de Louis XVIII (14 avril), il jugea ne plus pouvoir différer l'acte d'adhésion de la garnison au gouvernement nouveau. Le 18, il publia une nouvelle proclamation qui devait être lue à la parade du dimanche suivant :

« *Soldats*,

Aucun doute raisonnable ne pouvant plus s'élever sur le vœu de la nation française en faveur de la dynastie des Bourbons, ce serait vous mettre en révolte contre l'autorité légitime, que de différer plus longtemps à la reconnaître. Nous avons pu, nous avons cru procéder avec circonspection ; nous avons dû nous assurer que le peuple français ne recevait cette grande loi que de lui-même. Un gouvernement établi dans une ville occupée par des armées étrangères, avec lesquelles il n'existe encore aucun traité de paix, a dû quelque temps nous inspirer des craintes sur la liberté de ses délibérations ; ces craintes sont dissipées par le vœu unanime des villes éloignées du théâtre de la guerre. Honneur à ceux qui ont su réprimer dans leur élan, un zèle indiscret qui eût pu compromettre la discipline et la sûreté

---

(1) *Mémoires de Carnot*, t. II, p. 340.

du dépôt qui nous est confié. L'avénement du nouveau Roi au trône de ses ancêtres, sera plus glorieux appelé par l'amour des peuples, que reçu par la terreur des armes.

« *Nous Gouverneur de la place d'Anvers, généraux, officiers de tous grades, sous-officiers et soldats de toutes armes, tant de terre que de mer, déclarons adhérer, purement et sans restriction aux actes du Sénat-Conservateur, du Corps Législatif et du Gouvervement Provisoire, en date des 1^r, 2 et 3 du présent mois; de plus, nous jurons tous de conserver et de défendre cette place jusqu'à la derrière extrémité au nom de Louis XVIII.*

« M. le général de division commandant d'armée, M. le vice-amiral commandant l'escadre de l'Escaut et M. le préfet maritime d'Anvers, devront faire lire demain à chacun des corps qui se trouvent sous leurs ordres immédiats, le présent acte d'adhésion ; et dimanche prochain, à la parade, tous les militaires devront *paraître en cocarde blanche.* »

Le général de division Gouverneur
CARNOT.

Anvers, 18 avril 1814.

Carnot ayant fait connaître ses actes au gouvernement, en reçut l'approbation suivante :

« Général, j'ai reçu les différentes pièces que vous m'avez transmises le 19 de ce mois. Je les ai mises sous les yeux de S. A. R. Monsieur le Lieutenant-général du Royaume, qui a vu avec satisfaction la conduite prudente et ferme que vous avez tenue dans cette circonstance difficile.

Le Ministre de la guerre
DUPONT (1). »

---

(1) *Mémoires de Carnot*, t. II, p. 342.

C'etait un témoignage bien froid, adressé à un homme sacrifiant le drapeau qu'il avait illustré dans sa jeunesse, pour obéir au devoir. Le ministre de la guerre le comprit; aussi à peine la convention du 23 avril signée, il en avertit le général Carnot, le 25 avril, par une lettre particulière, d'un caractère plus intime :

« Le traité qui vient d'être signé, mon cher général, va vous ramener parmi nous. *La frontière de Vauban est reprise* et nous cédons de belles places de guerre. La paix de l'Europe et le sage gouvernement des Bourbons, effaceront à cet égard nos regrets, et nous serons encore une grande puissance.

« Je fais assigner des fonds, pour payer sur le champ un mois de solde à la garnison d'Anvers. Je partage toute votre sollicitude pour ces braves troupes.

« *Ce que vous avez fait a été bien apprécié.* La sagesse et l'habileté sont inséparables de vos dispositions(1). »

Le sacrifice devait être accompli dans un délai de 20 jours. Carnot ne se sentit pas le courage d'assister à la remise de sa place aux alliés, et pria le ministre de désigner un commissaire pour accomplir cette triste obligation. En attendant, il s'occupa de liquider les comptes du siége et fit accepter en paiement aux divers créanciers de la France, en acquit des emprunts qu'il avait contractés en son nom, le fer, le cuivre, le bronze, les bois entassés en énorme quantité dans l'arsenal. Toutes les charges acceptées pendant le siége, furent ainsi liquidées.

Le ministre de la guerre proposa au général Carnot-Feulins, frère du Gouverneur qui l'avait rejoint à Anvers, la mission de remettre la place aux alliés, mais celui-ci déclina ce devoir. Le colonel du génie Dabadie fut alors désigné et

---

(1) *Mémoires de Carnot*, t. II, p. 342.

envoyé de Lille pour faire la remise de la place, avec son matériel d'artillerie et du génie, ses archives, plans, cartes, modèles, etc.

En attendant l'arrivée du colonel Dabadie, Carnot prit toutes les mesures nécessaires pour l'évacuation des troupes, dont le mouvement commença le 25 avril. Vers la fin du mois l'évacuation était à peu près complète et le colonel Dabadie étant arrivé, il ne restait plus à Carnot qu'à prendre congé de la population d'Anvers elle-même. Il le fit par une proclamation rédigée dans les termes suivants :

« Le général de division, Gouverneur d'Anvers, annonce aux habitants qu'il touche au terme de sa mission.

« Il ne saurait se séparer d'eux sans leur adresser ses vœux pour la prospérité de leur ville, ses félicitations sur leur conduite franche et courageuse, et sa gratitude pour les marques de confiance dont ils n'ont cessé de l'honorer.

« Il les remercie avec sensibilité, des ressources qu'ils lui ont offertes pour l'entretien de ses troupes et des secours généreux qu'ils ont prodigués dans toutes les occasions aux soldats blessés.

« Il s'estime heureux d'emporter l'assurance que tous ont rendu justice à la pureté de ses intentions, que les mesures de rigueur qu'il s'est vu quelquefois obligé de prendre lui étaient commandées par des circonstances impérieuses et qu'enfin, pendant son séjour, grâce au bon esprit dont chacun était animé, Anvers est devenu un asile pour ceux qui fuyaient les malheurs inséparables d'une guerre terrible, plutôt qu'une ville en proie aux privations et aux dévastations qu'entraînent ordinairement un bombardement et un blocus prolongés.

Le général de division Gouverneur
CARNOT. »

Anvers, 1er mai 1814.

La municipalité s'empressa de lui remettre une adresse en témoignage de sa reconnaissance :

« Les habitants de cette cité voient avec plaisir et reconnaissance le témoignage d'estime que leur donne Son Exc. le général Carnot, Gouverneur de cette ville. Ils ont pu juger la différence qui existait entre un homme affable, instruit, impartial, sévère à la vérité mais juste, et les hommes qui, jugeant au gré de leurs passions ou de leurs caprices, (allusion au duc de Plaisance), ignorent ou veulent ignorer les causes qui font adopter au peuple telles ou telles opinions, frondant à tort ou à travers les usages et les habitudes qui ne sont pas les leurs, ne voyant dans un peuple paisible et bon, que des ennemis prêts à se soulever, et n'éprouvant que le besoin de la vexation et de la destruction sans nécessité... Ces hommes ne laissent rien d'eux dans notre ville, comme ils n'en emportent rien.

« Mais vous, général Gouverneur, vous *nous laissez de grands souvenirs et vous emportez l'estime et la reconnaissance* de presque tous les habitants de cette grande ville. Puisse cet hommage simple et vrai les rappeler encore longtemps à votre souvenir !

« Oui, le nom de Carnot s'associe à celui d'Anvers, et le burin de l'Histoire les réunira. Tout autre éloge serait superflu. »

Cet hommage spontané d'une population qui avait été soumise trois mois à sa dictature, devait toucher profondément le cœur généreux du Gouverneur.

A Borgerhout la manifestation devint toute intime. Les habitants avaient donné le nom de Carnot à l'une de leurs rues[1], et inscrit à l'entrée du faubourg, sur une table de

---

[1] Le nom de rue Fauconnet fut également donné à la rue de la Couronne.

marbre, le témoignage de leur gratitude pour la protection qu'il leur avait accordée.

Ce faubourg a été sauvé d'une destruction totale par le plus généreux et le plus puissant des guerriers S. Exc. le général de division gouverneur d'Anvers
CARNOT
pendant la guerre de 1814.

Dans une dernière visite que Carnot fit à Borgerhout, les habitants de ce faubourg, alors des campagnards, après lui avoir présenté une adresse touchante, lui demandèrent naïvement de leur envoyer *son portrait lorsqu'il se ferait peindre un jour*, et de leur permettre *de s'informer une fois par an de sa santé*(1).

L'évacuation des troupes avait commencé le 19 avril et était terminée le 2 mai. Le 3 mai à 5 heures du matin, Carnot quittait Anvers et rentrait en France par Gand, Bruges, Furnes, Dunkerque, et St. Omer. A son retour à Paris, Napoléon était déjà parti pour l'île d'Elbe, le 28 avril, et Louis XVIII venait d'y arriver depuis le 3 mai.

Dans une conversation avec les membres du gouvernement, Carnot ne dissimula pas combien il désapprouvait l'abandon prématuré d'Anvers, qu'il eût voulu conserver jusqu'à la conclusion de la paix définitive.

« Carnot, républicain des temps antiques » dit Lamartine, « d'autant plus ferme qu'il était plus modéré et plus patient dans ses vues, avait traversé dans une opposition froide et austère, le règne de Napoléon. Il ne s'était offert à reprendre du service qu'au moment suprême où ce despotisme

---

(1) *Mémoires de Carnot*, t. II, p. 347. — Un portrait de Carnot, fut peint, pendant son séjour à Anvers par le peintre anversois Van Brée, directeur de l'Académie des Beaux-Arts d'Anvers.

s'écroulait, et où la cause de la patrie pouvait se confondre par le péril de l'invasion, avec la cause de l'Empereur. Il avait défendu Anvers comme le boulevard de la Belgique et du Nord de la France menacé. Rentré à Paris avec une gloire modeste, il avait mesuré la profondeur des revers et des dangers, pour la France. Il avait vu dans ces revers mêmes, quelque espérance de renaissance de la liberté constitutionnelle. Il avait oublié ses propres intérêts de parti, pour accueillir une restauration avec justice, sinon avec faveur(1). » Tant de vertu et d'abnégation ne devaient recevoir que l'accueil le plus froid et le plus dédaigneux.

« Carnot, » dit son fils, « fidèle à son abnégation patriotique sut imposer silence à ses répugnances personnelles ; il accepta par raison, une épreuve dont le bien de sa patrie pouvait résulter, comptant sur la salutaire influence des institutions libérales pour relever l'esprit public.... Pour ne laisser aucun doute sur ses sentiments, il reprit la croix de St. Louis dont il avait été décoré avant la Révolution, et se présenta aux Tuileries un jour d'audience solennelle.

« Mais il en rapporta les plus fâcheuses impressions. Le Comte d'Artois, en pirouettant sur un talon, lui avait dit quelques paroles insignifiantes sur l'abandon de la Belgique, de ses villes fortes, de ses arsenaux..... Quant au Duc de Berry, il sut au moins exprimer un regret, quoique très gauchement : « Vous venez d'Anvers, général, dit-il, vous commandiez une belle place ; ce n'est pas de votre faute si elle n'appartient plus à la France. »

« Restait la visite principale : celle du Roi. Quand le nom de Carnot fut prononcé, Louis XVIII affecta de détourner le regard et le fixa obliquement vers un angle du plafond en balbutiant quelques mots inintelligibles,

---

(1) LAMARTINE, *Histoire de la Restauration*, t. II, p. 323.

accompagnés d'une froide inclination de tête. Carnot passa devant lui sans prononcer une parole et sortit(1). »

Carnot retourna à ses chères études, dont Napoléon, plus reconnaissant, le rappela pendant les Cent jours pour le faire ministre de l'intérieur. Après Waterloo(2), un des amis de Carnot, M. Palissot de Beauvois de l'Institut, lui conseillait de faire sa soumission au Roi, comme il l'avait faite le 24 janvier 1814 à l'Empereur. « Quoiqu'il soit de mes principes qu'on ne doit jamais désespérer du salut de la patrie, » lui répondit Carnot; « j'avoue que je ne me crois pas de force à servir utilement la nôtre aujourd'hui. Si la France n'était que malheureuse, je n'hésiterais pas à lui consacrer le peu de moyens qui me restent; mais elle est flétrie, et sa gloire ne me semble pas susceptible de retour, avant la fin de ma carrière. Quand j'offris mes services à Bonaparte en 1814, je surmontais ma répugnance dans un intérêt national, et personne ne pouvait penser que ce fût par un motif d'ambition. Mais les proposer maintenant au Roi, serait blesser toutes les convenances. Croyez que je passerais sur toutes ces considérations, si je présumais seulement que mes services pussent être bons à quelque chose. Mais je suis loin d'avoir cette opinion. Il faudrait

---

(1) *Mémoires de Carnot*, t. II, p. 358.
(2) Rentrant à Paris accablé par sa défaite, Napoléon, la tête perdue, accusait Grouchy, accusait d'Erlon, ne savait à quel parti s'arrêter. Carnot accourut : « Sire, » lui dit-il, « ne restez pas une heure ici; repartez sur le champ; allez-vous remettre à la tête de votre armée. — Je n'ai plus d'armée » répondit l'Empereur. — Carnot, se rappellant les périls de 1793, et toujours indomptable, lui représenta que le corps de Grouchy était resté intact, que déjà une armée de 60000 se reformait à Laon; il voulait déclarer la *patrie en danger* et appeler la nation entière aux armes. Mais le découragement était général et des conseils moins énergiques prévalurent. — « M. Carnot, je vous ai connu trop tard! » lui dit Napoléon en lui fesant ses adieux.

dix ans de sagesse à la France pour se relever, et ce n'est pas en France que l'on peut compter sur dix ans de sagesse. J'ai fait ce que j'ai pu ; il ne me reste qu'à gémir et faire des vœux pour que ceux qui viendront après nous, soient plus heureux(1). »

Carnot fut le seul des ministres de Napoléon pendant les Cent jours, porté sur les tables de proscription du 24 juillet 1815. Informé par son frère que la police avait ordre de l'arrêter pour le conduire au château de Blois, Carnot réussit à échapper à ces poursuites, gagna la frontière de Belgique à Maubeuge ; le 20 octobre il atteignait Bruxelles accompagné de son second fils Hippolyte et de la fidèle Joséphine Briois. Il y retrouva un grand nombre de conventionnels proscrits comme lui : le peintre David, Thibaudeau, Cavagnac, Cochon de Lapparent, Chazal, Ramel, Le Tourneur (de la Manche), Cambacérès.....

Les amis que Carnot s'était faits à Anvers, lui offrirent un généreux asile dans cette ville(2). Mais durant le court séjour qu'il fit à Bruxelles, Carnot put se convaincre que la Belgique n'offrait pour lui aucune sécurité. Le gouvernement des Pays-Bas, qui avait offert une retraite à Louis XVIII, s'efforçait, par une pression occulte, de repousser les conventionnels que la *terreur blanche* avait exilés de France. C'est ainsi qu'il fallut toute l'énergie de mon père, maire et mayeur de St Josse-ten-Noode, faubourg de Bruxelles, pour résister aux efforts et aux menaces du duc d'Ursel, ministre de l'intérieur, qui voulait l'obliger à éloigner de sa commune le conventionnel Chazal (dont le fils était destiné à une brillante carrière militaire en Belgique), ainsi que plusieurs autres exilés. Des faits semblables se produisirent dans beaucoup de communes suburbaines de

---

(1) *Mémoires de Carnot*, t. II, p. 552.
(2) Id., t. II, p. 566. — DREYFOUS, *Les trois Carnot*, p. 176.

Bruxelles, où les émigrés étaient venus chercher un asile loin des agitations et des dangers de la politique. Carnot, dans la crainte de les compromettre, remercia ses amis d'Anvers de leur dévouement, et, pourvu d'un passeport délivré par l'Empereur Alexandre, il se rendit à Varsovie, où la plus généreuse réception lui fut faite. Par un ordre du jour à son armée, l'Empereur de Russie avait conféré à Carnot, le titre et le rang de Lieutenant-général. Mais de même que celui-ci avait refusé autrefois de servir la Prusse, il refusa également le service qui lui était offert en Russie(1).

Trop pauvre pour continuer à habiter une grande ville comme Varsovie et résolu à refuser les secours qui lui étaient offerts, Carnot obtint du gouvernement prussien, l'autorisation de se rendre à Magdebourg, où il mourut le 2 août 1823. « Je serais parfaitement content de vivre ici », écrivait Carnot, « si j'avais seulement un revenu net de 6000 francs. »

Dans ce triste exil le souvenir et la fidélité des amitiés qu'il avait contractées à Anvers, fut pour lui une consolation et un grand secours contre la persécution impitoyable du gouvernement français. « L'administration des postes (de France), » dit M. Dreyfous, « saisissait toutes les lettres portant l'écriture de Carnot, ou venant seulement de Magdebourg. L'exilé avait pris le parti de ne plus écrire; il dictait à son fils, ou correspondait sous le couvert de Joséphine Briois. Jamais aucune lettre à sa famille n'arrivait d'Allemagne; un ami d'Anvers, M. Standaert, agent de change, recevait la correspondance de Paris pour Magdebourg, et réciproquement il l'expédiait à destination. Parfois les lettres portant l'adresse de Joséphine commençaient par : *ma chère sœur*; les frères de Carnot lui écrivaient au

---

(1) Tissot, *Mém. hist. et milit. sur Carnot*, p. 203.

féminin ; toutes choses étaient dites à demi-mot ; d'autres fois le destinataire portait le nom de Sewaski (du nom d'un oncle maternel de Mme Carnot, appelé Sevault). On variait sans cesse les faux noms et les procédés de correspondance » (1).

XIV.

Le 5 mai 1814 les troupes alliées firent leur entrée dans Anvers : les Prussiens conduits par le général Künigl, par la Porte Rouge et les Anglais commandés par le général Graham, par la porte Kipdorp. Le maire de la ville présenta les clés aux deux détachements réunis sur la place de Meir.

Le général Künigl prit possesion de la ville dans les termes suivants :

« *Habitants d'Anvers,*

« Les Hautes Puissances Alliées ont atteint le but qu'elles s'étaient proposé. Elles vont rendre à l'Europe déchirée depuis vingt ans par la guerre, le repos et la tranquillité.

« Habitants d'Anvers ! vous n'êtes plus à la France, vous redevenez des Belges ; les sentiments connus des Hautes Puissances Alliées garantissent votre prospérité.

« C'est en leur nom que je prends possession d'Anvers. C'est en leur nom qu'une *garnison anglaise*, de cette nation magnanime, qui a tout fait pour l'indépendance de l'Europe, occupe provisoirement votre ville. »

Le but poursuivi par les anglais dans leurs expéditions

---

(1) MAURICE DREYFOUS, *Les trois Carnot*, histoire de cent ans, p. 178. — M. Standaert, né à Ostende et l'un des premiers agents de change nommés à Anvers par Napoléon, avait épousé une française, amie de la famille Carnot ; il jouissait à Anvers de l'estime générale. Sa famille a continué à y résider.

de 1809 et 1814, était désormais accompli. Ils avaient imposé l'inscription dans le traité de Paris du 30 mai, d'un article portant que, « dorénavant le port d'Anvers serait uniquement un port de commerce, » et ils se trouvaient en mesure de veiller eux-mêmes à ce que cette stipulation fût rigoureusement observée.

En concédant, d'après les conseils de Talleyrand, dans la convention du 23 avril, l'évacuation des places fortes que possédait encore la France, en dehors des limites de 1792, telles qu'Anvers, le Comte d'Artois n'avait eu pour but que de délivrer le territoire de la France de la lourde charge de l'occupation étrangère et de préparer à son frère, le jour de son retour, une véritable popularité. Mais il s'était dessaisi d'un gage précieux, à faire valoir pour obtenir des conditions meilleures, le jour de la conclusion de la paix. « Le malheureux prince, » dit Thiers, « sur lequel cette convention devait faire peser plus tard une impopularité fort peu méritée, incapable d'en prévoir les suites, crut de bonne foi qu'il délivrait la France de la présence des soldats étrangers(1). » Ce gage, Carnot l'avait précieusement conservé à la France, jusqu'au 23 avril; heureusement la question du partage du matériel naval, réservée par cette convention jusqu'à la conclusion de la paix, permit encore à la France d'obtenir une énorme réduction de l'indemnité de guerre réclamée par la Prusse. Cette indemnité fut réduite à 25 millions, par suite de la cession du tiers du matériel naval aux localités maritimes qui le contenaient, les deux autres tiers restant à la France. « La perte était peu regrettable, » dit Thiers, « la France ayant déjà dans ses propres ports, beaucoup plus de matériel qu'elle n'en pouvait employer (2). »

---

(1) THIERS, t. XIX, p. 51.
(2) Id., t. XIX, p. 106.

La destruction de l'arsenal créé par Napoléon fut commencée dès l'occupation anglaise, par le partage de la flotte. Par une convention, en date du 22 août, la France eut en partage (non compris les petits bâtiments tels que canonnières, poones, etc.) :

BATIMENTS ARMÉS : le *Superbe,* vaisseau de 74, le *Conquérant* (id.), le *Gaulois* (id.), l'*Anversois* (id.), la *Ville de Berlin* (id.), le *Pacificateur* (de 80), le *Trajan* (de 74) le *Commerce de Lyon* (id.), le *Du Guesclin* (id.), l'*Ems* (frégate de 44), l'*Erigone* (id.), la *Milanaise* (id.), la *Vistule* (id.), le *Hussard* (brick de 18), l'*Action* (id.).

BATIMENTS DÉSARMÉS : le *Dantzich* (vaisseau de 74) l'*Illustre* (id. de 80), le *Dalmate* (id. de 74).

BATIMENTS SUR CHANTIER : Le *Neptune* (vaisseau de 110), le *Belliqueux* (id. 74), l'*Impétueux* (id. 74), l'*Aigle* (id. 74), le *Monarque* (id. 110), l'*Atlas* (id. 80), le *Tibre* (id. 80), le *Fougueux* (id. 80), le *Rupel* (frégate de 44), l'*Inconstante* (id. 44).

La part des alliés comprenait :

BATIMENTS ARMÉS : Le *Tilsit* (vaisseau de 80), l'*Auguste* (id.), le *Charlemagne* (id. 74), le *César* (id. 74), le *Vanderwerf* (frégate de 44).

BATIMENTS DÉSARMÉS : Le *Friedland* (vaisseau de 80), l'*Albanais* (id. 74), le *Pulstuck* (id.), le *Sapeur* (brick de 18), l'*Idas* (cutter) et les goélettes N° 17, 18, 19.

BATIMENTS SUR CHANTIER. L'*Hymen* (vaisseau de 110), le *Terrible* (id. 110), l'*Alexandre* (id. 80), le *Mars* (id. 80), la *Précieuse* (frégate de 44), (1).

L'œuvre de destruction pouvait être considérée comme achevée, lorsque le 1er août 1814 le Prince Guillaume d'Orange (Guillaume Ier) prit le gouvernement des Provinces-Unies, en vertu du traité dit des *Huit Articles*,

---

(1) GENARD, p. 376.

signé à La Haye le 21 juillet. Il fut qualifié de *Prince souverain*, et ce ne fut qu'en vertu des décisions du Congrès de Vienne, qu'il prit le titre de *Roi des Pays Bas*, le 16 mars 1815.

L'armée anglaise demeura à Anvers jusqu'en novembre 1814, sous le commandement du Prince d'Orange après le départ du général Graham pour l'Angleterre[1].

Une stipulation du traité de Paris portait : « Dorénavant Anvers sera uniquement un port de commerce. » Son interprétation donna lieu à d'intéressantes discussions au Congrès de Vienne. Un comité du Congrès décida que l'application de cet article exigeait « la destruction totale de tous les ouvrages, fortifications, quais, barrières qui avaient été élevées ou construites sous les ordres de *Buonaparte* dans le sens de rendre le port d'Anvers un *arsenal de guerre* MARITIME, *et une place propre à la construction, à l'équipement et à l'entretien des vaisseaux de guerre*, » mais que cet article ne pouvait s'étendre, « aux ouvrages jugés

---

(1) Le major-général Hudson Lowe devenu plus tard si tristement célèbre par la mission que lui confia lord Bathurst, à Sainte Hélène, fesait fonction de quartier-maître général de l'armée anglaise dans les Pays-Bas. Son historien, M. William Forsyth, rapporte un fait curieux : « En cette qualité (quartier-maître général) il visita toutes les forteresses situées le long de la frontière belge et recommanda de les restaurer..... Entre autres, il fit remarquer l'utilité de la construction d'un ouvrage de fortification *au Mont-Saint-Jean* (près de Waterloo), qui est un point dominant, à la jonction des deux principales chaussées, conduisant directement de la frontière française à Bruxelles par Charleroi et Namur, et par où la Belgique pourrait conséquemment être envahie » (*Hudson Lowe, Histoire de la captivité de Napoléon à Sainte Hélène*, par William Forsyth, t. I, p. 139). Le choix de cette position, où l'année suivante la fortune de Napoléon allait sombrer, fut donc l'objet des études de l'armée anglaise, à partir du 4 juin 1814, époque de la nomination de Hudson Lowe aux fonctions de quartier-maître général.

essentiels pour la défense de la place » et aussi à ceux « *qui étant utiles au commerce* et susceptibles d'être rendus inapplicables au service d'une marine militaire, pouvaient être conservés sans inconvénient pour le service d'une *marine commerçante*. » Le comité proposait de nommer une commission chargée d'établir la distinction entre ces deux catégories d'ouvrages (1).

Il ne paraît pas que cette commission ait jamais achevé son travail, à cause des évènements qui survinrent au retour de l'île d'Elbe ; mais en réalité la division fut établie par le gouvernement des Pays-Bas lui-même, avec le concours des anglais, pendant les *grands* travaux de fortification qui s'exécutèrent en Belgique, d'après les conseils de Wellington, pendant le règne de Guillaume Ier.

A Anvers on renonça à achever la ville Napoléon (ou Marie-Louise) qui n'avait qu'un but naval, et dont les glacis seuls avaient été exécutés, ainsi que les deux forts avancés Jean Bart et Stengel. On utilisa les glacis de la ville Napoléon en les transformant, en 1819, en une simple couronne défensive pour la Tête de Flandre, par la construction de deux petites *redoutes de Zwyndrecht et de Calloo* (aujourd'hui ruinées et démolies).

On détruisit le camp retranché établi au Kiel en avant de la citadelle du Sud, qui n'avait pour but que de renfermer la corderie de l'arsenal maritime.

Les quais et les bassins Napoléon furent conservés pour le service commercial et concédés à la ville d'Anvers par le Roi Guillaume, le 12 décembre 1815, à charge de les entretenir et améliorer (2).

Durant quarante-six ans Anvers sommeilla sous l'étreinte égoïste de la Hollande, qui, après lui avoir refusé une

---

(1) HYMANS. *Hist. parlementaire de la Belgique 1814-1830*, p. 59.
(2) THYS, p. 145.

protection égale à celle qu'elle avait accordée à ses rivales Amsterdam et Rotterdam, lui interdit, en 1830, le libre accès de la mer.

Il fallut l'union de tous les Belges, qu'une politique jalouse avait cherché à diviser par la foi, par la langue, par les intérêts, pour rétablir l'œuvre grandiose rêvée par Napoléon, sous le règne réparateur de Léopold Ier, Roi des Belges.

ANNEXES.

I.

DE LA DÉFENSE DES PLACES FORTES, PAR CARNOT.

La première édition de la *Défense des places* de Carnot, rédigée en hâte à la demande de Napoléon, fut imprimée par l'imprimerie impériale en 1809, mais il ne paraît pas que cet ouvrage, « qui ne fut d'abord qu'un ouvrage de circonstance, » ainsi que l'avoue Carnot, ait complètement répondu à l'intention de l'Empereur. L'espèce de paradoxe algébrique au moyen duquel Carnot cherchait à démontrer que la garnison de 4000 hommes d'un hexagone fortifié, peut, en fesant usage des feux courbes, tuer en dix jours les 20,000 hommes de l'armée de siége, était peu fait pour satisfaire un esprit aussi positif et aussi pratique que celui de l'Empereur. Aussi l'édition toute entière du traité de Carnot, resta déposée au comité des fortifications et ne fut pas distribuée aux officiers du génie (1).

Carnot mécontent du sort réservé à son œuvre, en publia à ses frais en 1810, à Paris, une 2ᵉ édition, qui eût un grand succès et fut suivie d'un nouveau tirage en 1811. L'ouvrage fut traduit en anglais par le baron de Montalembert et imprimé à Londres en 1812; en allemand par le major

---

(1) *Mém. de Carnot*, t. II, 268.

Ruehle von Lilienstein et imprimé à Dresde la même année.

Cet ouvrage provoqua cependant de vives discussions. Les officiers français lui reprochaient ses critiques des doctrines de Vauban ; on alla jusqu'à accuser Carnot d'accepter avec trop de servilité les idées de l'Empereur, ce dont il se défend avec une grande énergie (1). Pour répondre à ces attaques Carnot publia en 1812, une troisième édition à laquelle il ajouta un *discours préliminaire*, qui est, dit le commandant de Villenoisy, « un chef-d'œuvre qu'on ne saurait assez méditer pour bien connaître les véritables règles de la défense des places (2), » ainsi que divers *mémoires additionnels*.

La défense d'Anvers augmenta encore la réputation de l'œuvre de Carnot, dont une 4ᵉ édition fut publiée à Paris en 1814. Elle fut également réimprimée à St-Pétersbourg, en 1814 ; tandis que la traduction allemande du major von Lilienstein complétée, recevait une 2ᵉ édition à Dresde en 1816 ; que Bressendorf en publiait une nouvelle traduction à Munich en 1820, réimprimée à Tübingen en 1821 ; et qu'enfin une troisième traduction allemande parût à Stuttgart en 1821.

En moins de douze ans la *défense des places* eut douze éditions en langues diverses.

L'ouvrage fut encore complété en 1823, d'un *Mémoire sur la fortification primitive*, imprimé à Paris, œuvre des loisirs de l'exil à Magdebourg, où Carnot eut la satisfaction d'en voir faire quelques applications (3).

---

(1) *Défense des places*, p. 60.
(2) Cosseron de Villenoisy. *Essai historique sur la fortification*, p. 308.
(3) Bardin *Dictionnaire de l'armée de terre*, t. I, p. 546.
— Tissot, *Mém. hist. et milit. sur Carnot*, p. 207.

II.

LETTRES-PATENTES DU GOUVERNEUR D'ANVERS.

J'ai vainement cherché à retrouver le brevet du gouverneur d'Anvers, délivré à Carnot, en 1814, qui fixerait les idées sur la mission qui lui avait confiée l'Empereur. Il est toutefois probable que ce brevet ne différait guère de celui conféré en 1809 au général Colaud, que nous reproduisons d'après le *Traité de la défense* de Carnot :

« NAPOLÉON, par la grâce de Dieu et les constitutions de l'Etat, Empereur des français, Roi d'Italie, Protecteur de la confédération du Rhin.

« La place d'Anvers étant en état de siège, nous avons résolu de nommer pour commandant de cette place, un officier d'une bravoure distinguée, dont nous aurions éprouvé le zèle et la fidélité dans maints combats.

« Nous avons pris en considération les services du général de division, sénateur *Colaud*, et nous l'avons nommé et nommons par les présentes, *Commandant de la place d'Anvers*, en état de siége. Conformément à notre décret du 11 de ce mois, qui le nomme gouverneur de cette place, nous lui enjoignons d'être rendu avant le ...... dans la dite place d'Anvers et de ne plus sortir de ses remparts, au moins au delà d'une portée de fusil de ses ouvrages avancés, sous quelque prétexte que ce soit, d'inspecter et de visiter fréquemment les approvisionnements de siége et les magasins d'artillerie, d'avoir soin qu'ils soient abondamment pourvus et conservés à l'abri des attaques de l'ennemi et de l'intempérie des saisons.

« Nous lui enjoignons de prendre toutes les précautions pour accroître les dits approvisionnements, et pour que les habitants aient un approvisionnement aussi considérable que les circonstances peuvent le permettre, et qui surpasse même proportionnellement celui de la place. Il fera faire par des commissaires civils et militaires, les vérifications pour constater l'existence des dits approvisionnements, dans les 48 heures qui suivront son arrivée à Anvers; il obligera les habitants à se pourvoir de futailles et de baquets, à les entretenir constamment remplis d'eau; trois inspecteurs nommés pour chaque rue, feront ensemble les visites domiciliaires pour l'assurance de l'exécution de cet ordre. Il ordonnera que les pompes à incendie soient mises dans le meilleur état de service; il les placera en réserve dans les lieux à l'abri, autant que possible, du feu des ennemis; il prendra les mesures nécessaires pour en augmenter le nombre. Il formera un approvisionnement de fascines nécessaires pour les gabionnages, de palissades de rechange, et il fera rassembler tous les bois de blindage qu'il pourra se procurer.

« Nous lui ordonnons de nous conserver cette place et de ne jamais la rendre sous aucun prétexte. Dans le cas où elle serait investie et bloquée, il doit être sourd à tous les bruits répandus par l'ennemi, ou aux nouvelles qu'il lui ferait parvenir. Il n'en résistera par moins à ses insinuations comme à ses attaques, et ne laissera pas ébranler son courage. Sa règle constante doit être d'avoir le moins de communications que possible avec l'ennemi; il aura toujours devant les yeux les conséquences inévitables d'une contravention à nos ordres, ou d'une négligence à remplir les devoirs qui lui sont imposés. Il n'oubliera jamais, qu'en perdant notre estime, il encourt toute la sévérité des lois militaires, et qu'elles condamnent à mort tout commandant et son état-major, s'il livre la place, lors même que deux lunettes seraient prises et le corps de place ouvert. Dans le cas où l'ennemi aurait fait sauter la contre-escarpe, il faut en prévenir les suites, en se retranchant dans l'intérieur des bastions. Enfin nous entendons et nous voulons qu'il courre le hasard d'un assaut pour prolonger la défense et augmenter la perte de l'ennemi. Il songera qu'un Français doit compter sa vie pour rien, si elle doit être mise en balance avec son honneur, et cette idée doit être pour lui et pour ses subordonnés, le mobile de toutes ses actions. Puis donc que la reddition de la place doit être le dernier terme de tous ses efforts, et le résultat d'une impossibilité absolue de résister, nous lui défendons d'avancer cet événement malheureux, par consentement, ne fût-ce que d'une heure, et sous prétexte d'obtenir par là une capitulation plus honorable.

« Nous voulons que toutes les fois que le conseil de défense sera réuni pour le consulter sur les opérations, il y soit fait lecture des dites lettres-patentes, à haute et intelligible voix.

« Donné le 11 Août 1809, et de notre règne le sixième.

NAPOLÉON.(1) »

---

(1) CARNOT. *Défense des places*, p. 83. — Pour Carnot ces lettres-patentes se trouvaient complétées par le Décret du 24 décembre 1811 (Titre III, Chapitres II et III. *Devoirs des commandants d'armes relatifs à la défense des places*) et le Décret du 1ᵉʳ mai 1812, *qui détermine les cas ou les généraux ou commandants militaires peuvent capituler, et la manière dont seront jugés et punis ceux qui capitulent or les cas où une capitulation est permise* (Voir Défense des places p. 91 et 101).

Ces lettres-patentes pour Anvers, comme le remarque Carnot, étaient plus importantes que celles pour les autres places (par exemple le Sas-de-Gand), dont il donne également la copie; on y avait ajouté diverses particularités relatives à la localité.

III.

Lettre du comte de Blacas, ministre de la Maison de Louis XVIII.

Les pages qui précèdent étaient livrées à l'imprimeur lorsque mon ami, M. Genard archiviste de la ville d'Anvers, a bien voulu me communiquer une lettre curieuse du comte de Blacas d'Aulps (plus tard duc), ministre de la maison du roi, adressée au baron de la Bouillerie, trésorier-général de la couronne, qui nous donne la mesure des préoccupations de la famille royale et de son entourage, au moment où le roi sacrifiait Anvers, dans un intérêt purement dynastique, sans souci, comme l'a dit Carnot, de l'importance que sa conservation, même momentanée, pouvait avoir pour la France. On ne peut douter que les sentiments du comte de Blacas, l'ami et le confident de Louis XVIII, (dont on a dit : « La France peut « supporter dix maitresses et pas un seul favori ») ne fussent complètement d'accord avec ceux du roi.

Dans son ouvrage sur la défense des places, Carnot rappelle comme un exemple à imiter, ces mots de l'héroïque maréchal Fabert : « *Si pour empêcher qu'une place que* « *le roi m'aurait confiée, tombât au pouvoir de l'ennemi,* « *il ne fallait que mettre à la brèche, ma personne, ma* « *famille et tout mon bien, je ne balancerais pas* ». L'histoire nous montre plus d'un gouverneur de place forte, sacrifiant son argenterie et une partie de sa fortune, pour suffire aux besoins de la défense. Pauvre et arrivé à Anvers sans bagages, Carnot ne pouvait faire un pareil sacrifice; mais tout d'abord, afin de ménager les réquisitions qu'il pouvait être obligé de faire à la ville et à ses habitants, Carnot refusa les installations luxueuses faites pour son logement, qu'il établit sur le pied du plus modeste ménage bourgeois. Disposant des ressources des caisses publiques de l'État, de même que de celles de l'arsenal, il estima aussi, avant de recourir aux emprunts forcés, pouvoir disposer du *domaine privé* de Napoléon, et fit, parait-il, vendre l'argenterie déposée dans le petit palais de la place de Meir. Il ne semble pas que jamais Napoléon lui en ait fait un reproche. Ce ne fut qu'après avoir épuisé ces ressources, qu'il se décida à décréter un emprunt sur la ville et ses habitants et nous avons dit avec quel soin consciencieux il s'attacha, avant de quitter Anvers, à liquider ces dettes contractées au nom du Gouvernement.

Fort différent est l'ordre d'idées admis pas Louis XVIII. La lettre de M. de Blacas, nous le montre réclamant le produit de la vente d'objets du domaine privé de Napoléon, sous prétexte qu'il devait faire retour à la couronne, et jusqu'à *deux cuillers à potage en argent*.

Nous avons vu de notre temps, reprocher à des princes la revendication de leur *légitime*, dont ils avaient été privés par une injuste spoliation. La Restauration alla plus loin ; elle réclama dans des temps également troublés et dans une ville qu'elle renonçait à considérer comme française, ce qui ne lui appartenait pas.

Voici au surplus, la lettre de M. de Blacas :

« Paris, 17 juin, 1814.

« Je vous ai prié, Monsieur le baron, de faire retirer et déposer au trésor de la couronne, l'argenterie du *palais* d'Anvers, qui d'après les renseignements qui m'étaient parvenus, avait été remise à M. le lieutenant-général (1) Carnot.

---

(1) La désignation de *lieutenant-général* avait été substituée par le décret du 16 mai 1814, à celle de *général de division*, usitée sous l'empire.

« M. Ertault, ex-quartier-maître du palais me propose, ainsi qu'il en est convenu avec vous, de faire rentrer de suite cette argenterie au dépôt de l'argenterie établi au pavillon de Flore aux Tuileries.

« J'ai été informé depuis par M. le lieutenant-général Carnot, qu'elle avait été vendue, d'après son ordre, pour subvenir aux besoins de la garnison, à l'exception de deux cuillers à potage, dont il *m'annonce vous avoir fait l'envoi.*

« *Je vais prendre des mesures* pour que le produit de cette vente soit restitué au trésor de la couronne.

« A l'égard des deux cuillers à potage qui ont dû vous être envoyées, je vous invite à en faire la remise au conservateur de l'argenterie.

« Recevez, Monsieur le baron, l'assurance de mes sentiments distingués.

« *Le Ministre de la Maison du Roi*
BLACAS D'AULPS. »

On se demande quelles pouvaient être *les mesures* dont il est question dans cette lettre ? A qui réclama-t-on le produit de cette vente ? Nous avons vu qu'Anvers, avec tout ce qu'il renfermait, était au pouvoir des alliés depuis le 5 mai. La lettre de M. de Blacas, datée du 17 juin, semble indiquer que c'est à Carnot, à qui l'argenterie avait été remise et qui envoya les *deux cuillers*, derniers restes de ce *trésor* qui devait avoir été bien modeste à en juger par l'importance du *palais* où il se trouvait. Ce serait plus que mesquin, ce serait odieux !

TABLE DES MATIÈRES.

	PAGE.
Préface	5
I. L'Arsenal de construction maritime d'Anvers (1803-1809)	11
II. Expédition de Walcheren (1809)	67
III. Le port d'armement maritime (1809-1813)	101
IV. Invasion de la Hollande (1813)	145
V. Bombardement et blocus d'Anvers (1814)	160
Annexes	257

PLANCHES.

1. — Les bouches de l'Escaut (1814).
2. — Anvers sous la domination française (1795 à 1814).

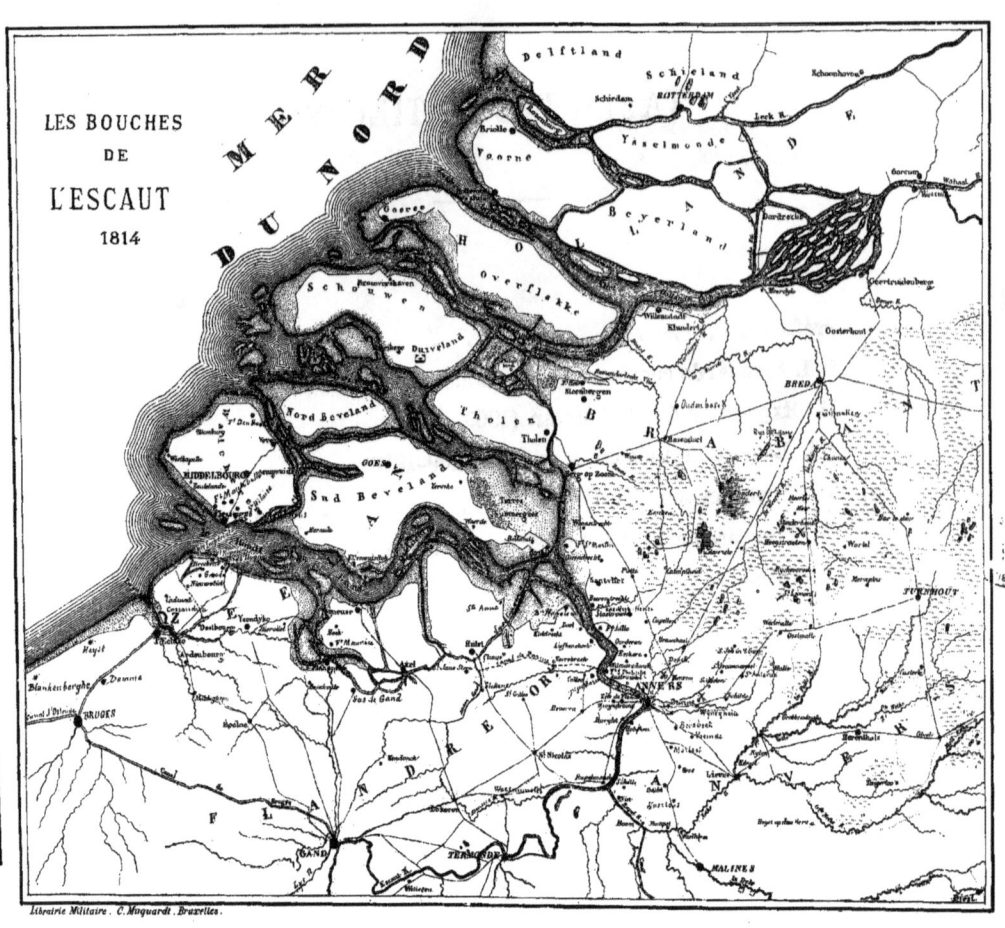

Original en couleur
NF Z 43-120-8

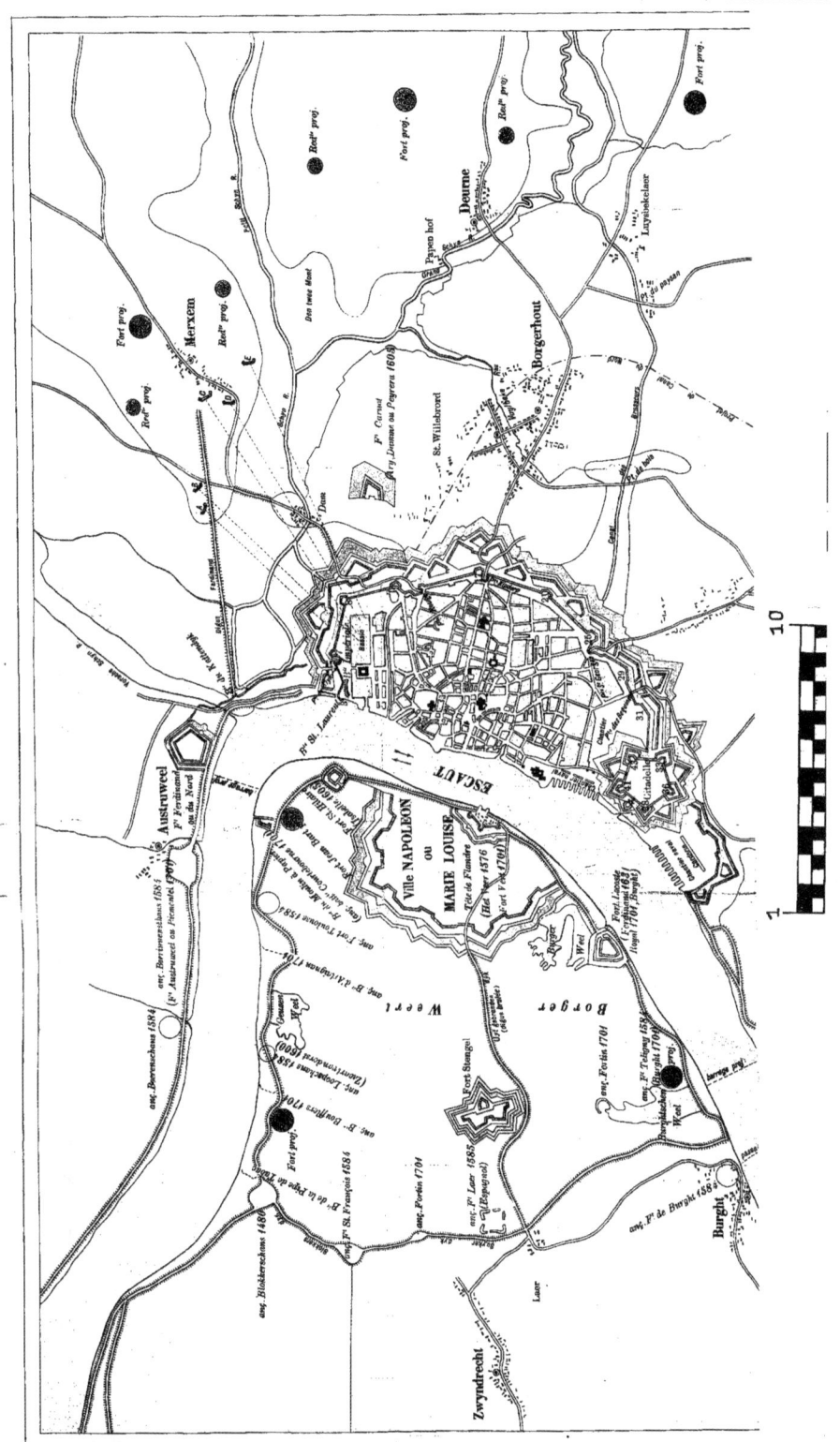

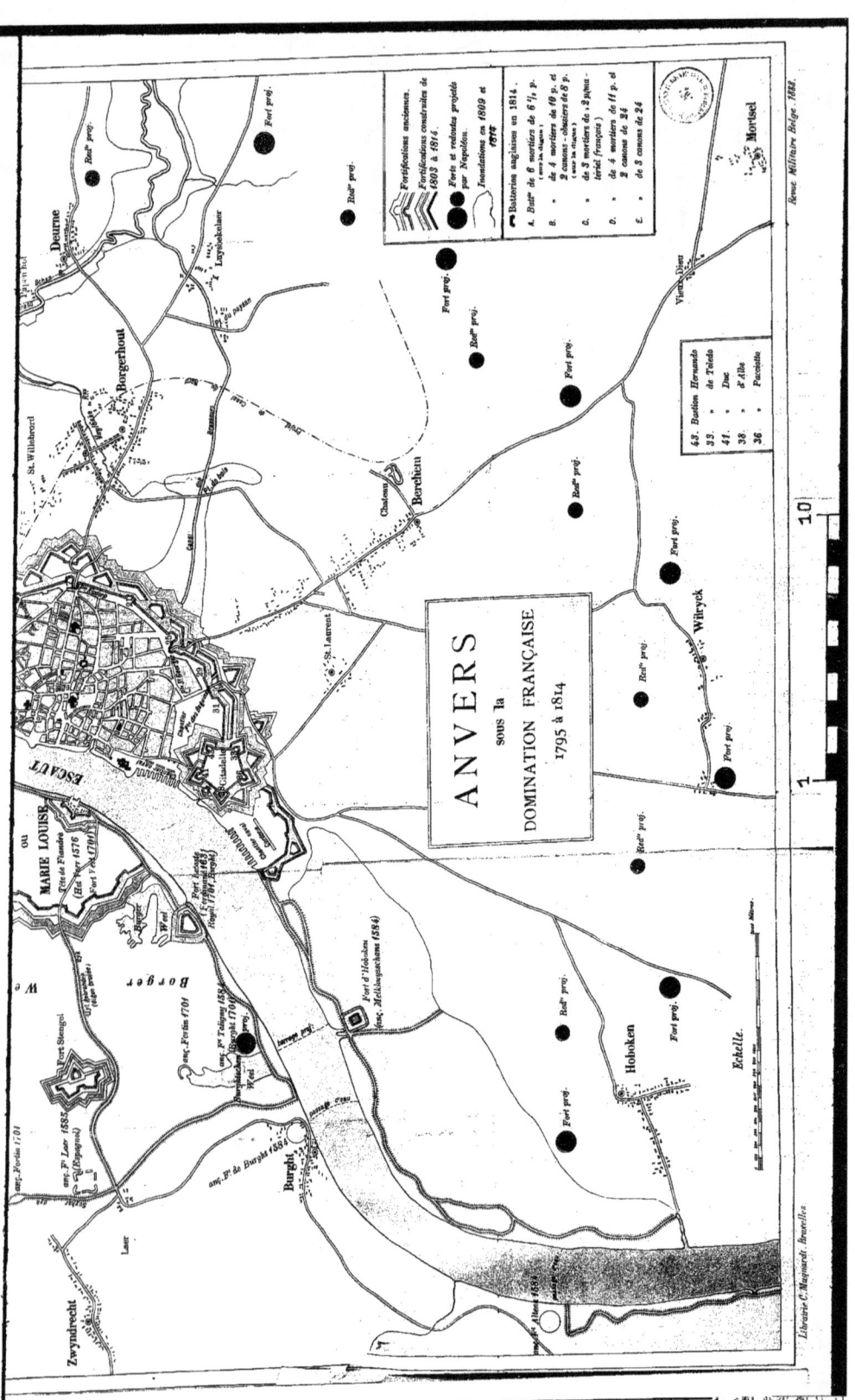

www.ingramcontent.com/pod-product-compliance
Lightning Source LLC
Chambersburg PA
CBHW050328170426
43200CB00009BA/1509